体育与健康

主　编　姜振捷　徐云鹏
参　编　曹　智　崔瑾忠　韩大锋
胡自刚　王潇彬　张仕德

重庆大学出版社

内容提要

本书分为上篇体育理论知识、中篇运动技能、下篇传统与休闲运动项目三部分内容。体育理论部分以高职体育教学目标为基本点，以体育健身理论与方法为框架，以常见的运动征象为基本内容，介绍了高职体育的教学地位、目标和功能，科学健身的原则和方法、运动保健与医务监督的方法、职业病的防治及体疗的方法以及小型体育竞赛的组织与编排。运动技能部分系统介绍了健身效果好的常规体育项目，也精选了学生喜闻乐见的大球和小球运动项目。传统与休闲运动部分在每个运动项目中都系统地介绍了学习方法和健身方法。

本书集知识性与操作性于一体，通俗易懂，可作为高职院校学生的体育与健康指南。

图书在版编目(CIP)数据

体育与健康 / 姜振捷，徐云鹏主编. -- 重庆 ：重庆大学出版社，2021.7(2024.8 重印)

ISBN 978-7-5689-2784-0

Ⅰ.①体… Ⅱ.①姜… ②徐… Ⅲ.①体育—高等职业教育—教材②健康教育—高等职业教育—教材 Ⅳ.①G807.4②G717.9

中国版本图书馆 CIP 数据核字(2021)第 122069 号

体育与健康

TIYU YU JIANKANG

主　编：姜振捷　徐云鹏

参　编　曹　智　崔瑾忠　韩大锋

胡自刚　王潇彬　张仕德

策划编辑：鲁　黎

特约编辑：王　兰

责任编辑：陈　力　　版式设计：鲁　黎

责任校对：关德强　　责任印制：张　策

*

重庆大学出版社出版发行

出版人：陈晓阳

社址：重庆市沙坪坝区大学城西路 21 号

邮编：401331

电话：(023)88617190　88617185(中小学)

传真：(023)88617186　88617166

网址：http://www.cqup.com.cn

邮箱：fxk@cqup.com.cn (营销中心)

全国新华书店经销

重庆市国丰印务有限责任公司印刷

*

开本：787mm×1092mm　1/16　印张：20.75　字数：508 千

2021 年 7 月第 1 版　2024 年 8 月第 4 次印刷

印数：12 801—17 400

ISBN 978-7-5689-2784-0　定价：42.00 元

前　言

依照教育部、国家体育总局联合下发的《国家学生体质健康标准》，贯彻教育部颁布的《全国普通高等学校体育课程教学指导纲要》的精神，推动“全民健身”的开展，牢牢把握“健康第一、终身体育”的指导思想，编者结合酒泉职业技术学院体育与健康课程教学改革与实践，编写了此书。

本书分上篇体育理论知识、中篇运动技能、下篇传统与休闲运动项目三部分内容。体育理论部分以高职体育教学目标为基本点，以体育健身理论与方法为框架，以常见的运动征象为基本内容、介绍了高职体育的教学的地位与目标和功能，科学健身的原则和方法、运动保健与医务监督的方法、职业病的防治及体疗的方法以及小型体育竞赛的组织与编排。运动技能部分系统介绍了健身效果好的常规体育项目，也精选了学生喜闻乐见的运动项目。传统与休闲运动项目，在每个项目中都系统地介绍了学习方法和健身方法。本书注重实用性和新颖性，突出趣味性和可读性，提高指导性和拓展性，旨在不断提高学生体育参与意识，提高学生运动技能，提高学生体质健康水平，使学生养成良好的体育健身习惯和健康的行为方式，达到终身受益的目的。

本书在内容编排上，针对体育运动项目的动作特点，设计安排了相当数量的练习方法。通过这些练习方法不仅能够有针对性地解决技术动作难点，提高运动能力水平，而且娱乐性较强，有利于练习者在愉快的活动中掌握技术动作要点，寓教于乐。

本书由酒泉职业技术学院姜振捷、徐云鹏担任主编，曹智、崔瑾忠、韩大锋、胡自刚、王潇彬、张仕德参编。其中，姜振捷编写第一章至第七章、第十七章至第二十章；徐云鹏编写第八章、第十五章和第十六章；胡自刚编写第九章；王潇彬编写第十章；崔瑾忠编写第十一章；曹智编写第十二章；张仕德编写第十三章；韩大锋编写第十四章。全书由姜振捷统稿。

本书在编写过程中，参考并引用了大量的文献和资料，在此一并致谢！

由于编写人员的水平有限，尽管做了较大努力，但书中不妥之处仍然在所难免，敬请广大读者指正。

编　者

2020 年 9 月

目 录

上篇　体育理论知识

第一章　体育——人类特殊文化现象

知识目标

了解高职体育教学的目标、任务和特点，了解终身体育的意义以及高职学生体育学习的方法与途径。

能力目标

掌握高职学生的特点、掌握高职体育锻炼的方法与途径。

第一节　高职院校体育教育目标、任务、特点

一、高职院校体育教育的目标

高职院校体育教育的目标是培养学生的体育意识、提高体育能力、养成自觉锻炼的习惯、增强体质、培养良好道德意志品质，使之成为合格的现代化事业的建设者和接班人。即要求高职学校的毕业生不仅要具有为祖国建设献身的坚定志向，在所学专业领域内有扎实的基础理论知识和技能，而且还要有强健的体魄。健康的身体不仅是完成学习任务的保证，还是胜任工作的基础。

高等职业教育属于学校体育最后阶段的教育，学生的年龄一般为 18 ~22 岁。生理学家指出，人体生长发育并不是直线上升，而是有明显的阶段性：1 ~6 岁为幼儿期；7 ~12 岁为儿童期；13 ~17 岁为少年期，也称青春期；18 ~25 岁为青年期，处于青年期的高职学生具有以下特点。

1. 高职学生身体、生理、心理发展变化的可塑空间较大

生理上，身体形态（身高、体重、胸围等）、身体机能（运动系统、心血管系统、呼吸系统等）都会发生显著变化。心理上，对体育的认识理解会更全面、更深刻；对体育运动的兴趣具有向广泛性和个性化发展的趋向；情感发展会更丰富，控制情感的能力会日益加强；对自己意志力的程度开始关心，并希望把自己磨炼成勇敢、顽强、果断、勇于拼搏和勇于进取的人，由于这一时期身体的可塑空间较大，所以能否打好基础，对人一生的健康关系重大。

2. 高职学生接受的是职业技术教育

基础文化知识量大、进度快，专业知识技术性强，独立操作和动手能力要求高。与同龄人相比，高职学生在生理、心理上承受的负荷是不同的。

3. 在体育教学中，高职学生接受的是学校体育最后阶段的教育

要很好地掌握体育的基本知识、基本技术、基本技能，了解并掌握一些科学锻炼身体的方法，发展爱好与特长，养成良好的锻炼习惯，为今后的终身体育打下基础。

4. 高职体育教育具有与自己的专业相适应的职业特点

进入学校后，职业方向就基本确定。为培养全面合格的应用型技术人才，高职体育教学要适当增加切合职业需要的内容与方法，以培养相应的身体素质与心理素质。

二、高职体育的特点

1. 高职体育教育应与学生未来所从事的职业相适应的特点

高职体育教育具有其特殊性，如果千篇一律用普通学校的体育教育显然是不合适的。劳动者在从事职业劳动的过程中，所承受的心理、生理负荷，具体的工作形式（动作快慢、紧张程度、力量大小、注意力集中程度），自然、社会劳动条件均不同。因此，在制订体育教学的内容时，要注意与学生未来所从事的职业相适应，充分考虑职业特点，使学生走上工作岗位后能较快适应新的工作环境和劳动强度。

2. 高职体育教育应具有针对性与多样性相结合的特点

高职学生作为未来生产一线的生力军，他们所从事的劳动强度较大，而且由于分工不同，劳动强度各异，呈现出工种多样、针对性强的特点。因此，体育教学应在研究、分析不同专业学生的劳动特点的基础上，结合生产实际进行相应的、有针对性的教学。但练习的形式应力求丰富多彩，形式多样，使学生在愉快的练习中增强肌体机能能力，以适应不同的劳动需求。

3. 高职体育教育应具有预防性功能的特点

多年从事生产劳动容易使工人产生职业病，防治职业病是所有职业工人关心的问题。因此，高职体育教育应把具有“提高、防治、补偿”功能作为准则，始终贯穿于教学之中。在教学中注意引导学生学会自我锻炼、自我评价、自我预防，养成终生锻炼的习惯。

4. 高职体育教育应以实用为主的特点

劳动者在生产劳动中，必然受到时间、空间和环境的限制。职业体育教育就是要在有限的时空环境条件下，教会劳动者怎样利用现有条件进行锻炼。如狭小的生产车间可以练习哑铃、简易健身操；野外作业可以练习爬山、攀岩；长期伏案可以练习瑜伽、气功、太极拳等。总之，就是要让每位学生都能掌握几种实用的锻炼方法，成为体魄强健的合格劳动者。

三、高职体育的任务

1. 促进身心发展,增强体质健康

锻炼高职学生的身体,增强高职学生的体质,这是高职学生的首要任务。体质具有遗传性,但在后天的环境及一定的条件下,是可以改变的。如有计划地改变生活条件、加强身体锻炼,可以增强体质。生长发育的高峰期,可塑性极大,科学合理地安排身体锻炼十分重要。但作为高职学生,他们的形态、机能、素质及心理等各项指标基本上趋于平稳,所采用的方法、手段则必须有别于中小学生。特别是心理方面,要着重对高职学生进行培养。

2. 增进知识,掌握终身受益的锻炼身体的方法

体育事业的发展,已影响社会的各个方面,它已属于人们生活中不可缺少的一部分。高职学生学会和掌握几种锻炼身体的方法,了解其锻炼的机理,才能终身受益。简便易行、实效性强的内容应作为首选项目进行学习,如健身操、健美操、跑步、太极拳、气功、办公室健身法,并结合大自然的环境予以选择。这些运动,也是当今风靡全社会的运动项目,这对高职学生毕业后的一生具有重要意义,也符合当代教育提出的终身化、社会化的宗旨。

3. 通过体育教育,向高职学生进行理想和职业道德教育

学生积极参加体育锻炼,不仅是为了个人的健康长寿,而且还肩负着社会责任。把参加体育锻炼与热爱社会主义、热爱祖国相联系,主要表现为一种行动的教育。通过体育过程中的行为表现,有利于培养组织性、纪律性、集体主义等道德品质。在体育锻炼中,常常要求克服困难,勇于奋斗,这有利于培养勇敢、坚毅、果断、机智等意志品质,这些品质在体育锻炼的实践中,比在教室内的学习中更容易表现出来。教师针对大学生的种种表现及时对他们进行教育,可达到事半功倍的效果。通过体育的实施过程,会更有效地培养大学生的爱国主义、集体主义等观念及培养坚强的意志和奋斗精神。

四、高职学生的身心特点

作为青年学生,高职生与其他年龄的在校大学生一样心理发育尚未成熟,人格特性的可塑性较强,心理冲突表现明显,有许多的心理问题亟待解决。如世界观和理想的缺失、意志力和耐受挫折力缺乏、内心依赖感和孤独感强、嫉妒心和虚荣心严重、自负和自卑两极倾向严重、价值观和成才观偏离、性生理与性心理发展不协调等。但由于传统偏见,高职学生认知水平、认知能力及青春期人格发展的局限,致使高职学生形成一些独有的特点,主要表现在以下几个方面:

1. 自卑感强,情感脆弱

进入大学学习是令每个学生都感到高兴和自豪的事情,但高职学生在具有这种情感的同时,与周围的本科生相比,总会有一种无形的自卑感,且情感上敏感、脆弱。这是因为大多数的学生认为与本科生相比,自己没有文凭上的优势,而产生“低人一等”的感觉。同时社会对职业院校的认同程度不高,就业与继续升学深造的局限更是加剧了他们对未来的迷茫和对自己人生价值的怀疑。这种不良心态往往会导致部分学生人际关系敏感,一些男同学急躁、易怒，严重时甚至发生过激行为，对他人造成伤害。

2. 自身对就读高职认识不明确，悲观、厌学，心理压力大

部分高职学生并不了解高职教育的培养目标，对自己所学专业也丝毫不感兴趣，没有学习动力。他们中有的是在高考成绩不理想时因没有信心复读而选择了高职院校，有的只为了"混"个文凭，还有一部分同学只是为了应付父母而来高职读书。这种个人兴趣与所学专业不符的情况使他们不能调整心态面对现实，造成他们较大的心理压力，并产生悲观、厌学、混日子的消极心理。

第二节　高职体育与终身体育

终身体育思想是第二次世界大战以后国际上风行的"终身教育"思潮的必然发展。1968年联合国教科文组织成人教育促进委员会首次讨论了终身教育的提案，随后并逐渐发展形成一整套理论。作为教育组成部分的学校教育也必然受到终身教育的影响，提出"终身体育"的观点。事实上，对人而言，体育也必然是"终身"的，应该是贯穿人一生的主要生活内容。对此，所有的人，特别是大学生必须有一个明确的认识。

一、高职体育是终身体育的重要组成部分

人的一生是漫长的，在这漫长的人生旅途中，最重要、最为宝贵的就是健康。为求得人体的健康，除了遗传、环境等因素外，锻炼便是最主动、最积极的因素。从生理学的角度来看，体育锻炼是对人体的刺激过程，每次刺激都会产生作用的痕迹，连续不断的刺激则会产生痕迹积累，使人体的机能产生新的适应，从而增强体质，因此，这种刺激必须是长期的、连续不断的，应是贯穿人的一生的。特别是现代社会，随着科学技术的高度发展和社会方式与生活方式的改变，人类本身对体力活动的补充和健康的要求也更趋强烈，只有具有健康的身体和良好的身体素质，才能适应高速度、高强度、高节奏的现代生活，因此，终身体育便自然而然地摆在了人们面前。为此，联合国教科文组织在1978年通过的《体育运动国际宪章》第二条第款明确指出："必须有全球性的民主化的终身教育制度来保证体育活动和运动实践得以贯穿每个人的一生"。很明显，终身教育必然包括教育的重要组成部分——高职体育，而终身体育也必然包括大学阶段的高职体育，因此，高职体育必然是终身教育和终身体育不可缺少的组成部分。特别是大学生正处在青春时期，同化作用和异化作用基本平衡，生长发育日趋完善和稳定，生理机能和适应均发展到较高水平，是性成熟、生命旺盛、身心发展的关键时期，这一阶段体育教育和体育锻炼的实践，不但能弥补和改善中小学乃至学龄前体育过程的不足，他们在大学阶段所建立的体育意识，得到的体育知识和方法以及体育锻炼习惯等，还将对大学毕业后阶段的体育过程产生深远的影响。因此，体育不仅应立足在学龄期作为人的发展手段，还应是贯穿一生的重要生活内容。高等教育作为人在一生中集中接受教育的发展手段，其体育的基础作用以及与终身体育的衔接、接轨和有机结合等方面的作用，更显示了高职体育在终身体育中的重要性。这是我们高职教育和高职体育在"面向现代化、面

向世界、面向未来”的实践过程中必须十分重视的一个问题。

二、高职体育应是奠定学生终身体育的重要阶段

高职体育是高职学生接受学校体育最后的一个阶段。然而现实中，我们有很多知识分子，虽然文化素质较高，接受过正式的高等体育教育，但是他们的体育观念却极为淡薄，极少参加体育锻炼。加上繁重的体力、脑力劳动导致体质急剧下降，甚至英年早逝。这在很大程度上反映了我国高职体育教育缺乏对学生终身体育思想的教育和培养。我们认为高职体育是个具有多功能的系统工程，进行体育教育不仅是增强体质的需要，更重要的是教会学生如何健康的生活，这也是体育的社会价值所在。生活中许多人把参加体育锻炼、观赏体育比赛作为文化生活的重要内容之一，以此为生活乐趣，从中获得精神上的满足和享受。同时把体育锻炼作为消除工作和学习所带来的紧张、疲劳等方面影响的积极手段。有鉴于此，随着终身体育指导思想的逐步确立，学校体育的发展目标就应立足于长期效益的探索和追求，充分利用学生在高职学习期间接受体育教育的有利时机，奠定学生终身体育的基础，帮助学生形成自学、自练、自控的能力，培养体育锻炼的兴趣和习惯，转变态度、更新观念，使学生不仅限定在学校阶段里，而且在步入社会后的任何阶段，任何情况下都自觉独立地进行体育锻炼，变成一个真正的终身体育者，造就良好健康的体魄，为祖国现代化建设服务。

三、高职体育必须为终身体育奠定良好基础

从终身体育的内涵来看，学校体育是终身体育的一个阶段；从学校体育的任务来看，又区别于终身体育的其他阶段，学校体育既要完成学校体育的基本任务，又是终身体育实践的重要基础。特别是高职体育作为学校体育与终身体育的结合部，其基础性作用尤其重要。其主要表现在以下四个方面：

1. 要为终身体育奠定良好的思想基础

作为受教育的高层次阶段，大学生的文化科学、理想情操、思想意识将达到较高的层次和水平，其体育意识也有可能日趋稳定，这正是人一生坚持体育锻炼和接受体育教育起决定性作用的内在原动力。因此，在高职体育教育过程中，必须十分注意体育教育的科学性和体育教学过程的完整性，促进学生体育意识的形成，并通过严格规范的体育实践过程，特别是《大学生体育合格标准》的实施，养成坚持体育锻炼的良好习惯，以便更好地完成高职体育任务，为终身体育奠定良好的思想基础。

2. 要为终身体育奠定良好的能力基础

大学生正是大学生增长知识和培养能力的最佳时期，在高校教育过程中，要通过体育课程教学以及其他体育过程的综合实施，使学生广泛认识和了解体育，切实掌握体育健身的基本知识和方法，既为大学阶段和毕业后的锻炼、增强体质服务，也为终身体育奠定良好的体育能力基础。

3. 要为终身体育奠定良好的体质基础

大学生的年龄阶段已进入青年期，身体形态、机能、代谢功能等方面的发展已日趋完善

和成熟，能承受较大负荷，能较好地适应外部环境的变化。同时，在这一人体机能发展最为旺盛的时期，有必要在身体和心理上接受更全面、更大负荷的锻炼，以促进各器官系统的发育和生理功能达到人生的最佳水平。有专家指出：人的健康程度和生命质量与青年时期的发育和生理功能水平是成正比的。也就是说，青年时期的发育程度和生理功能水平越高，其后阶段漫长的人生中体质和健康水平也就越高。因此，高职体育应通过高职体育整体工作的实践，最大限度地提高大学生的体质健康水平，最大限度地延缓成年后身体机能下降的速度和时间。从高职体育与终身体育的衔接和结合的角度来看，高职体育必须为终身体育奠定良好的体质基础。

4. 要为终身体育奠定良好的社会服务基础

大学毕业生是社会主义现代化的建设者和接班人，由于他们具有较高的思想、文化、业务以及身体和心理素质，而且从小学到大学接受了长期系统的体育教育，具有较高水平的体育意识、体育知识和能力，良好的锻炼身体的习惯，以及较强的组织能力和社会责任感等，当他们走向社会后，必然是终身体育和全民健身活动的骨干，成为一支强大的业余的社会体育组织指导力量。因此，高职体育还必须在这方面发挥作用，为我国全民健身计划的有效实施，为终身体育奠定良好的社会体育服务基础。

四、以终身体育为指导思想建立新的高职体育教学模式

以终身体育为指导思想的新的高职教育模式的培养目标应该是：通过高职体育教育增强学生体质，完善体格；掌握体育与卫生保健的基本知识、技术、技能，促进个性发展，为终身体育打下坚实的基础；养成竞争、进取、健康文明的生活方式。在体育教学的组织形式上必须废除传统体育课的类型，建立诸如基础课、选项课、专项课、选修课和保健课等多种类型的体育课，积极有效地把学生引导到正确的体育学习中来，激发学生学习体育的兴趣，最大限度地满足其从事体育锻炼的欲望，使学生从体育学习和锻炼中体验乐趣。新的教学模式要求在教学中动用教书育人新方法，如动用“崇拜效应法”“组织互动法”等多种教学方法，来转变学生的体育态度，进而把兴趣、爱好变为学习的动力。

五、高职体育对实施终身体育的要求

一方面，要着重对学生终身体育能力的培养，树立终身体育观，使他们学到全面的体育知识技能，又能有两项突出的、热爱的、可以坚持终身的体育项目。培养学生终身喜爱体育的态度和能力，正确的体育观点和审美能力。培养学生独立锻炼和自我评价的能力，自我设计体育锻炼计划和自我组织与管理的能力，运用体育环境和条件的能力，在自我参与中获得自我发展。

另一方面，要培养学生的体育意识和兴趣，养成运动习惯。体育教师在指导和组织学生进行体育活动时，应注意充分地挖掘学生对运动的内在乐趣，讲解、示范和组织教学，都要集中学生的注意力，引起学生的兴趣，调动学生参与运动的积极性，让学生在运动中能充分表现出自己的运动才能，感受到参加运动对增强自己体质的实效，从而激发对体育运动的热爱。

六、根据终身体育的要求，逐步修正考核内容与考核标准

高职体育课程的考核已经形成了自己的特色，即理论与实践相结合、技评与达标相结合、平时考核与期终考核相结合。体育课程最后成绩的评定可以说是各种各样，有理论有实践、有技评有达标，不同的运动项目有不同的考核标准，同一运动项目还有不同的考核内容，加之对课堂表现、出勤率、平时锻炼和参与体育锻炼等众多因素的考核，在实践课的考核中应尽量减少因先天性因素起决定作用的竞技性考核内容。为了适应毕业后的社会生活、个人健身需要，应在众多终身体育项目中展开考核，项目不宜定死，可在所圈定的项目中，由每个学生任选两到三项。以考核促兴趣的终身性，一方面是为了了解学生对教学内容的掌握程度；另一方面是为了巩固一些技能和体育原理，以使今后结合实际指导自己长期从事体育锻炼，甚至组织、带动周围的人从事体育锻炼，只有这样，终身体育才能成为可能。

七、根据终身体育要求，不断充实课外体育活动内容

当代的大学生在紧张的学习生活之余，更迫切需要较高层次的精神生活。他们在获得知识的同时，也在努力地追求余暇生活的丰富多彩，尤其对能促进身心健康发展，使人获得精神和物质双重满足的体育娱乐活动有较大的兴趣和参与热情。为了增强和培养大学生的终身体育意识，就必须充分利用课外余暇时间不断充实课外体育活动内容，把学生吸引到体育锻炼中来。如开展以小集体活动为主的锻炼形式，积极倡导多种类型的适合未来社会和个体自主锻炼需要的运动内容，并配合体育知识讲座、体育知识竞赛、体育摄影、体育征文和小型多样的体育竞赛项目，以此来充实课外体育活动内容，使学生在体育课中学到大学生体育与健康的知识、技术、技能，在体育活动中得到运用和发挥。提高体育文化水平，并在体育实践中增强体育意识，提高体育素养，使体育逐步成为他们生活中不可缺少的一部分，从而自觉、积极、主动地参加体育锻炼，为步入社会后自我锻炼奠定良好基础。

第三节　高职学生体育学习的方法与途径

1. 理论知识与实践相结合

理论是实践的总结和提升，体育理论知识能有效指导自己的健身实践。但是，理论学习还需要在实践中领悟和体验，从而使一般理论知识变为自己的知识和经验。因此，大学生在体育学习中，要把理论知识与自身体育实践结合起来，提高健身效果，丰富健身和健康知识。

2. 教师传授与自学、自练、自评相结合

教师在长期的学习和实践中积累了丰富的知识，是体育教学活动的主导者，学生通过教师传授，能更快、更有效地掌握体育知识和健身方法。但是，体育学习仅仅依靠教师是不够的，学生是学习的主体，没有学生的主观能动性，同样不会取得最佳的学习效果。

大学生在体育学习中，要把教师的传授过程与自己的体验、思考、探索和实践紧密结合起来，学会自我学习，掌握自练、自评的方法，并运用于课外和校外健身活动中，才能在今后

的健身运动中更有效地提高体质和健康水平，为终身体育打好基础。

3. 利用信息技术拓展知识面

随着信息技术的不断发展，学生可以借助电视、广播、网络等媒介，方便地获取各种体育与健身信息。学校教学和教科书上的知识是有限的，学会从外界获取信息，可有效地拓展知识面，解决体育健身中的问题，激发探索知识的热情，有利于自我健身能力的发展。

★★知识窗

亚健康的原因及临床表现

1. 过度疲劳造成体力透支。主要表现疲劳、精力不足、注意力不集中、记忆力衰退、睡眠质量差、颈背腰膝酸痛、性机能减退等。

2. 人体的自然衰老。比如，女子出现更年期综合征时，生理系统机能紊乱，精神和情绪烦躁；男子虽然更年期综合征不明显，但也会产生性机能减退、情绪烦躁、精力下降等症状。

3. 人体生物周期中的低潮期。也就是说，即使是一个健康的人，在某一特定的时期也可能处于亚健康状态。人的体力、精力、情绪都有一定的生物节律，有高潮也有低潮。在低潮时就会出现亚健康状态。

什么是体育中的崇拜效应

当今社会学生具有全新的世界观、价值观、人生观。

大部分学生都有自己喜欢的偶像，而大部分男同学都有自己喜欢的运动明星，如乔丹、科比、姚明等。女同学喜欢的运动明星如李娜、朱婷等。有些学生喜欢自己崇拜的明星从事的体育运动项目。在体育课中，当老师教授的项目与自己崇拜明星的运动项目相同时会表现出很浓厚的兴趣，不同时则表现得很沮丧，并且这种现象现在出现得越来越频繁，因此在体育教学中利用体育明星的优秀品质，充分调动学生学习的积极性，学习他们身上艰苦奋斗、顽强拼搏、不怕苦、不怕累的健康向上的品质。

第二章 运动——身心健康必要保障

知识目标

了解体质与健康的概念，了解健康的价值以及大学生心理健康的标准。

能力目标

根据所学内容有效地改进自己在心理健康上的不足。

第一节 体质与健康

高职生作为中国社会中具有一定文化层次的群体，一向被认为是最活跃、最健康的群体之一。然而，随着现代社会生活的节奏越来越快，社会竞争的日益激烈，有些大学生开始感到不知所措，无所适从，产生了心理上的不适应。据统计，大学生中因心理健康问题退学的人数占整个退学人数的30%左右，而且这一数字每年都有所递增。由此可见，大学生的心理健康状况面临严重威胁，心理健康已直接关系到大学生能否全面发展和早日成才，所以有必要让大学生们掌握心理健康知识，且懂得如何去锻炼，使自己的心理达到健康。

一、体质与健康的概念

体质是人机体的质量，它是在遗传性和获得性的基础上表现出来的人体形态结构、生理功能和心理因素的综合的、相对稳定的特征，是人的生命活动和劳动工作能力的物质基础。

人体的形态结构、生理功能、身体素质和运动能力（体能）、心理发育和对外界环境的适应能力是构成人体体质的五个重要因素。身体的形态结构是体质的物质基础，生理功能、体能和心理条件是体质的主、客观表现，对内外环境的适应能力是它们的综合反应。

体质的内容包括体格、体能和适应能力三部分：

体格是指生长、发育、体型、姿态、器官组织的结构（身体组成部分）等各项指标，是人体的形态和结构；体能包括生理功能（脉率、血压、肺活量等），身体素质（力量、速度、耐力、灵敏、柔韧）和基本活动能力（走、跑、投、跳、攀登、爬越、举起重物等），是人体各器官系统的功能和在肌肉活动中表现出来的能力；适应能力则包括对自然的适应能力（抵抗力等）和对社会环境的能力（个性意志判断）以及精神和身体对应激反应的适应能力，是指人体在适应自然环境和社会环境中所表现出来的功能能力。

健康不仅是疾病与体弱的匿迹,也是身心健康、社会幸福的完美状态。现代健康的概念应包含身体健康、心理健康、社会健康、道德健康四个方面的内容。身体健康是心理健康的基础,而心理健康又是身体健康的必要条件。没有心理健康,就没有身体健康的保证。心理活动对人体各器官、系统的活动起着重要作用,与人们的正常生活、发病原因、症状和康复密切相关。健康的心理可以维持和增进人的正常情绪,维护人的正常生理功能,增强防病、抗病能力,给治疗和康复以积极的影响,只有身心健康的人,才是完美的健康人。

二、体质与健康的评价指标

(1)体质的评价指标是评价体质强弱的综合指标,主要有以下几个方面:

①身体形态发育水平,即体格、体型、姿势、营养状况以及身体组成成分等。

②生理和生化功能水平,即机体的新陈代谢功能及各系统、器官的工作效能。

③身体素质和运动能力水平,即身体在运动中表现出来的力量、速度、耐力、灵敏性、柔韧性等素质及走、跑、跳、投、攀等身体运动能力。

④心理发展状态,包括个体感知能力、个体意志能力和个体判断能力。

⑤适应能力,对外界环境条件的抗寒、抗热能力和对疾病的抵抗力。影响体质强弱的因素是多方面的,遗传性状对体质的发展提供了可能性和前提条件,而体质强弱的现实性,则有赖于后天环境,其中营养、卫生、教育以及身体锻炼等因素最为重要。有计划、有目的地进行身体锻炼,是增强体质最积极、最有效的手段。

(2)根据健康的概念要制订出普遍适用的健康评价指标是比较困难的。不同年龄阶段、性别、地域差异很难用一个具体指标去衡量。一般健康指标也只能起参考作用。

①身体健康。

a. 没有病,无须治疗。

b. 身体发育正常。

c. 有良好的食欲,夜间睡眠好。

d. 体态脸色好,有精神。

e. 能很好地进行日常活动,消除疲劳快。

②精神健康。

a. 能与家庭成员、朋友、伙伴们协力合作。

b. 理解人生的意义,对生活充满希望。

c. 有正确的判断能力。

③社会健康。

a. 具有良好的衣、食、住条件。

b. 社会和平,没有犯罪行为发生。

c. 死亡率低,人均寿命延长。

④世界卫生组织提出健康的标准。

a. 有充沛的精力,能从容不迫地应付日常生活工作的压力而不感到紧张。

b. 处事乐观,态度积极,乐于承担责任。

c. 善于休息,睡眠良好。

d. 应变能力强，能适应外界环境的各种变化。

e. 能抵抗一般性感冒和传染病。

f. 体重得当，身体均匀，站立时头、肩、臂位协调。

g. 眼睛明亮，反应敏锐，眼睑不发炎。

h 头发光泽，无头屑。

i. 牙齿清洁，无空洞，无病态，牙龈颜色正常，无出血症状。

j. 皮肤富有弹性，肌肉丰满，走路轻松。

三、健康的价值

1. 健康是学校教育的首要目标

体育具有提高学生健康水平的教育作用。如果学生经常因病缺课、因情绪障碍而滋生事端，或因营养不良而长期精神倦怠，即使采用再好的教学方法，他们也无法高效率地进行学习。只有健康的学生才能在学校获得良好的学习效果。

2. 健康是人们奉献社会和享受生活的基础和前提条件

一个人只有拥有健康，才能优化自己在社会生活中的地位和作用，才能把自我价值最大限度地发挥出来，从而奉献社会。如果没有健康的身体和健康的心理就无法享有生活，享受幸福。

3. 健康是社会发展的基本标志和潜在动力

人的健康受社会制度、经济状况、文化教育等多种社会因素的制约。在一个安定团结、人民安居乐业、经济快速发展、文化教育先进的社会环境中，人民的健康水平无疑会极大地提高。因此，健康是社会发展的基本标志。健康的体质是思想道德素质和科学文化素质的物质基础，是培养高素质人才的基础。拥有健康、高素质的国民和专门人才是社会发展的潜在动力。

4. 人民健康是社会发展目标中的基本目标

我们要树立正确的健康观念，就要把健康看成是人类的一项基本要求和权利，看成全社会、全民族的事业。从这个角度来讲，人民健康就成为社会发展目标中的基本目标。

四、亚健康

1. 亚健康的定义

亚健康是一种自感不爽，检查无病的，介于疾病与健康之间的一种身心状态，也称为第三健康状态、灰色健康、亚临床期、临床前期、前病期等。

亚健康的症状：食欲不振、疲乏无力、失眠多梦、烦躁、易发怒、健忘、胸闷、心悸、头疼、头晕、感觉迟钝、注意力不集中、记忆力下降、思维和想象能力降低、偏执、消极悲观、情绪低落、犹豫不决、容易沾染坏习惯等。

2. 体育锻炼对治疗亚健康的作用

亚健康的根源是生活方式的不健康，采用传统的医疗手段去改变亚健康状态，其成效甚微。要想改变亚健康状态,必须根治各种因生活方式造成的社会疾病,而从事体育锻炼是最为有效的手段。因为体育运动能够调解并改善人们由于饮食、营养、体重、作息等方面长期不合理的积习所造成的生活方面的健康效应。所以解决人们身心健康问题的最好办法就是参与体育锻炼。体育锻炼对生活方式的影响和作用主要表现在以下方面:

①体育锻炼可以提高人的劳动素质,培养和造就全面发展的人格。

②体育锻炼是保持人体功能、使体能处于最佳状态的有效手段,是人们消除身心疲劳、保障健康生活最积极的手段。

③体育锻炼是戒除恶习,改善不良社会生活的有力措施。

④体育锻炼可以满足人们的多种文化、精神和情感需求,改变人们的审美观念。

⑤体育锻炼可以缓解现代生活节奏给人带来的紧张情绪,融洽人际关系,克服现代社会竞争所带来的精神压力。经常从事体育运动的人对生活节奏的改变有较强的适应性,具有较强的自制、快乐、坚忍、敏锐、自信、合群和从容不迫的心理调节能力。

⑥体育锻炼充实了生活时间,各种休闲体育活动可以发散剩余精力,避免各种社会危险。

⑦体育锻炼丰富了人们的社会交往,体育娱乐可以协调人的精神状态,缩短人和人之间的社会距离,促进家庭和睦。参加体育活动不仅可以增强人们之间的相互理解,促进人们相互交流与合作,还可以提高人对社会责任和道德价值观念的认识。

⑧体育锻炼可以使人们掌握基本生活技能,提高人们的生活能力,从而提高生活质量。

亚健康是一个动态的状态,它或者向疾病状态转化,或者向健康状态转化。而健身运动恰恰是改善亚健康状态的一种最积极、最有效、最廉价的手段。

第二节　大学生心理健康标准

1. 能够从心理上正确认识自己,接纳自己

一个心理健康的大学生,应能够体验到自己存在的价值,既能了解自己又能正视自己,对自己的能力、性格和优点能做出恰当、客观的评价,对自己不会提出苛刻、非分的期望与要求。同时,努力发展自身的潜能,即使对自己无法补救的缺陷,也能安然处之。一个心理不健康的人则缺乏自知之明,由于目标定得不切实际容易过高或过低地估计自己,总是将自己陷于自傲、自卑的漩涡中,心理无法平衡。

2. 能较好地适应现实环境

心理健康的大学生能面对现实、接受现实、并能主动地适应现实、改造现实;对周围事物和环境能做出客观的认识和评价,并能与现实环境保持良好的接触;对生活学习和工作中的各种困难和挑战都能妥善处理。心理不健康的大学生往往以幻想代替现实,不敢面对现实,没有足够的勇气接受现实的挑战,总是抱怨自己“生不逢时”或责备社会环境对自己不公而怨天尤人,因而无法适应现实生活。

3. 具有和谐的人际关系

心理健康的大学生乐于与人交往,能认可别人存在的重要性和作用。能融于集体中,在与人相处时，积极的态度（如友善、同情、信任）总是多于消极的态度（如猜疑、嫉妒、敌视），因而在社会生活中有较强的适应能力和较充分的安全感。一个心理不健康的大学生，总是与周围的人格格不入，远离集体。

4. 具有较强的自我调节能力

能较好地协调与控制情绪。心理健康的学生情绪稳定，他们的愉快、乐观、开朗、满意等积极情绪总是占据优势，身心处于积极向上，充满希望的乐观状态；能适度地表达和控制自己的情绪，合理地宣泄不良情绪。如果经常笼罩于消极的情绪中，则是心理不健康的表现。

5. 具有合理的行为

心理健康的大学生，其行为方式与年龄特征和社会角色相一致，他们具备独立的生活能力和思考判断能力；心理健康的大学生，其行为具有理智性和一贯性，他们能合理地控制自己的情绪，行为始终受到意识的控制。

6. 具有完整统一的人格品质

人格即人的整体精神面貌，人格完整是指人格构成要素的气质、能力、性格和理想、人生观等各方面平衡发展。心理健康的大学生具有积极进取的人生观，并能把自己的需要、愿望、目标和行为统一起来。

第三章　合理——科学合理的体育锻炼

知识目标

1. 了解科学健身理论，遵循科学健身的原则。
2. 掌握科学健身的方法。

能力目标

在科学健身理论指导下，遵循科学健身的原则，运用科学的健身方法，自觉地参与体育学习和锻炼。

第一节　科学健身教育的原则

科学健身的原则是体育锻炼过程中客观规律的反映，是人们在长期从事体育锻炼中成功经验的总结和概括，是科学健身过程中必须遵循的基本要求和指导思想。科学健身原则对锻炼者掌握体育健身知识、技能，培养锻炼兴趣，选择符合自身条件的运动项目和锻炼内容，正确使用科学方法进行锻炼具有指导作用。

科学健身教育的原则包括七个方面：自觉积极性原则、全面锻炼身体原则、适宜运动负荷原则、因人而异原则、循序渐进原则、持之以恒原则、安全性原则。

一、自觉积极性原则

科学健身可以促进体质的增强，但它是一个长期积累的过程，也是一个艰苦的过程。

自觉积极性原则主要是指体育锻炼者必须有明确的锻炼目的，相信“生命在于运动”的科学道理，自觉积极地参加体育锻炼。科学健身是一个自我锻炼、自我完善，克服自身的惰性，战胜各种困难的过程。同时还要有一定的作息制度保证，把健身当作生活中不可缺少的一部分，才能奏效。

怎样才能做到自觉积极性呢？

(1)要不断提高对科学健身重要意义的认识

把健身的目的与树立正确的锻炼动机联系起来，把体育健身当作学习、生活和工作的自觉需要，激发体育锻炼的主动性和自觉性，从而调动自身体育锻炼的积极性。

(2)明确目的,培养兴趣

只有科学健身的目的明确才能有利于激发和发展自身对体育锻炼的兴趣。兴趣是在需要的基础上,在生活实践中逐渐形成并发展起来的。当一个人对某项体育活动发生兴趣时,就会表现出极大的主动性和自觉性,做到身心统一,积极锻炼。

(3)检验效果,增强信心

效果、信心和兴趣三者的关系是成正比的,效果越大,则信心越足;而信心越足,则兴趣越浓厚。因此,在健身过程中要定期检验体育锻炼的效果,一般可以运用运动技术成绩、身体运动素质、身体形态生理指标等方面来检验。

二、全面锻炼身体原则

全面锻炼身体原则是指在体育锻炼的过程中必须追求身心的全面发展,使身体、形态、机能、身体素质和基本活动技能以及心理素质等都得到协调发展。人体是一个有机的整体,是在大脑皮层调节控制下的统一整体,人体的各个部位、各器官系统的机能、各种身体素质和基本活动技能之间都是互相联系、互相制约的,全面锻炼身体就能相互促进,因此必须注重全面的身体锻炼。

怎样才能做到全面锻炼身体呢?

①选择体育活动的内容和方法时,应根据自身的兴趣爱好、专业特点以及客观条件,选择多样锻炼身体的内容,尽量做到全面发展。

②在每次体育锻炼过程中,要尽量做到既能提高身体素质又能发展身体各个部位和各种基本活动,努力掌握多种运动技能,既不要全面,也不要单一。

③注意全身的活动,不要局限于部位。

④在全面锻炼身体的同时加强专业实用性体育锻炼。

三、适宜运动负荷原则

适宜运动负荷原则是指根据每个锻炼者的实际情况,合理地确定其运动负荷和强度。

锻炼的效果大小,很大程度上取决于运动刺激的强度。弱的刺激不能引起机体机能的变化;过强的刺激,有碍于健康;只有适宜的负荷和强度,才能有利于能量的恢复和超量补偿。适宜的负荷是相对的、可变的、渐进的、有节奏的,要根据锻炼者个体的具体情况来确定。

怎样才能做到合理的运动负荷呢?

1. 要正确处理量和强度的关系

针对自身的健康状况以及体育活动的项目特点安排好量和强度。量和强度之间一般是成反比关系,运动强度大只能维持较短的运动时间,强度适当才能维持较长的运动时间。利用量和强度之间的关系把运动控制在最佳有氧训练状态。

2. 要善于运用负荷、控制负荷

运动负荷应由小到大,逐渐提高。刚开始从事体育锻炼或中断体育锻炼后恢复锻炼时,强度宜小,时间宜短,密度要适当,随着身体的适应而逐渐加大负荷,最好不要超越最佳有氧训练状态。

3. 休息与运动要合理交替

身体机能的提高不仅取决于练习的时间长短和紧张程度而且还取决于适宜的休息。适当的休息有利于下一次练习处于良好状态，预防练习引起的不良反应。休息的方式有积极性休息和消极性休息，人们通常把两种方式结合起来，一般以积极性休息为主。

四、因人而异原则

体育锻炼应从实际出发，根据每个人的具体情况及客观条件来确定锻炼的内容、负荷和方法手段等。身体锻炼要想取得理想的效果，必须要有真实的负荷。体育锻炼的负荷一定要因人而异，锻炼者应根据自己的年龄、性别、健康状况等实际情况掌握好运动负荷。

五、循序渐进原则

循序渐进原则是指体育锻炼必须遵循人体自然发展，机动负荷，在渐进的基础上提高锻炼水平。不少体育健身爱好者在开始进行体育锻炼时，兴趣很高，活动量也很大，但坚持了几天，就失去锻炼的热情。产生这种现象的原因之一就是没有遵守循序渐进原则。由于开始阶段活动量大，机体无法很快适应，疲劳反应过大，锻炼者受不了“苦”而放弃健身，所以应了解锻炼效果的产生并非一蹴而就，而是呈螺旋上升之态。因此在安排运动故负荷时应注意由小到大逐步提高，其原则是提高—适应—再提高—再适应。

六、持之以恒原则

持之以恒原则是指体育锻炼必须经常性进行，使之成为日常生活中的重要内容，应坚持进行长期的、不间断的锻炼。

众所周知，“生命在于运动、运动贵在坚持”。体育锻炼对人体各器官系统给予刺激，每次刺激都会促进体内异化作用的加强，加快体内物质的合成，从而使机体内部的物质得以补充、增加和积累。这种积累可使机体结构和机能产生新的适应，体质就会不断增强，动作技能形成的条件反射也会不断得到强化。因此，体育锻炼贵在坚持，不能设想在短时间内取得显著效果，必须有长久的积累。

七、安全性原则

安全性原则是指在从事任何形式的体育锻炼时，都应该注意安全，尽可能避免因锻炼本身造成的运动损伤和伤害事故。这就要求合理安排体育健身计划，符合运动规律和人体发展规律，尤其要从个人实际情况出发。常见的事故原因：锻炼初始阶段活动量过大，导致身体不适应而造成运动损伤。体育活动单一而致身体片面发展，也可能发生伤害事故。所以务必将安全放在体育锻炼的重要位置，否则体育锻炼与健身的目的背道而驰。

第二节 科学健身教育的方法

科学健身方法是根据人体发展规律,运用各种身体练习和自然因素来发展身体的途径和方式。科学健身方法是贯彻科学健身原则,达到体育健身目的的桥梁。在运用过程中,应从实际出发,灵活运用,要注意它们可以相互补充,交替结合,但应有主有从。

一、重复锻炼法

重复锻炼法是指按动作结构顺序以及相对固定条件多次反复进行某项身体练习。重复次数的多少不同对身体的作用就不同。重复次数越多,身体对运动反应的负荷量越大。如果重复次数不断增加,可能使身体承受的负荷达到极点,乃至破坏有机体的正常状态,造成伤害。运用重复锻炼法要制订好重复次数和间歇的时间,避免负荷过大,过早出现疲劳或不正常的生理反应。

二、间歇锻炼法

间歇锻炼法是指进行重复锻炼时两次之间有合理的休息,是提高体育健身效果的一种常用的方法。人们认为体质增强的过程是在运动中实现的。其实,体质内部增强过程主要是在间歇中实现的,是在休息过程中取得了超量恢复。若是离开在休息中取得的超量恢复,则运动就变成对增强体质毫无意义的事情,甚至起不了作用。间歇对增强体质的作用并不亚于运动本身。

间歇锻炼时,间歇时间的长短主要以负荷的有效价值范围为准。一般来说,负荷接近上限时,间歇时间应长些,以防止负荷继续上升,造成体力消耗过量;接近下限时,可连续进行,间歇时间应短,密度应大,后次锻炼应在前次锻炼的效果未减退时进行。倘若间歇过长,在效果消失后再进行,就失去意义。

三、循环锻炼法

循环锻炼法是指选定若干个练习手段,按照一定的顺序、次数、节奏及要求进行循环练习的方法。循环法所布置的各个练习点,内容要慎重搭配,动作应是已经掌握的,简单易行的,并应规定好练习的次数、规格和要求。由于各练习的动作器械不同,花样翻新,交替进行,可激发兴趣、减缓疲劳、提高密度,有显著的健身价值。

四、连续锻炼法

连续锻炼法从增强体质的良好效果出发,需要间歇就停一会儿,需要连续就接二连三地进行下去,所以不能仅讲究间歇,还要讲究连续。连续、间歇、重复都是在同一锻炼过程中实现的。连续、间歇、重复等因素各有其特有的作用,连续的作用在于持续负荷量不下降,维持在一定的水平上,使身体充分地受到运动的作用。

连续锻炼时间的长短，同样要根据负荷价值有效范围来确定，通常认为在140次/分钟左右心率下连续锻炼20～30分钟，可使机体的各个部位都长时间地获得充分的血液和氧的供应，因而能有效地发展有氧代谢能力。实践中，用于连续锻炼的主要是那些比较容易，并已为锻炼者熟悉的动作，如跑步、游泳等。

五、变换锻炼法

变换锻炼法指在体育锻炼的过程中，变换锻炼的环境、内容、条件、节奏等，以提高锻炼效果的一种方法，此法可以有效地调节生理负荷，提高兴奋性，强化锻炼意向，克服疲劳和厌倦情绪，以达到提高锻炼效果的目的。变换锻炼法有两种形式，一种是连续变换，另一种是间歇变换，运用连续和间歇变换法，应选择安排好变换的条件和间歇后的运动负荷。

六、比赛锻炼法

比赛锻炼法是指在参与比赛条件下进行体育锻炼的方法。比赛锻炼法的特点是：有一定的情节和思想性，能引人入胜，具有竞争性和娱乐性，能使参加者积极主动地进行练习，按照规则的要求，竞争激烈、运动负荷较大，能充分发挥个人和集体的才智和创造力。运用比赛锻炼法时特别要注意避免过度兴奋和过度疲劳以及不利于健康的因素，预防运动损伤。

七、放松锻炼法

放松锻炼法是指在体育锻炼即将结束前，安排一些简单放松的身体练习或心理练习，促进机体较快地恢复到安静状态的方法。放松锻炼法可不拘泥于形式，目的在于促进人体生理、心理上的放松、舒畅，消除疲劳，振奋精神，提高锻炼者的心理承受能力，培养意志品质，形成积极的、拼搏的、良好的生活态度。

作业与思考题

1. 科学健身教育的原则有哪些？
2. 科学健身教育常用的方法有哪些？

★★知识窗

测量心率的作用

1. 估计体温升高

人体患病常伴有体温升高。体温升高1 ℃，少年儿童脉搏增加15～20次/分钟，成人增加10～15次/分钟。因此，在人感到不适时，可通过测量安静时脉搏是否增加来判断身体是否发热。

2. 评定心脏功能

做同样的活动（如上楼、做广播体操等）时，心脏功能好的人心率变化较小，恢复到安静时的心率用时较短；反之，心率变化较大，恢复到安静时的心率用时较长。

3. 判断运动疲劳

运动后第二天的晨脉没有恢复到前一天的晨脉，则表示出现了运动疲劳，应减少运动量。

4. 确定运动强度

测量心率有助于掌握和控制体育锻炼过程中的运动强度，使人明确自己的运动强度是需要增大还是减小。

第四章　安全——体育运动首要前提

知识目标

了解适宜运动的健康作用,学习运动医务监督的理论知识和处理方法,运动处方的制订。

能力目标

掌握运动中的腹痛、肌肉疼痛、运动性中暑、运动挫伤、肌肉拉伤的处理方法。

第一节　体育锻炼的运动保健

一、体育锻炼的卫生要求

(一)定期进行体格检查

为了了解体育锻炼对增强体质的作用,了解运动中身体健康和技能的变化状况,检查锻炼的方法是否正确,运动量是否适宜等,应定期进行体格检查,从而进一步修订体育锻炼计划和改进锻炼方法。

(二)运动前要做好准备活动

1. 做好准备活动的作用

(1)提高中枢神经系统的兴奋性,有利于调节中枢神经系统与肌肉活动有关的各器官系统间的联系,使机体发挥最佳工作效率。所以准备活动可缩短机体进入工作状态的时间,使运动者尽快达到最佳运动水平。

(2)可预先克服人体各器官系统机能活动的生理惰性,使其尽快适应肌肉活动的需要。

(3)提高全身能量物质代谢水平。准备活动使体温和肌肉温度升高,提高体内酶的活性,有利于肌肉中血流量增加,使肌肉获得更多的氧。同时减少肌肉的黏滞性,扩展肌肉活动的幅度,提高肌肉、韧带的力量、弹性和柔韧性,提高关节灵活性,以减少运动中肌肉、关节和韧带发生拉伤、扭伤等伤害事故。

(4)提高心理上的适应性。准备活动可以让运动者集中注意力,减少外界环境干扰和自身情绪影响,从而发挥主观能动性,提高运动效率。

2. 准备活动的要求

准备活动的内容有一般性和专门性两种，其内容、顺序和时间因人、因地、因运动项目不同而异。一般是先进行一般性的准备活动，若参加竞赛可根据运动项目的特点，进行专门性准备活动。一般准备活动夏天约15分钟，冬天约25分钟。准备活动应有一定的密度和强度，心率在130～160次/分钟方能收到预期效果，但也不能过分消耗体力。一般活动应达到身体发热、微出汗，呼吸加深、加快，心跳加强，主要关节感到灵活，身体感到轻松有力，兴奋性提高为宜。

（三）运动结束时要做整理活动

1. 整理活动的作用

（1）有助于人体机能尽快恢复常态。由运动引起的一系列生理、心理变化需要有一个逐步放松恢复的过程，整理活动可促进这一过程的转化。

（2）有助于偿还氧债。整理活动是一个轻松、活泼、柔和的放松过程，有助于肌肉的血液畅通，排出二氧化碳，消耗乳酸等代谢产物，以达到偿还氧债、调节机能、减轻肌肉酸痛、消除疲劳的效果。

2. 整理活动的要求

整理活动应着重于全身性放松，尽量采用轻松、活泼、柔和的练习，活动量逐渐减少，节奏逐步减慢，以促使呼吸频率和心率下降。如在长跑到达终点后，再慢跑一段，或边走边做深呼吸运动或放松徒手操。特别是在紧张剧烈的运动之后，一定要进行全身放松活动，以免身体受到损伤。整理活动后，还要注意使身体保暖，以防身体着凉，引起感冒。整理活动应与结束时的运动相衔接，其内容有调整呼吸运动和自然放松走步、慢跑、徒手放松练习、简单的舞蹈动作、自我按摩和相互按摩等。

（四）饭后不宜剧烈运动

人在饭后不宜立即进行剧烈运动，这是因为人在进食后需要加强胃肠蠕动和消化腺体的分泌活动，以利于胃肠对食物的消化和吸收。饭后血液大量进入消化系统，循环血量增加，如果饭后立即运动，消化系统的血液就会被重新调剂到运动系统中去，从而使胃肠工作能力下降，对食物消化吸收不利，久而久之会使胃肠功能紊乱。消化系统是受迷走神经控制的，当人体进行运动时，交感神经兴奋，而迷走神经却抑制，于是消化系统处于暂时休息状态，小血管关闭，血流量减少，胃肠蠕动变慢。如果进一步缺血，可能造成消化道管壁平滑肌痉挛，引起肠胃疼痛。由于剧烈运动，人体需要大量的氧气，肺通气量增加，这时膈肌的活动幅度加大。腹腔由于食物在胃内积存，如再剧烈运动，会造成呼吸困难，同时也影响心脏的正常工作。人体运动时需要从肝脏调动大量血液参加循环，此时肝脏的血液减少，而饭后在肠胃消化吸收的物质大多需要肝脏进行分解和再加工，进食后肝脏的血量必定增加，以满足代谢的需要，这时进行剧烈运动，要从肝脏中调剂血液，会影响肝脏的正常功能。饭后立即进行剧烈运动会引起呕吐和运动中的腹痛。进食后食物经过胃需要一段时间才能到达肠道，剧烈运动使胃受到震动、颠簸，易发生痉挛性收缩，造成食物逆行，同时肠系膜受到牵拉，刺激内脏感受器引起腹痛。因此，饭后不宜做剧烈运动。剧烈运动应在饭后1～2小时后进行，如在运动中出现呕吐或腹痛，应降低运动强度或暂时停止运动。

（五）运动时饮水要适量

水是人体的重要组成部分，它参与体内物质代谢、体温调节等生理过程。机体内的水分保持正常，才能保证身体健康。饮水要适量，过多或过少都对器官的正常功能有影响从而导致运动成绩降低。饮水过多，会增加消化器官的负担，大量的水进入血液，也加重了心脏的工作负担。饮水过少，使机体缺水，影响正常的生理机能，会出现口唇发干，全身无力，精神萎靡，容易疲乏等现象。一般人的每天需水量约 2 500 毫升（含食物中的水分），每次以150 ~ 200 毫升为宜，每次间隔 15 分钟以上。在排汗多的情况下应配制一些淡盐水（浓度为 0.25% ~0.5%）饮用，以补充损失的盐分。待机体平静后，可多饮用些水，以加速体液的恢复。

二、运动场地器材的卫生要求

（一）运动场地的卫生要求

在室内进行体操练习时要仔细检查调整器械的连结部分，助跑道表面及弹跳板是否光滑或有铁钉露出，海绵垫要有弹性且平展，杠面要平稳清洁。室内要采光明亮，无尘、无空气污染且通风良好。在游泳时应选择水质好的游泳池或水质好、无草、无漩涡的天然河流、湖泊等，以防被传染皮肤、眼睛、鼻腔和口腔等疾病或发生危险。在室外进行田径运动时要选择无凹凸、沟坎和碎石杂物的跑道，选择无砖头、石块、木棍、竹片、铁钉等杂物的沙坑，沙坑应掘松耙平。进行球类运动时应选择平坦、结实、无碎石且场地不过硬、过滑的球场。在练习健美运动时要选择平坦、环境清洁、空气流通、没有干扰的场地进行，一方面可以避免事故的发生，另一方面可集中注意力，使心情舒畅，有利于锻炼。

（二）运动器械的卫生要求

进行运动时使用的各种器械要符合卫生要求和技术要求。如使用的钉鞋要合脚，不能过大或过小，钉子要牢固地稳定在鞋底。不能使用断钉、缺钉或钉子歪斜的钉鞋。标枪的杆部无裂口，栏架的压砣视栏的高度要摆放在适当的位置等。又如单、双杠杠面除保证平整外，还应经常将杠面的碳酸镁粉积物用砂纸磨除，各种海绵包垫要经常打扫除尘，并保持平展。又如使用的篮、排、足等球，应保持一定的圆度和表面光洁，皮块裂开的球不能用。

（三）衣着要适合运动的需要

体育锻炼者对服装的选择应是衣料透气，疏松多孔，便于散热，便于吸收和蒸发汗液，要柔软轻松，否则会因重复摩擦而损伤肌肤。运动服大小要合适，夏天宜穿浅色单薄服装，可戴白色凉帽；冬天则应穿保暖服装，根据情况可戴手套和帽子。鞋袜大小要合脚，并富有弹性和透气，穿着要舒适，运动时切勿穿凉鞋、皮鞋或赤脚。硬、滑或过松的鞋袜会造成运动损伤。不合脚的鞋袜易引起脚部疾患，如鸡眼、汗足、脚趾变形等。

三、女生体育卫生

（一）女生身体发育的特点

女生进入青春期的时间一般比男生早两年，结束也早两年。11 ~ 12 岁女生的多数指标超过男生。13 岁后，男生开始迅速发育，其身高、体重、肌肉力量和运动能力等都超过同龄女生。此后，女生除骨盆较宽、坐高和大腿围较大，皮下脂肪较多，体重占身高比例较大外，其余多项形态、机能指标均落后于同龄男生。这种性别差异在 18 岁以后更加突出。在体形方面,女生肩胸部较窄,上臂肌肉力量弱。女生体型为上窄下宽,不宜承受较大重力。但骨盆较宽,躯干相对较长,下肢短,所以女生重心较低,稳定性高,有利保持平衡,对进行艺术体操、高低杠、平衡木、自由体操、滑冰、花样滑冰等要求下肢支撑平衡能力较高的运动项目有利。由于女生下肢短、步幅小、易出现疲劳,对跳跃及速度的发挥不利。女生全身脂肪约占体重的28%(男生约占 18%),女生皮下脂肪较多,且多集中在臀部和下肢,使体态显得丰满,并且有较好的保温作用,有利于进行游泳,滑冰和滑雪等运动。女生皮下脂肪虽厚,但下腹部对寒冷刺激很敏感,故在寒冷季节锻炼及月经期要注意下腹部的保暖。女生在青春发育期间,每月均有一次月经,同时伴有局部和全身性变化。在进行体育锻炼时,应注意区别对待和向她们介绍女生的生理卫生知识,使其提高锻炼的自觉性与科学性。

(二)女生体育卫生要求

1. 女生的一般体育卫生要求

(1)大学体育教学课,男女生应分组教学,体育锻炼标准女生低于男生。由于女生肌肉力量较差,因而使用的运动器械如铁饼、标枪、铅球等要比男生轻。因女生心肺功能较差,故运动量较小。女生肩窄、臂力弱、做悬垂、支撑、摆动动作较困难,应注意发展上肢力量。从高处落下时,地面要铺一定厚度的有弹性的垫子,以免身体受到过分震动,影响骨盆的正常发育。多做些仰卧起坐、踢腿等练习,以增强腹肌和盆底肌的力量,避免在跑、跳练习中因剧烈的震动而引起盆腔脏器的正常位置及骨盆的正常发育。

(2)根据女生的体型、心理、生理等特点,如身体重心低、平衡能力强、柔韧性好等特点,适宜进行艺术体操、平衡木、高低杠、自由体操、健美操、滑冰、花样滑冰、轮滑等项目。又如女生肩窄、体内脂肪贮存较多,优点是阻力小、浮力好、耐冷,热能供给较充足,故在长距离游泳项目方面占优势。因之,应在有条件的地区和季节上游泳课,游泳项目的开展对女生心肺功能的提高又有很大的促进作用。另外,在体育教学与运动训练中,应注意有目的、有步骤地加强肩带肌、腰背肌、腹肌和盆底肌的力量练习。平时要启发和引导她们参加体育锻炼的自觉性和积极性,通过体育活动,不仅可以提高她们的身体素质,还可以促进身体正常发育和机能能力的提高,并对她们今后参加工作,体育运动成绩的提高均有很大帮助。

2. 女生月经期的体育卫生要求

女生月经属正常的生理现象。应鼓励她们在月经期参加一些力所能及的体育活动,像散步、郊游等,可调节大脑皮层的兴奋与抑制过程,改善盆腔的血液循环,并可使腹肌和盆底肌轻度收缩与放松,有利于月经排出,减轻腹部不适感。但是,月经期子宫内膜脱落、出血、加之生殖器官抗菌力弱可能会导致感染,全身神经体液方面也有较大的变化,故应注意下述体育卫生要求。

(1)适当减少运动量和运动时间,特别是月经初潮的女生,由于她们的月经周期尚不稳定,要循序渐进,区别对待,逐步养成经期锻炼的习惯。特别是月经第一、二天内应减少运动量和运动时间。

(2)月经期要避免过冷、过热的刺激,如冷水浴和阳光下暴晒等,特别是下腹部不要着凉,以免导致卵巢功能失调而引起月经紊乱和痛经的发生。

(3)月经期不宜游泳。以免病菌侵入内生殖器官引起炎症。

(4)月经期不宜从事剧烈运动,尤其是震动强烈、腹压过大的运动和后蹬跑,高抬腿跑、跳跃、打球、投篮动作和力量性练习等,以免子宫异位和经血过多。

(5)有痛经和月经紊乱的女生,月经期应暂停体育活动。

第二节 运动损伤的预防及处理

运动损伤是指在体育运动过程中所发生的各种损伤。运动损伤与运动项目、教授内容、技术动作、练习水平、技能基础、教学环境与条件等因素有关。运动损伤会直接影响学生的身心健康和学习,因此,我们应采取有效的安全措施,避免运动损伤的发生。

一、运动损伤的原因

(一)思想麻痹大意

在参加体育活动时,没有做好充分的思想准备,不知道许多运动损伤通过积极的预防完全能避免,运动前不执行各种安全措施,盲目或冒失地进行体育锻炼而导致伤害事故的发生。

(二)准备活动安排不当

准备活动安排不当有几种情况:运动前缺乏必要的准备活动或准备活动不充分,神经系统和内脏器官没有充分调动起来,身体协调性低,肌肉温度没有提高,韧带伸展性和关节活动范围小而致伤;准备活动量过大,造成机体疲劳,从而对动作控制能力降低而引起受伤;准备活动内容安排不妥,与运动项目的基本内容相脱节;准备活动做好后,离专项运动时间过长,失去了准备活动的作用。

(三)身体机能状态和心理状态低下

身体疲劳、睡眠或休息不好、患病、受伤或伤病初愈,在身体机能相对低下时容易发生运动损伤;在心情不良,情绪低下,过于紧张或兴奋等心理状态时,更容易造成伤害事故。

(四)技术上的缺点和错误

违反身体的结构机能特点,以及运动时的力学原理,盲目做某个自己尚未掌握的动作或错误动作。

(五)教学组织不当

不遵守教学原则,未严格划分运动场地设施,对学生要求不严格,使其随意穿越运动区域时,容易发生运动损伤。

(六)运动环境不好

运动场地不平,跑道太硬;运动器材质量不好,安装不牢固,又缺乏保护措施;运动时的服装及鞋子不符合要求;气候条件不良;噪声等。

(七)动作粗野或违犯规则

每个运动项目都有相应的规则,如果在比赛中不遵守规则或在训练中相互逗闹,做出幅度较大的粗野动作，容易造成自身和他人的损伤。

二、运动损伤的预防

1. 必须对运动损伤有正确的认识

加强教育目标的教育，更好地掌握健康教育的基础知识，掌握科学锻炼身体的知识与方法，更好地完成教学目标。同时，对运动损伤的意义有一个正确的认识，在教学活动中培养良好的组织纪律性，树立和形成高尚的体育道德风尚。

2. 合理安排练习内容、加强教学认识

在教学与活动前，要合理安排教学内容，分析其难点与重点，对容易发生损伤的技术动作做到事先有准备，措施要到位。要遵循体育教学的原则，做到因人而异，负荷适当。

3. 做好准备活动

准备活动的目的是通过各种练习进一步提高中枢神经系统的兴奋性，使它达到适宜水平，加强各器官系统的活力，克服自主神经的惰性，为正式练习做好机能上的准备。如果不做准备活动或做得不充分，就容易发生运动损伤。因此在任何练习前要认真做准备活动，改善肌肉、韧带的弹性和活动幅度，将机体调整到最佳竞技状态。

4. 加强易受伤部位的训练

加强对易伤部位和相对薄弱部位的练习，提高其机能，是预防运动损伤的积极措施。

5. 合理地运用技术动作

技术动作运用得不好是引起运动损伤的主要因素之一。如在提杠铃或俯身搬运重物时应将身体重心尽量靠近重物，屈髋屈膝，挺胸直腰，用腿部肌肉发力，如果身体远离重物直接弯腰上提重物，就会因腰背负担过重而使腹背筋膜、肌肉或韧带受到创伤。

6. 在适宜的环境条件下运动

高温潮湿容易产生疲劳和中暑，或因大量出汗，影响体内水盐代谢而发生抽筋或虚脱；低温潮湿，容易引起冻伤；也可因肌肉僵硬，弹性、耐力降低，动作协调性差而发生肌肉韧带损伤；在大雾时，光线不足，能见度低，影响视力，神经反应迟钝，兴奋性降低，也可成为损伤的原因。严禁带病或体检不合格者参加运动，伤病后要在医生的建议下进行运动。场地设施不合格不能进行运动，尤其是在器械上进行运动，更要随时检查器械，禁止穿不合适的服装进行运动。

7. 加强保护与自我保护

在做动作比较复杂、多变、难度大、空中动作多的体操运动时，应注意同伴间的保护与帮助，特别要加强和提高自我保护的能力。在户外进行体操锻炼容易发生伤害事故；在对抗性较强的体育运动项目中，也容易发生损伤事故。因此，必须加强自我保护工作。如从器械上下落双脚着地时，不能直腿下落，要屈膝缓冲，以防扭伤膝关节；手触地时，一定不能直臂撑地，以防骨折或脱臼；踢足球时，防止与对手两膝相撞，以避免腿骨折或韧带撕裂。

8. 加强心理品质教育及医务监督

在教学过程中，教师应重视加强对学生心理品质的教育和培养，帮助学生克服恐惧畏难情绪，排除紧张的心理障碍，树立克服困难的信心。

对参加体育锻炼的人，应定期进行体格检查，以观察了解体育锻炼后的身体反应以及功能变化。对患有各种慢性疾病的人，应根据医生的意见进行体育活动。在运动过程中，要建立健全自我监督制度，随时注意自己身体功能状况的变化，若有不良反应时，应及时调整运动负荷。

第三节　运动保健与医务监督

运动是影响人体健康的重要因素，适宜的运动可以改善人体各器官系统的功能状况，增强机体的适应能力和体质，从而增进健康。

一、适宜运动对健康的作用

生命在于运动，健康必需锻炼。人体在运动过程中，机体将产生一系列适应性变化，但这一变化的结果可以健身防病，也可以危害健康，其关键是在运动过程中掌握适度。有人把这个适度的范围称为“价值阀”，上限为安全界限，下限为显效界限。

不同年龄、不同性别、不同体质的人运动强度应有一定的差别，但有一个大致的范围和一定的规律。例如，美国运动医学会近年来提出，保健运动适宜运动负荷为个人最大负荷的60%左右，活动时间控制在20～60分钟。我国健身运动常用的运动强度公式为：180－年龄＝运动时的心率。

在达到适宜心率后要在此基础上至少持续10分钟才能显效。运动健身时应选择有氧代谢的运动项目，并坚持长期锻炼，每周至少3次，方可达到较好的锻炼效果。

1. 对运动系统的影响

运动时，由于体内新陈代谢加强，血液循环加快，血流增加，运动器官就可以获得充足的营养物质。促进青少年的骨骼、肌肉的发育，使骨的生长加强，皮质增厚，骨小梁增粗，并排列整齐，骨骼长得更长、更粗、更坚固；能使关节囊、韧带增厚，增加其弹性和伸展性，加大关节活动幅度，提高关节的灵活性；使肌肉中蛋白质等营养物质增加，使肌纤维增粗，肌肉横断面增大，肌肉变粗壮结实，收缩力量加强，在神经系统的调节下，肌肉的工作更加准确、协调、有力，而且灵活、迅速、耐久，工作效率明显提高。

2. 对血液循环系统的影响

经常参加适宜的运动，可使心肌发达、心动徐缓、心功能增强。力量素质的锻炼，特别有利于心肌壁厚度的增加；耐力素质的锻炼，特别有利于心腔容积加大。经过良好的锻炼心脏有更大的潜力来适应大运动负荷的需要，运动后，恢复也较快。

3. 对呼吸系统的影响

人体在运动时，肌肉在活动过程中需要消耗大量的养料和氧气，同时产生很多二氧化碳，这就要求呼吸器官加倍工作，以排出二氧化碳。呼吸系统能得到改善，首先是呼吸肌发达，胸围和呼吸差增大，肺活量增大，呼吸深度加深。可以提高换气效率，又能使呼吸器官得到较长时间的休息，因此运动时不至因为紧张的活动而发生气喘，并且能适应剧烈运动的需要。

4. **对神经系统的影响**

运动时，在神经系统的调节下，需要动员人体各种功能来完成动作，而身体的各种活动，又反过来使神经系统得到锻炼。因此经常从事体育锻炼的人，神经系统的功能会逐步得到提高，神经系统的兴奋性和灵活性得到改善，从而对外界刺激的反应更准确、迅速，对体内各器官的活动调节更协调。

二、人体缺乏运动的危害

通过有规律、不间断、合理的运动，能维持人体良好的功能状态，精力充沛地从事学习和工作，达到健康长寿的目的。缺乏运动或运动不足的人会给健康带来一定的不良影响，具体有体力下降，肌肉无力，还可能不同程度地影响生理功能状态，是造成疾病的潜在因素。其危害是一个慢性积累的过程，到了一定时期或年龄阶段容易发病，疾病发展到一定程度会形成不可逆的病理变化，最终会造成人的早病、早衰、早亡。

第四节　运动医务监督

一、运动中的腹痛

1. **原因**

引起运动中腹痛的原因，从总体来看，分为原因不明但与锻炼有关的运动性腹痛、腹腔内疾病和腹腔外疾病。运动性腹痛往往与下列因素有关。

①缺乏锻炼或运动水平低。

②准备活动不充分。

③身体情况不佳、疲劳、精神紧张。

④运动呼吸节奏不好，速度太快，运动前食量过多或饥饿状态下参加剧烈运动等。

2. **处理**

①对于因腹内或腹外疾病所致的腹痛，主要根据原发疾病进行相应的治疗（药物、理疗、局部封闭等）。

②对于仅在运动时加快速度后才会出现腹痛的人，首先要加强全面身体素质锻炼。

③运动中出现腹痛后，可适当减慢速度，并做深呼吸，调整呼吸与动作的节奏；必要时用手按压疼痛部位，弯腰跑一段距离一般疼痛即可消失；如仍然疼痛，应暂时停止运动，遵照医嘱口服阿托品、颠茄等解除痉挛的药物。针刺式点掐足三里、内关、三阴交等穴位，进行腹部热敷。如无效应请医生处理。

3. **预防**

①遵守体育锻炼的科学原则：要循序渐进地增加运动量，加强全面身体锻炼，提高机能

水平。在锻炼时要调整好动作与呼吸节奏，合理地分配运动速度。

②运动前要做好充分的准备活动：冬天参加长跑或自行车锻炼时，不要在未做充分准备活动前就脱掉运动外套。

③合理安排膳食：剧烈运动前不要吃得过饱，不大量饮水，特别不要吃冷饮，不吃平时不习惯吃的食物，不要在饥饿状态下参加锻炼，餐后一个半小时后才能参加运动。

二、肌肉痉挛

1. 原因

①在寒冷的环境里运动：肌肉受冷空气的刺激，兴奋性突然增高，使肌肉发生强直收缩。

②电解质丢失过多：运动中大量排汗，特别是长时间的剧烈运动或高温季节运动时大量排汗，造成电解质过低，引起肌肉兴奋性增高，发生肌肉痉挛。

③肌肉连续过快收缩而放松不够：在做剧烈运动过程中，肌肉连续过快地收缩，而放松的时间太短，以致肌肉收缩与放松的协调性紊乱，引起肌肉痉挛。

④疲劳：身体疲劳也直接影响肌肉的生理功能，疲劳的肌肉往往血液循环和能量代谢有改变，使内环境发生改变，导致痉挛产生。因而，身体疲劳时，特别是局部肌肉疲劳时再进行剧烈运动或做一些突发性的用力动作，就容易发生肌肉痉挛。

2. 处理

①向痉挛肌肉收缩相反的方向牵引痉挛的肌肉，使肌肉拉长，一般都可以使其缓解。

②在痉挛肌肉部位做按摩，手法以揉捏、重力按压为主，并注意保暖。

③热疗（如热水浸泡、局部热敷）也有一定疗效。

④严重的肌肉痉挛有时需采用麻醉才能缓解。

3. 预防

①加强体育锻炼，提高身体的耐寒力和耐久力。

②运动前必须认真做好准备活动，对容易发生痉挛的肌肉可事先做适当按摩。

③冬季运动要注意保暖。

④夏季运动时，尤其是进行剧烈运动或长时间运动时，要注意电解质的补充和维生素 B_1 的摄入。

⑤疲劳和饥饿时不宜进行剧烈运动。

⑥游泳下水前要用冷水冲淋全身，使身体对寒冷有所适应。水温太低时，游泳时间不宜过长。

三、运动性中暑

1. 原因

(1)中暑

环境高温是致病原因。室温过高，超过 35 ℃；炉窑等热源强辐射下从事一定时间的锻炼或劳动；炎夏烈日下暴晒等，如无足够的防暑降温措施，都可发生中暑。即使气温不很高，但湿度较高和通风不良，在这种环境下从事锻炼或体力劳动，也可发生中暑。

中暑的诱因有：疲劳、肥胖、饮酒、饥饿、脱水、失盐、穿着不透风、发热、甲亢、糖尿病、心血管疾病、汗腺缺乏及服用阿托品等抑制汗腺分泌的药物等。

（2）运动性中暑

运动性中暑是由于体温调节系统在运动时超载或衰竭所致。机体在运动时产生大量热，除其中约 1/4 用于完成机械功外，其余均以热的形式储存或散发。当产热或储热超过散热时就会出现体温调节系统的超载，可伴随大量出汗。运动时间维持较长时，直肠温度升高甚至虚脱。衰竭是由于丘脑下部体温调节或周围性反应功能紊乱所致，使心脏充盈和心搏出量减少，心率加快。当直肠温度升高后，皮肤和内脏小动脉扩张，引起血压下降。运动性中暑时直肠温度可达 40 ~ 42 ℃。

2. 处理

（1）场地急救

要保持呼吸道通畅，测量血压、脉搏、直肠温度，点滴输液，严重者要及时送往医院抢救。

（2）一般处理

热衰竭和热痉挛患者应转移到通风阴凉处休息。热痉挛患者口服温盐水或含盐饮料，静脉注射生理盐水，或服用十滴水或藿香正气水，可迅速好转。有循环衰竭者由静脉补给生理盐水和氯化钾，一般患者在 30 分钟至数小时内即可恢复。

（3）物理降温

用 4 ~ 11 ℃凉水擦拭皮肤，使皮肤血管收缩加速血液循环，加用风扇吹风，在头部、腋窝、腹股沟放置冰袋以降温。

3. 预防

①夏天炎热，安排好锻炼时间，避免在一天中最热的时间段进行锻炼。

②安排好炎热天气锻炼的营养和饮水，注意补充食物中的蛋白质，额外增加维生 B_1、维生素 B_2、维生素 C 供给量。组织合理的水盐供应。

③对不耐热个体要加强预防措施。

四、挫伤

1. 原因

挫伤又称撞伤，是钝性外力直接作用于人体某部而引起的一种急性闭合性损伤，如运动中相互冲撞，被踢打或身体碰撞在器械上，都可发生局部和深层组织的挫伤。最常见的挫伤部位是大腿与小腿的前部，头和胸，腹部的挫伤也非常少见。

2. 处理

①伤后 24 ~ 48 小时内，局部冷敷，加压包扎，抬高伤肢并休息。

②受伤 24 ~ 48 小时后，肿胀已基本消退，可拆除包扎进行温热疗法，包括各种理疗和按摩。

③伤后恢复期时，逐渐增加抗阻力练习和参加一些非碰撞性练习，并配合按摩和理疗

等,直至关节活动功能恢复正常。

五、肌肉拉伤

1. 原因

①主动用力拉伤:肌肉做主动的剧烈收缩时,其收缩力超过了肌肉本身的承担能力所致。主动用力拉伤是在肌纤维缩短时发生,多为原动肌和协同肌受伤。

②被动拉伤:肌肉受力牵引时超过了肌肉本身的伸展限度所致。在做压腿、劈腿练习时,如果用力过猛,也可使被拉长的肌肉发生拉伤。

2. 处理

肌肉微细损伤或少量肌纤维断裂时,立即冷敷,加压包扎并抬高伤肢,注意局部休息,疼痛较轻者可口服镇静、止痛剂(遵照医嘱)。24 小时后可外敷中药、痛点药物注射、理疗或按摩等。

3. 预防

在剧烈运动前要充分做好准备活动;平时要结合运动项目的特点,加强易伤肌肉的力量和柔韧性练习;锻炼中要注意观察肌肉反应,如肌肉硬度、韧性和疲劳程度等,若出现肌肉僵硬或疲劳时,可进行按摩并减少运动强度;注意锻炼环境的温度,湿度和运动场地情况。治愈后再参加锻炼时,要注意循序渐进,以防再伤。

六、自我监督

1. 主观感觉

(1)运动心情

运动心情是反映锻炼者有没有健身欲望的指标。锻炼者身体机能正常时,精神饱满,体力充沛,渴望锻炼。如果健康状况不佳,就出现心情不佳、厌烦锻炼的征象。

(2)自我感觉

自我感觉是反映运动中或运动后,除运动性疲劳以外其他的不正常感觉。如异常的疲劳,感到恶心甚至呕吐、头晕,以及身体某些部位疼痛等。

(3)睡眠

睡眠状况是反映神经系统功能状态的指标。当锻炼负荷过大,超过了机体的负担能力时,首先会反映在神经系统方面,早期主要表现为睡眠模式的改变,好的睡眠状态是入睡快,醒后精力充沛。如果入睡迟、夜间易醒、失眠、睡醒后仍感疲劳,就需要进行调整。

(4)食欲

食欲是反映中枢神经系统是否疲劳的较敏感的指标之一。参加体育运动时能量消耗大,所以运动后食欲良好,想进食,食量大。如果运动后不想进食、食量减少,并在一定时期内不能恢复食欲,并没有其他因素影响时,则表明中枢神经系统已疲劳。

2. 客观检查

(1)脉搏

测脉搏时除注意频率外,还应注意节律,测晨脉对了解身体机能变化有重要意义。若每分钟晨脉比过去减少或明显改变,节律齐,表明身体机能反应良好,有潜力。若每分钟比过去增加多12次以上,表明机能反应不良,可能与疲劳未消除或存在感染有关。

如果发现脉搏节律不齐或有停跳现象,可能是心脏机能异常征象,应采用心电图等方法作进一步检查。

(2)体重

在运动期间,体重出现“进行性下降”现象,并伴有其他异常征象(睡眠失常、情绪变化等)时,可能是早期过度训练的综合征。

第五节　自我锻炼计划(运动处方)的制订

一、运动处方的概念

对从事体育锻炼的健康人或病人,根据医学检查资料,按其健康、体力以及心血管功能状况,结合生活环境、条件和运动爱好等个体特点,用处方的形式规定适当的运动种类、时间及频率,并指出运动中的注意事项,以便进行有计划的经常性锻炼,达到健身或治病的目的。制订运动处方前,必须询问锻炼者的病史或运动史,进行体格检查和必要的实验室检查,特别是心肺功能检查,从而确定适宜的锻炼内容和运动负荷(强度、数量、次数、时间及要求等),使机体在一定时期内获得适量的锻炼。经过一段时间的锻炼后,再根据机体功能提高或改善的状况,重新制订出新的运动处方,以达到强健身体、疗疾康复的目的。

二、制订运动处方的原则

1. 区别对待原则

由于每个人的年龄、性别和体力以及身体健康状况不同,因此在制订运动处方时,必须注意区别对待,特别是体力差别应作为最重要的考虑内容。

2. 全面平衡原则

为了全面发展身体机能,在制订运动处方时,必须要考虑运动处方锻炼内容、锻炼方法和对不同身体部位的锻炼效果等。针对锻炼目标和身体的薄弱部位,有针对性地实施健身运动处方的内容和方法,从而获得身心的全面发展。

3. 循序渐进原则

人体生理机能的提高是一个渐进的过程。如果仅用一种健身运动处方数月或长年不变地进行健身运动,只能起到维持原有身体机能水平的效果,不可能逐步有效地提高健康水平和增强体质。如果突然进行一次大强度、长时间和多重复的锻炼,则有可能导致身体机能失调，使身体受到伤害，更谈不上增强体质。

4. 安全性原则

按运动处方进行锻炼活动，应保证在安全的范围内进行，若超出安全的界限，则可能发生危险。在制订和实施运动处方时，应严格遵循各项规定和要求，以确保安全。安全性原则应包括三个方面的内容：

其一，负荷量度在安全范围内。

其二，锻炼过程中，身体活动幅度、技术动作的难易程度应在安全可控的范围内。

其三，锻炼场所、器材的安全保证。

三、运动处方的特点和作用

1. 运动处方的特点

运动处方，最大的特点是因人而异，针对性强，能对锻炼者提出具体的运动负荷量和运动方式，从而保证身体锻炼的科学性、安全性和有效性。

2. 运动处方的作用

①有助于保证锻炼的科学性和系统性，克服日常锻炼中经常存在的"一曝十寒"的弊端；同时，便于对整个身体锻炼过程进行反馈调节。

②有助于增进身体健康，提高身体机能：一般来说，人们参加运动处方锻炼，是为改善自身身体状况，提高健康水平，预防疾病，特别是防止现代"文明病"的侵袭；另一方面，进行运动处方锻炼，能有效地提高身体机能，如提高机体的肌肉耐力、肌肉力量、爆发力、灵敏性、平衡性和柔韧性等，又能有效地提高身体运动能力。

③能治疗疾病和使机体康复：许多慢性病患者，常常把运动处方作为治疗疾病和康复疗法的一种手段，严格地按照运动处方进行锻炼，因此可大大提高运动中的安全性，尽可能减少意外事故的发生，有效地提高机体对疾病的抵抗力，达到治疗疾病的效果。

四、运动处方的种类

1. 按阻力形式分类

运动处方中，常见的运动形式包括克服阻力性的肌肉运动（无氧运动、有氧运动）和调理内脏功能的心肺功能运动（无氧运动、有氧运动和混合式运动）两大类，人们日常生活中的所有活动都是克服阻力的过程。

2. 按运动处方的功能分类

①锻炼性运动处方：主要用于提高身体机能，适合于青少年身体锻炼，要求有针对性地提高身体运动能力。这种运动处方往往带有全面锻炼的性质，并在某些方面有所侧重。

②预防性运动处方：主要用于中老年人健身防病，人过中年以后，身体机能就开始衰退，特别是心血管系统的衰退对人的影响更为明显，因此，中老年人的运动处方常常采用持续时间稍长的有氧耐力锻炼方案，以延缓和推迟机体的老化过程。

③治疗性运动处方：主要用于某些疾病或外伤的治疗和康复，它使医疗体育更加定量化

和更具针对性，如减肥锻炼和心血管疾病的康复锻炼。这种处方常与其他治疗和康复措施结合起来进行。

3. **按所锻炼的器官系统分类**

①内脏器官体疗锻炼运动处方：以提高心肺功能为主，用于冠心病、高血压、糖尿病、肥胖症等内脏器官疾病的防治和康复。

②运动器官体疗锻炼运动处方：以改善肢体功能为主，用于因各种原因引起的运动器官功能障碍以及畸形的矫正等。

五、运动处方的制订和实施流程

1. **了解锻炼者的基础情况**

包括锻炼者的姓名、性别、年龄、职业、疾病史、过去和现在的身体锻炼状况以及食欲、睡眠和常用药品等。

2. **健康诊断**

这是对锻炼者健康程度的判断，是制订运动处方的重要依据之一，可采用直接的医学检查，也可索取锻炼者近期的身体检查证明，在进行健康诊断时，要排除体育运动的禁忌证。

3. **运动负荷试验**

主要是对锻炼者身体机能的运动承受能力的检测和评定，一般要进行安静状态和在定量负荷状态下的生理机能测试，主要测试指标包括安静时心率、血压，运动时的最大摄氧量等。定量负荷有两种，最大负荷和次最大负荷。一般说来，前者更合乎要求，但危险性较大，特别是对中老年人和某些疾病患者更是如此，因此，常采用后者。

4. **体力测定**

主要是对锻炼者的身体素质状况进行检测和评定，内容包括锻炼者的身体各部分的力量、速度、耐力、灵敏、柔韧等，为了便于评价，常要将该受试群体的较大样本指标进行数理统计，建立数学模型，然后将该受试者的指标与数学模型加以对照，以确定其各项指标的水平和优劣。

5. **制订运动处方**

根据上述检测和评定的结果和身体锻炼的原则、方法，为锻炼者提供包括锻炼内容、强度、时间等在内的锻炼方案。

6. **实施锻炼方案**

即按照运动处方的要求进行锻炼。锻炼一个时期以后，应再进行身体健康检查。运动负荷和体力测定：一方面，用以评价运动处方锻炼的效果，另一方面，也可以用以提供反馈信息，修改和制订出新的运动处方方案，调节锻炼过程，从而保证整个身体锻炼过程与个体的身体状况相适应。

六、运动处方的要素

一个完整的运动处方方案，其基本要素有 4 个，即运动项目、运动强度、运动时间和运动频度。

1. **运动项目**

在运动处方中，为锻炼者提供最合适的运动项目关系到锻炼的有效性和持久性。选择运动项目要考虑运动的目的是健身的还是治疗的；要考虑运动条件，如场地器材、闲暇时间、气候等；还要结合体育兴趣爱好等。适用于一般健康者和慢性病锻炼者的运动项目，可以分为5类：

①耐力性锻炼项目：如步行、长跑、骑自行车、长距离游泳、登山、远足等，从生理机制上看属于有氧代谢运动。

②力量性锻炼项目：如练拉力器、哑铃、杠铃、实心球，以及克服自身体重的练习（如引体向上）、多功能练习器等，这类练习在性质上往往与改善体形练习、健美运动练习相匹配。

③放松性锻炼项目：如步行、旅行、按摩、打太极拳等。

④一般健身性锻炼项目：如各种球类运动、游戏、广播体操、徒手或器械体操、八段锦等，属于非特异性锻炼项目。

⑤专门性体操锻炼项目：如为不同锻炼者或比赛参加者设计的医疗体操、矫正体操、健（身）美操等。

2. **运动强度**

运动强度是运动时的剧烈程度，是衡量运动量的重要指标之一，可用每分钟的心率次数来表示大小。一般认为学生心率：120次/分钟以下为小强度，120～150次/分钟为中强度，150～180次/分钟或180次/分钟以上为大强度。测量运动强度的简单办法是：测量运动后10秒脉搏乘以6，就是1分钟的运动强度。

①适宜运动强度范围，可用靶心率来控制：以本人最高心率的70%～85%的强度作为标准。

靶心率＝（220－年龄）×（70%～85%）。如20岁的靶心率是140～170（次/分钟）。

②最适宜运动心率，计算公式：

最大心率＝220－年龄

心率储备＝最大心率－安静心率

最适宜运动心率＝心率储备×75%＋安静心率

如某大学生20岁，安静心率70（次/分钟），他的最大心率为220－20＝200（次/分钟），心率储备为200－70＝130（次/分钟），最适宜运动心率为130×75%＋70＝167.5（次/分钟）。

3. **运动时间**

运动时间是指一次锻炼的持续时间。运动时间的长短，与个人体质、医学检查情况以及运动强度紧密相关。强度大，时间应稍短，强度小，时间应稍长。有的研究认为，运动时间阈值应不少于3分钟，最长运动时间一般不超过60分钟；有的研究认为，每次进行20～60分钟的耐力性运动是比较适宜的；从运动生理学的角度来说，5分钟是全身耐力运动所需的最短时间，60分钟是坚持正常工作的最大限度时间。库珀认为，持续5分钟即可收到效果，如果心率在150次/分钟以下时，就需要5分钟以上才有效果。有氧锻炼一般在30分钟左右就可以达到较好的效果。

4. 运动频度

运动频度指每周的锻炼次数。

关于运动频度,日本的池上晴夫研究表明,1 周运动 1 次,肌肉酸痛和疲劳每次发生,运动后 1 ~3 天身体不适,效果不蓄积;1 周运动 2 次,酸痛和疲劳减轻,效果有点蓄积,不明显;1 周运动 3 次,无酸痛和疲劳;效果蓄积明显;1 周运动 4 ~5 次,效果更加明显。可见,1 周运动 3 次以上,效果才明显。

七、制订运动处方时注意事项

①在制订运动处方时,应遵循运动处方的科学原理,按照一定的步骤进行。

②运动前要做准备活动,运动后要做整理活动。

③进行心肺耐力训练前和训练过程中,应加强医务监督,根据锻炼者的身体状况,做好相应的监护工作。

④进行力量训练时,要注意自身的安全问题,预防运动损伤。在大型力量练习器械上锻炼前要掌握器械的使用方法,随时注意检查器械的安全性。必要时,争取得到教练、同伴的保护与帮助。

⑤根据锻炼的具体情况,提出相应的注意事项。如高血压患者,应避免做静力性练习,糖尿病患者应注意血糖变化等。

由于个人的身体条件千差万别,不可能预先准备好适应各种场合的处方。

接受运动处方的人,首先按处方锻炼,若在实行过程中出现不适合自己的地方,可以自己进行微调,以求适合自己的条件。如一次微调整不成功,便可从反复实践中进行修正,最终可以找到适合自身条件的运动处方。

作业与思考题

1. 试述肌肉拉伤产生的原因及处理方法,如何预防?
2. 试述运动中腹痛产生的原因,如何进行预防?
3. 试述挫伤处理方法,如何预防?
4. 试述运动性中暑的原因及处理方法,如何预防?
5. 自我监督应观察哪些指标?
6. 制订运动处方的原则?
7. 运动处方的制订有哪些主要要素?

第五章　科学锻炼与营养保健

知识目标

了解不同运动项目的营养特点、消除运动疲劳的方法以及不同专业所采取的运动项目。

能力目标

培养学生有针对性的根据专业的不同参加适合自身的体育锻炼项目及能力。

第一节　参加体育锻炼的营养保健

一、不同运动项目的营养特点

在大学生经常进行的体育锻炼活动中，因各个项目代谢特点不同而对营养有着不同的需求特点。

（一）跑步类项目的营养特点

1. 短跑

短跑是体育竞赛活动经常设立的一个项目。它是以速度素质为基础的无氧代谢供能为特点的体育竞赛活动，工作时间短、强度大，要求有较好的爆发力。在膳食中要有丰富的动物蛋白质，以增大肌肉体积，提高肌肉质量，蛋白质的摄入量每日每千克体重 3.0 克左右。另外，要求在膳食中增加磷和糖的含量，为脑组织提供营养，改善神经控制和增强神经传递，动员更多的运动单位参加收缩。还要求在膳食中增加矿物质，如钙、镁、铁及维生素 B_1 的含量，以改善肌肉收缩质量。

2. 长跑

长跑是以有氧耐力素质为基础，以有氧代谢供能为特点，要求有较高的心肺功能及全身的抗疲劳工作能力的体育竞赛活动。长跑虽强度较小但时间较长，体力消耗较大，要求膳食中有全面的营养成分，增加机体能源物质的贮备，在丰富的维生素、矿物质成分中，突出铁、钙、磷、钠、维生素 C、维生素 B_1 和维生素 E 的含量，有利于提高有氧耐力。

（二）体操类项目的营养特点

大学生喜爱的健美操以及在一些学校体育活动中开展的竞技体操和艺术体操，技巧动作复杂而多样,要求有较强的力量与速度以及良好的灵巧性与协调性,对神经系统有较高的要求。其营养特点是:高蛋白质、高热量、低脂肪,应突出铁、钙、磷的含量及维生素 B_1、维生素 C 的含量。需引起注意的是,参加此类项目有时为比赛必须控制体重,但不能过分控制饮食,避免造成营养不良。

(三)球类项目的营养特点

球类项目对力量、速度、耐力、灵敏、柔韧等素质有较高的要求。食物中要含丰富的蛋白质、糖以及维生素 B_1、维生素 C、维生素 E、维生素 A。球的体积越小,所摄入食物中维生素 A 的含量应越高。足球活动时间较长且在室外活动,矿物质、水分丢失较多,应及时补充。

(四)游泳项目的营养特点

游泳项目在水中进行,机体散热较多、较快,冬泳更是如此。游泳锻炼要求一定的力量与耐力素质,要求在膳食中含有丰富的蛋白质、糖和适量脂肪。在水温较低时出于抗寒冷需要,可再增加脂肪摄入,维生素以 B_1、维生素 C、维生素 E 为主,同时增加碘的含量,以适应低温环境甲状腺激素分泌增多的需要。

二、体育锻炼时营养摄取的要求

饮食对于运动表现非常重要,足够而均衡的饮食可使表现更趋完美。经常参加健身运动的人,如果缺乏营养保证,消耗得不到补充,机体处于“亏损”状态,则运动后疲劳不能及时消除,所以在运动以后可通过合理的营养膳食来补充消耗的能量和营养物质。饮食应注意:

1. 常规饮食

对大多数喜爱运动的人来说,常规饮食应包括:60% ~70% 的糖类,12% 左右的蛋白质,以及 18% ~28% 的脂肪。一般来说,健身运动者和其他人一样应该严格控制脂肪,尤其是饱和脂肪酸。健身运动者每千克体重需要蛋白质 1.0 克,高出正常人 0.8 克每千克体重,健康的饮食容易达到此要求,不用再补充蛋白质补剂。爱好运动的人消耗的热量常高于正常人。所以饮食中需要补充额外的热量,糖类是最佳的能量来源。

2. 应多补充蔬菜、水果

每天至少食用新鲜蔬菜 500 克,品种最好有 2 ~3 种,以新鲜深色蔬菜为佳。植物油根据菜肴的情况使用烹调油,全天可用 20 ~30 克。

3. 进行健身运动,特别是剧烈运动时的营养摄取

人体依靠大量出汗达到机体散热的作用,同时导致大量的水分和电解质经由汗水流失,所以,运动后及时补充水分和电解质非常重要。一般来说,健身运动后补充的饮料都为糖盐水,也可饮用菜汁、果汁、咸菜汤等。补充水分的方式是少量多次为宜,不宜 1 次饮用大量水。

4. 运动后饮食安排的要求

①忌立即进食,至少休息 1 小时。

②食物要细软,易于消化,忌暴饮暴食或过饥过饱。

③要有规律,每餐基本做到定时定量,一日三餐为宜,如有必要可加餐一次。

第二节　体育锻炼后应了解的事宜

一、运动后肌肉酸痛

不少同学有过这样的体会，在一次活动量较大的锻炼后，或是隔了较长时间未锻炼，又开始锻炼之后，常常会出现肌肉酸痛。这种酸痛一般发生在运动结束后较长时间或1～2天后。从事不同的体育运动项目，在个人身上表现的酸痛症状差异也很大。

（一）肌肉酸痛产生的原因

肌肉酸痛是由于机体能量物质（ATP、CP和糖原）消耗过多，或是隔了较长时间未锻炼而刚恢复锻炼时，肌肉对负荷及收缩放松活动未完全适应，会引起局部肌纤维及结缔组织的细微损伤，以及部分肌纤维产生痉挛所致。由于这种肌纤维细微损伤及痉挛是局部的，因而就整块肌肉而言，仍能完成运动功能，但存在肌肉酸痛感。酸痛后，经过肌肉内局部细微结构的修复，肌肉组织会变得比以前强壮，以后再经历同样的负荷就不易发生酸痛现象了。

（二）怎样预防消除肌肉酸痛

预防肌肉酸痛的发生应注意以下几点：

①根据不同体质、不同健康状况科学地安排锻炼负荷，负荷不要过大，也不宜过猛。

②锻炼时，尽量避免长时间集中练习身体某一部位，以免局部肌肉负担过重。

③准备活动中，注意把即将练习时负荷重的局部肌肉活动得更充分些，可有效地预防损伤。

④整理活动除进行一般性放松练习外，还应注意肌肉的伸展牵拉练习，可预防局部肌肉痉挛，从而避免酸痛的发生。

二、消除疲劳的措施

疲劳是一种生理现象，只要不是因疾病所造成的疲劳，都不影响身体健康，对参加锻炼的人来说，达到一定程度时，人体就会产生工作能力暂时下降的现象，也就是说出现了疲劳。运动生理学认为，疲劳对人体来讲是一种保护性机制，同时，疲劳又是一种量的标志，所以“没有疲劳就没有锻炼”的说法是有道理的。但是，如果在锻炼中过早产生疲劳，就会影响运动能力。人如果经常处于疲劳状态，前一次疲劳还没有消除，而新的疲劳又产生了，这样就可能产生累积，久而久之会造成过度疲劳，那可能就是一种病理状态，反而对人体健康不利。因此，在锻炼后应采取一些积极措施，尽快消除疲劳，使机体出现超量恢复，从而不断提高锻炼能力和身体健康水平。

（一）疲劳的自觉症状

疲劳后出现各种症状，但在个人身上表现出来的疲劳症状个体差异很大。有的头部沉重头昏眼花、眩晕、全身乏力；有的动作迟钝、注意力和精力不集中、呼吸困难、心情不好、脚步沉重；有的口舌发干、发黏、出冷汗、心悸、恶心甚至呕吐；有的出现肌肉痉挛或疼痛、眼睛疲劳、视线模糊等。

（二）疲劳的客观体征

动作僵硬，不协调，运动积极性下降，步伐紊乱，判断力和反应速度下降，运动单调化，动作失误增多，在运动过程中发生肌肉痉挛，力量不足，斗志下降等。

（三）消除疲劳的措施

消除疲劳措施多种多样，现介绍常用的医学恢复手段和心理学恢复手段。

1. 睡眠

保证充足的睡眠时间是消除运动性疲劳最好的方法之一。休息是消除疲劳的必要手段。休息的方式，除了睡眠以外，还可采用一些积极性休息手段，如散步、听音乐等，亦可转换一种方式进行体力活动，较之单纯性的安静休息，更有积极意义。

2. 按摩

按摩是消除疲劳的重要手段之一。按摩能加速血液和淋巴循环，消除疲劳，提高身体机能水平，还有防治运动损伤的作用。常用的按摩手法是手按摩，当然，有条件的还可以借用机械进行按摩等。

3. 物理疗法

物理疗法主要采用沐浴和局部热敷的方法。沐浴能促进血液循环，放松肌肉，加快代谢产物的消除，有助于消除疲劳。最简单的方法是用温水浴，水温以 40 ℃左右为宜。局部热敷能减少肌肉中酸性代谢产物的堆积，消除肌肉僵硬、紧张以及酸痛，热敷的水温度以 47 ~ 48 ℃为宜。

4. 心理恢复法

心理恢复法的恢复手段包括心理调整、自我暗示和放松练习等手段。心理恢复法能减轻压力，达到放松肌肉、消除疲劳的目的。

5. 营养与药物

营养是恢复过程的物质基础，合理的营养补充，有助于加快疲劳的消除和体力恢复。应补充足够的蛋白质、维生素、无机盐和水。药物恢复可采用氨基酸，维生素 C、维生素 B_2、维生素 B_6 等。

第三节　不同职业的适宜体育锻炼项目

高职学生专业性较强，专业特点各有不同，因此，在实施体育教育过程中要有针对性，要适应不同职业特点，结合将来工作的实际，对不同专业特点有所侧重地进行教学和训练。

一、以体姿划分的职业类型及其适宜锻炼项目

（一）以坐为主的职业

以坐为主的职业有公务员、办公室职员、家电维修人员等。

1. 职业工作特点

该类职业以脑力劳动为主，以长时间“伏案型”为主要工作方式，工作责任心要求高，工作环节要求细致严密，注意力的集中度强。该类职业从业人员必须精神饱满，情绪稳定，有较强的自我控制能力和排除干扰的能力，有比较强的应变能力，反应速度快，并且有高度的适应能力和抗疲劳能力。

长时间“伏案型”工作容易造成血液循环不畅，腿脚不灵，体力不支，代谢水平降低，眼睛、颈部、背部酸疼，反应迟钝，肠胃功能降低，同时也会导致心肺机能下降等不良身体反应。久坐不动还是痔疮、颈椎病、腰痛病和坐骨神经痛等职业病的祸根。

2. 适宜锻炼的项目

针对这类职业的工作特点，可有针对性地选择如隔网球类项目、健美运动、健身走和跑步、综合性练习等练习手段。

(1)隔网球类项目

可以发展腰背肌肉力量、心肺机能和一般耐力素质，对于培养协作精神与意志力，培养抗挫能力和创新能力有积极作用。

(2)健美运动

可以塑造形体健美形象，发展身体腰背肌肉力量和颈部肌肉力量。

(3)健身走和跑步

促进新陈代谢，保持良好的情绪与工作状态。

(4)综合性练习

颈部旋转运动、手臂旋转运动、双臂背后拉[illegible]肩运动、扩胸运动、体侧运动、体转运动、扭髋运动、手指伸展运动、跳跃运动、俯卧撑[illegible]卧举腿等。

(二)以站为主的职业

以站为主的职业有交通警察、教师、厨[illegible]仪小姐、纺织工人等。

1. 职业工作特点

该类职业以站立或行走为主要身体[illegible]心要求相当高，工作环节要求细致严密，服务敏感性强，职业人员必须精神饱满、[illegible]有较强的自我控制能力和排除干扰的能力以及较强的应变和应急能力，并且有高度的适应能力和抗疲劳能力。

长时间从事该类职业易患静脉曲张、关节炎、髌骨劳损和腰肌劳损、腰椎间盘突出症，甚至出现驼背、塌腰、屈膝等职业病。

2. 适宜锻炼的项目

针对这类职业的工作特点，可有针对性地选择如野外生存、体能训练与保健按摩、轮滑、防身防卫、慢跑、综合性练习等练习手段。

(1)野外生存

培养一般性耐力素质、抗疲劳能力与应急能力，发展上下肢力量、平衡能力和灵敏素质。

(2)体能训练与保健按摩

可以培养一般性耐力素质、抗疲劳能力、身体平衡能力、肢体反应敏捷性与应急能力；了解职业工作疲劳状态下积极性休息的基本保健按摩技术与应急状态下的急救常识。

(3)轮滑

发展下肢力量,改善身体的平衡能力。

(4)防身防卫

培养一般性灵敏素质,发展腰背肌肉力量,培养竞争意识、迅速反应能力、应急能力、随机应变能力和吃苦耐劳精神。

(5)慢跑

可积极地促进新陈代谢,保持良好的情绪与工作状态。

(6)综合性练习

①定位运动:伸展运动、体前屈运动、抱膝运动、旋转运动、捶击双臂、拍打双腿运动、合脚掌压膝;②活动性练习:长跑、仰卧起坐、站立提踵、向后行走、倒退跑等。

二、以体力划分的职业类型及其适宜锻炼项目

(一)以力量为主的职业

以力量为主的职业有机械操作人员、钢铁工人、机械制造工人、建筑工人等。

1. 职业工作特点

该类职业对耐力与力量有一定的要求,从业人员经常从事一些耗费体力的工作。因此,该类职业的从业人员必须精神饱满,情绪稳定,具有较强的自我控制能力和较强的应变、应急能力,并且有高度适应能力和抗疲劳能力。

2. 适宜锻炼的项目

针对这类职业的工作特征,可有针对性地选择如定向越野、游泳、网球、跳绳、踏板操、综合性练习等练习手段。

(1)定向越野

培养一般耐力素质,抗疲劳能力与应急能力,发展下肢力量,培养生存能力、环境适应能力及吃苦耐劳精神。

(2)游泳

游泳运动是一项运用身体大肌肉的有氧运动。运动时的最大心率控制在 150 ~ 160 次/分钟,对提升体能很有帮助。游泳运动可以培养一般耐力素质,发展腰背肌肉力量和躯干肌力量,提高上下肢动作的协调性和准确性。

(3)网球

可以发展上肢力量、心肺机能和一般耐力素质,对于培养抗挫能力、意志力、创新力有积极作用。

(4)跳绳

跳绳能增强人体心血管系统、呼吸系统和神经系统的功能,可以预防诸如糖尿病、关节炎、肥胖症、骨质疏松、高血压、肌肉萎缩、高血脂、失眠症、抑郁症、更年期综合征等多种病症,也有利于女性的心理健康。

(5)踏板操

踏板操是一种有氧运动。经常参加踏板操锻炼,可以发展下肢力量和躯干肌力量,提高上下肢动作的协调性和准确性。

(6)综合性练习

各种走、左脚和右脚交换跳跃,体操棒、体操环、实心球、哑铃练习、爬绳、滚翻、头手倒立、重物投掷目标、装配和摆放物件、肋木练习,负重和对抗练习等。

(二)以灵巧为主的职业

以灵巧为主的职业有护士、无线电安装员、各类修理工、电工等。

1. 职业工作特点

该类职业对身体各部位的协调性和灵活性要求较高,从业人员必须精神饱满、情绪稳定,有较强的自我控制能力,注意力集中,持续时间较长,有高度适应能力和抗疲劳能力。因为长时间工作对身体的影响是多方面的,其疲劳多为全身性的。

2. 适宜锻炼的项目

针对这类职业的工作特征,可有针对性地选择如篮球、乒乓球、健美运动、柔道、综合性练习等练习手段。

(1)篮球

培养一般耐力素质,发展手指灵巧性,上肢动、静力耐力,躯干肌力量。

(2)乒乓球

重点发展手腕灵巧性和手腕力量,发展注意力的集中与分散能力,培养抗挫能力和顽强的意志力。

(3)健美运动

可以塑造形体健美形象,发展身体腰背肌肉力量、颈部肌肉力量,提高身体的协调性与柔软性。

(4)柔道

发展身体的灵敏素质,发展腰背肌肉力量,培养迅速反应能力、应急能力和吃苦耐劳精神。

(5)综合性练习

哑铃、实心球、橡皮减震器、体操凳和肋木练习,杠铃、壶铃练习,举重和搬运重物,投掷小球,运动准确性和灵活性练习,集中注意力游戏练习等。

(三)以耐久为主的职业

以耐久为主的职业有司机、船员、流水线装配工等。

1. 职业工作特点

该类职业要求从业人员长久地保持同一姿势处于同一工作状态下,特定的工作要求该职业人员必须精神饱满、情绪稳定,有较强的自我控制能力,有高度适应能力和抗疲劳能力。长时间、高强度的工作,容易使人产生疲劳、焦躁、神经衰弱、精神疲惫,没有心情进行日常活动,无法集中精神做事等症状。

2. 适宜锻炼的项目

针对这类职业的工作特征,可有针对性地选择如拓展训练、防身防卫、游泳、非隔网球类项目、综合性练习等练习手段。

(1)拓展训练

培养竞争能力、开拓创新能力、协作精神、吃苦耐劳的精神以及意志力、注意力和抗挫能力等非智力核心能力。

(2)防身防卫

发展腰背肌肉力量,培养竞争意识、随机应变能力和吃苦耐劳精神。

(3)游泳

重点发展心肺机能、身体协调素质、腰背肌肉力量与一般耐力素质。

(4)非隔网球类项目

通过非隔网球类项目(如篮球、足球等)练习,充分发展灵敏性、一般耐力,培养团结协作精神、提高竞争意识和顽强的意志力与忍耐力。

(5)综合性练习

各种跑跳练习,各种跳绳,各种距离定时定速跑,各种越野障碍跑、跳、钻等活动。

第六章　预防——职业保健

知识目标

了解职业病的概念、种类及预防等相关的理论知识。

能力目标

学会 1 ~2 项体育锻炼项目作为职业病体疗的方法，如健步跑、太极拳、八段锦。

第一节　职业保健

一、职业保健的定义

通过改善劳动条件、消除和防止职业危害、减少职业病，从而保障职工身体健康、促进国家经济建设。中华人民共和国成立后，特别自十一届三中全会以来，在预防为主的卫生工作方针指引下，我国的职业保健事业取得了十分丰硕的成果。建立了一个较系统的保护劳动者健康的全国性网络，制定颁布了在发达国家也很少见的 52 个“职业病诊断标准及处理原则”和一整套的“劳动卫生标准”，为保护劳动者的健康做出了贡献。

二、职业病的定义

职业病是指企业、事业单位和个体经济组织等用人单位的劳动者在职业活动中，因接触粉尘、放射性物质和其他有毒、有害物质等因素而引起的疾病。各国法律都有对职业病预防方面的规定，一般来说，凡是符合法律规定的疾病才能称为职业病。

三、职业病与预防

（一）职业病的主要类型

①尘肺。有硅肺、煤工尘肺等。

②职业性放射病。有外照射急性放射病、外照射亚急性放射病、外照射慢性放射病、内照射放射病等。

③职业性化学中毒。有铬及其化合物中毒、汞及其化合物中毒等。

④物理因素职业病。有中暑、减压病等。

⑤职业性传染病。有炭疽、森林脑炎等。

⑥职业性皮肤病。有接触性皮炎、光敏性皮炎等。

⑦职业性眼病。有化学性眼部烧伤、电光性眼炎等。

⑧职业性耳鼻喉疾病。有噪声聋、铬鼻病。

⑨职业性肿瘤。有石棉所致肺癌、间皮癌,联苯胺所致膀胱癌等。

⑩其他职业病。有职业性哮喘、金属烟热等。

(二)职业病的预防

①职业病防治工作要坚持“预防为主,防治结合”的基本方针。

②加强职业病防治工作的领导,成立职业健康卫生管理领导小组,提供职业病防治所需的经费和设备。

③加强职业卫生知识的培训,职业卫生知识培训是提高职工自我保护意识、自觉遵守法律法规和操作规程、正确使用防护用品的基础,建立职工职业卫生知识培训档案。

④从事或接触有职业危害(粉尘、有毒有害气体、放射性物质)因素或对健康有特殊要求作业时,必须对施工人员进行上岗前的职业性健康检查,经过检查合格后方可安排从事上述有关作业,并应当及时将检查结果告知劳动者本人和建立健康档案。

⑤有害作业场所应当与其他作业场所分开,施工人员配备必要的劳动卫生防护设施。

⑥易发生急性职业性中毒事故的作业场所,应当配备紧急防范设备和医疗急救用品,并确定专职或者兼职急救人员。

⑦对产生职业病危害的工程项目,在醒目位置设置公告栏。

⑧有放射源或者生产放射线的作业场所,应当设置放射性警示标志,并采取相应的防护措施,加强防范管理。

⑨对存在严重职业病危害因素的工程项目或作业场所,应组织有关单位定期进行检测、评价。

⑩单位必须对从事或接触有职业病危害和从事对健康有特殊要求的作业人员定期进行职业性健康检查。

⑪不得安排患有禁忌病的人员从事所禁忌的作业,对已发现受到职业性损害的人员,应及时安排治疗或将其调离原工作岗位。

⑫对被确诊患有职业病的劳动者,应当及时安排治疗或者疗伤,并定期复查。

⑬要保持良好的心态,职场上不要有太多压力,工作过度紧张,长期熬夜,失眠都有可能造成职业病,要加强锻炼。

⑭长期坐办公室的人,由于久坐,很多患上了腰背酸痛,颈椎病等。这个需要在工作中隔段时间,站起来运动,或者自我按摩一下。

⑮职业病患者,要注意饮食调理,要注意隔段时间去体检,可以有效预防职业病,并达到控制病情目的。

第二节　职业病的体疗方法

医疗体育简称“体疗”，是根据疾病的特点采取各种体育锻炼方法来预防和治疗疾病。它通过体力活动对人体的影响来治疗疾病和创伤，预防并发症，加速功能和劳动力的恢复。体疗在医学科学中是一门新兴的独立学科，是运动医学的一个分支，也是康复医学的重要组成部分。

一、医疗体育的方法

医疗体操因为作用的部位可随意选择，运动量容易掌握，方法多样，有利于提高情绪，因此是医疗体育的主要治疗方法。按运动对人体的作用不同可分为被动运动、助力运动、主动运动和抗阻运动。按运动时方法不同可分为徒手体操和带器械（如体操棍、棒等）体操。按运动目的不同可分为重点发展呼吸功能的呼吸体操；牵伸挛缩肌群、防治腰背痛的牵伸体操和悬挂方法；放松痉挛肌的放松训练；加速神经麻痹恢复功能的本体促进法和水中运动；加快掌握运用拐杖的步行练习；恢复说话能力的语言训练等。

1. 民族形式运动

如太极拳、易筋经、八段锦、五禽戏、各种保健功等，因有我国独特的民族形式，深受广大群众欢迎。

2. 有氧训练法和各种健身训练活动

有氧训练法和各种健身训练活动，重点提高心肺功能，如医疗步行、慢跑、走跑交替、自行车、登山、游泳、划船、旅行和某些球类运动等。

3. 器械治疗

器械治疗是在专门器械上进行活动的治疗方法，有各种摆式装置，固定自行车、转达轮、渐进抗阻装置和等动练习器等。

4. 职业治疗

职业治疗方法常用的有园艺、编织，简装的加工性操作等轻体力劳动，达到治疗疾病的目的。

5. 气功、生物回授

气功、生物回授是一种利用诱导法和自我调节呼吸及植物神经等活动的锻炼方法，对一些疾病的治疗具有独特的疗效。与医疗体操结合进行常能起到相互促进的功效。

6. 按摩、牵引

按摩、牵引都属于被动性治疗，按摩通过手或器械在体表施行各种手法（或振动）以防治一些疾病。我国的按摩有以祖国医学理论为基础的独特手法和治疗法则，应用更广。按摩常与其他医疗体育方法结合进行。

牵引应用特制的牵引带和装置，对人体的某一部位进行牵引。常用于治疗一些脊柱椎间盘病变和肢体关节功能障碍。在牵引前后进行医疗体操,可以提高疗效。

7. 自然因素锻炼

自然因素锻炼即三浴锻炼,指利用日光(日光浴),空气(空气浴),水(水浴)来锻炼身体,提高机体的抵抗力和对气候的适应能力。一般与其他医疗体育方法结合进行。

二、医疗体育的禁忌证

①病情严重,处于休克状态或神志不清,全身衰竭或显著恶液质者。

②疾病的急性期,或病情进展恶化者;明显炎症尚未控制者。

③慢性病活动期,疾病有恶化如体温日见升高,血沉不断加快、出血继续存在且不断增多,或症状日渐严重者。

④重症精神病或高度不合作者。

⑤创伤的创面过大,尚未处理,骨折、脱位尚未妥善处理或在主要神经干或大血管附近有尖锐异物者。

⑥恶性肿瘤未经妥善处理或已广泛转移,有剧烈疼痛者。

总之,医疗体育和其他学科一样,在理论基础、操作技术和临床应用等方面都存在有待解决的问题,有些方面还有空白(如电子计算机在医疗体育中的应用等),此外尚需进一步加强与其他学科的联系。这些均有待继续努力,以使医疗体育在保障人民的健康中发挥更大的作用。

作业与思考题

1. 简述医疗体育的方法。
2. 简述职业病的预防。

第七章　小型体育竞赛组织与编排

知识目标

1. 了解小型体育竞赛的组织工作。
2. 掌握基本的球类竞赛方法。

能力目标

了解体育竞赛的一般知识，熟悉小型球类竞赛的组织与编排，提高学生自行组织、举办比赛的能力，提高参加体育锻炼的水平和兴趣。

第一节　小型体育竞赛的组织工作

一、体育竞赛的意义

体育竞赛是指以运动项目、游戏活动或身体练习活动为内容，利用课外时间组织学生进行各种体育竞赛活动的组织形式。体育竞赛是体育课外活动的重要组成部分，也是学校体育教育的重要形式之一。它有力地推动了学校群众性体育活动广泛开展，促进学校体育的普及与提高，是实现学校体育目标，贯彻“健康第一”思想的基本途径之一。

参与体育竞赛，要求参加者在比赛中体现出和尽可能地发挥出最大机能潜力，在人体各种能力的极限水平甚至超极限水平上进行激烈的角逐。在体育竞赛过程中，其结果往往很难预料，在人们的心理上常常会引起种种悬念。而其最终结果取决于参与者的技术、战术、身体素质、心理、智力等各种因素的激烈较量。

通过体育竞赛，既能强有力地宣传了体育运动，吸引和鼓舞更多的人参加体育锻炼，发展学生的运动技能，增强体质，又丰富了学生的课余文化生活。通过有组织、有计划地开展各项体育竞赛，可有力地促进运动技术水平的提高，有利于相互增进团结和友谊，培养勇敢顽强、奋力拼搏、集体主义和爱国主义等优良品质。

学校体育教学和训练的效果如何，有什么进步和不足，通过体育竞赛可以反映出来，从而促进教学和训练质量的不断改进和提高，有利于更快地发现和培养优秀的运动人才，提高全民身体素质。

体育竞赛可以陶冶人们的道德情操，对社会主义精神文明建设和提高全民族素养有着重要的意义。在现代生活中,体育竞赛还可以加强国内各族人民之间的团结,促进世界各国人民之间的了解和友谊,推动国际交往。

在现代生活中,体育已成为人们生活的重要组成部分。各种形式的体育竞赛,受到了人们的普遍欢迎,人们必须充分认识体育竞赛的规律,发挥体育竞赛在推动体育运动中的杠杆运用,促进体育事业向广度和深度的迅速持久发展,实现体育竞赛的任务和目的。

二、综合性竞赛

综合性竞赛一般为运动会或综合性运动会,往往包含若干个运动大项,其目的是全面检查各项运动普及和提高的情况,广泛总结和交流经验,从而推动体育运动的发展,这种竞赛由于比赛项目众多、规模较大、组织工作较复杂,通常都是每四年举办一届,如奥运会、亚运会、全运会、全国大学生运动会等。

三、单项竞赛

单项竞赛是以某一项目为内容而单独进行的竞赛形式,一般常采用的单项竞赛的形式如下所述。

1. 测验赛

为达到一定的标准,或了解运动员提高成绩的情况而组织的比赛。这类比赛一般不计名次,但应记录测验的成绩。

2. 联赛

规定每年定期举办一种列入计划的、规模较大的比赛。

3. 对抗赛

对抗赛是指由两个以上实力相近的单位举办的竞赛,可以是双边、多边,定期或不定期的,目的是交流经验,切磋技艺,取长补短,共同提高。

4. 邀请赛和友谊赛

各单位之间,为增进友谊和团结,互帮互助,共同提高某一运动项目的水平而举办的比赛均可称为邀请赛,此种比赛均非正式比赛,各种访问比赛一般都属于友谊赛,其宗旨和邀请赛相同。

5. 选拔赛

为发现和挑选运动员,组织和补充代表队,准备参加高一级别的体育竞赛而进行的比赛,通常称为选拔赛。如学校为了充实某一运动队,组织有关同学进行比赛,从中发现和选拔人才。

6. 表演赛

为了宣传体育活动,扩大影响,参加庆祝,慰问纪念,集资等活动而举行的比赛。此项比赛着重技术、战术的发挥,一般不记名次。对准备开展的项目示范性介绍或参加重大比赛后的汇报表演均属于此类。

四、体育竞赛的组织工作

体育竞赛是推动学校群众性体育活动广泛开展，促进运动技术水平不断提高的重要组织形式。通过体育竞赛，既能起到很好的宣传鼓动作用，吸引更多的人参加体育活动，丰富和活跃课余文化生活；还可以检查教学训练效果、总结交流经验，增进团结和友谊；同时，对培养勇敢顽强、积极进取、遵守纪律和互相协作的优良作风都有着重要的意义。体育竞赛的组织工作包括：赛前筹备工作、竞赛期间工作、赛后结束工作。

（一）赛前筹备工作

1. 成立组织机构

竞赛的组织工作是一项十分重要的工作。为了做到统一领导，统筹安排，根据赛会规模的大小应建立相应的组织机构，全面负责竞赛工作。一般基层组织的体育比赛可成立竞赛组织委员会，下设宣传组、竞赛组、裁判组、总务组等。而基层的小型单项比赛则可不设办事机构，由负责同志统一组织即可。

2. 竞赛规程制订及传达

竞赛规程一般应包括如下内容：竞赛的名称、目的、任务、主办单位、竞赛项目、时间、地点、参加单位、参赛人数、运动员资格、报名及报到时间、竞赛办法、竞赛规则、名次评定和奖励办法、抽签时间、地点、注意事项等。

3. 制订工作计划

组织委员会应根据有关会议文件精神，拟订运动会的主要工作日程草案，经讨论后执行。其主要内容如下：

①动员工作，如面向大会工作人员、裁判员、运动员的报名和党团会议。

②裁判工作，包括裁判会议，学习和讨论规则、裁判法，裁判员实习等。

③会场和场地布置及器材准备工作。

④注册编排和编印秩序册，以及准备各种表格。

⑤领队教练会议。

⑥组织观众及宣传教育工作。

⑦运动会的竞赛工作，包括入场式表演、开幕式、闭幕式等工作。

⑧组织经验交流、观摩学习工作。

⑨编造经费预算。

⑩总结工作。

（二）竞赛期间工作

①利用各种宣传工具，表彰先进单位和个人，不断进行政治思想和体育道德的教育。使大家进一步明确比赛的意义，端正比赛作风，正确对待胜负，正确对待裁判。

②每天组织裁判员进行工作总结。总结经验，改进工作，提高裁判水平，并及早安排好后续的比赛。

③要及时准确地公布、整理比赛成绩，为后续比赛做好准备工作。

④加强有关部门的联系，如有必要应及时召开领队会或领队、教练员、裁判长联席会，听

取意见、改进工作,及时处理比赛中发生的问题,竞赛日程如有变更应提前通知各队。

⑤加强场地、医务、保卫等工作,以保证比赛的顺利进行。

(三)赛后结束工作

①迅速、准确地整理出全部比赛成绩,按照规程给优胜队或个人奖励。

②及时做好场地器材的收整工作。

③及时对各部门的工作进行总结,并认真整理好大会所有文件,妥善保存待查。

④对优秀运动员、裁判员、工作人员和大会期间涌现出来的好人好事进行表彰,以加强精神文明建设,更有效地推动群体工作的开展。

第二节　球类竞赛的编排

在体育竞赛中,球类竞赛是被众多大学生所喜爱的。各种球类体育竞赛中采用最多的比赛制度有淘汰制、循环制和混合制。这些竞赛制度的选择应考虑举办比赛的任务、期限、参加队数的多少和场地数量等条件。

一、淘汰制

淘汰制是参赛队或运动员在比赛中失败一场或两场之后,即失去参加比赛的资格,连续获胜的队或运动员继续参加比赛,直到最后确定优胜者为止。

淘汰制一般是在比赛时间较短而参加比赛队数或运动员多的情况下采用。这种方法的优点是节省时间,不足之处是不能比较合理地确定名次,达不到锻炼、学习的目的,而且偶然性也比较大。淘汰制有单淘汰和双淘汰两种形式。

(一)单淘汰

单淘汰是在比赛中,失败一次即失去比赛资格,获胜的队(人)继续参加比赛,直到最后确定优胜队(人)为止的一种比赛方法。

1. 单淘汰制比赛轮数、场数的计算

轮数的计算:参加比赛队数恰好等于2的乘方数,则比赛的轮数等于2的指数;如参加比赛的队数不是2的乘方数,则轮次数为略大于参赛队数的2的乘方的指数。如8个队参加比赛,8是2的3次方,故要比赛3轮;如14个队参加比赛,则按16个队参赛的轮数(4轮)来计算。

总场数的计算:总场数等于参赛队数减1,如8个队参赛,则总场数为7。

2. 单淘汰制比赛秩序表的编排

(1)如果参赛队数是2的乘方数,那么所有的队在第一轮都得进行比赛。

(2)如果参赛队数不是2的乘方数,就应选择略大于参赛队数的2的乘方数作为参赛队数来编排秩序表。用此乘方数减去参赛队数则为首轮比赛的轮空队。如图7-1所示,6个队参赛,则按8个队编排秩序表。那么首轮比赛中有2个队轮空(1,6队轮空)。

(3)种子编排法:为避免强队过早相遇,可采用种子队的编排方法,将实力最强的队定为

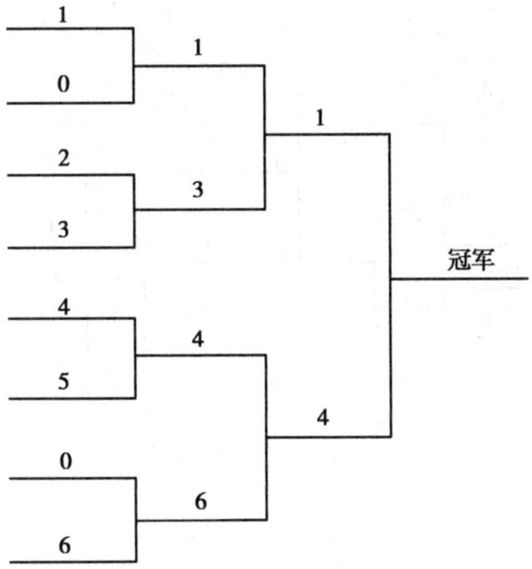

图 7-1　6 个队参加比赛轮次表

"种子队",有计划地安排在秩序表的适当位置,使种子队最后相遇,产生的名次较为合理。

确定种子队的数量要根据参赛队的多少而定,通常以 4 个队设一个种子队为宜,并均衡地分布在各个区内,如 8 个队参赛设 2 个种子队,并分别安排在上、下半区的 1、8 号位置;如 16 个队参赛,则设 4 个种子队,按它们各队水平的高低分别安排在 1、16、9、8 号位置上,种子队有优先轮空权,如 6 个队参赛,则 2、7 号的位置空着,轮空的队只能在第一轮中出现,不能在其他轮次中出现。

(4)编排程序:①根据参赛队数画好竞赛队数和竞赛秩序表;②确定种子队,并按要求将种子队安排在秩序表的适当位置;③其他各队用抽签的办法确定另外的号位。

(二)双淘汰

在比赛中,失败两次之后即失去比赛资格为双淘汰,双淘汰给初次失败者增加了一次比赛机会。它所产生的冠亚军亦比单淘汰更为合理,双淘汰的秩序编排方法和单淘汰基本相同,也是先排种子队(人)后抽签。

双淘汰比赛场数:队数乘以 2 减去 3。例如,参加比赛队数是 7 队,则比赛场数则为:$7\times2-3=11$。参加双淘汰制的队数,如果不是 2 的乘方数,则在排秩序时,仍然要有轮空队。

编排方法:以 8 个队(人)参加比赛为例。

决赛时,如果 1 胜,则 1 为第一名,5 为第二名;如果 5 胜,则 1 和 5 都只败一次,所以应进行补赛,如图 7.2 虚线所示,胜者名次为前。

二、循环制

循环制就是参加比赛队(人),在整体赛程按一定的顺序与其他队(人)逐一相遇比赛,并根据比赛胜负数计算各队得分,确定各队名次。这种赛制优点是比赛和锻炼的机会多,有利于互相学习,共同提高,同时也可以比较合理地确定名次。不足之处是比赛场次多所需时间长,并要求有一定的场地器材等设备。

循环制有单循环、双循环和分组循环三种形式。

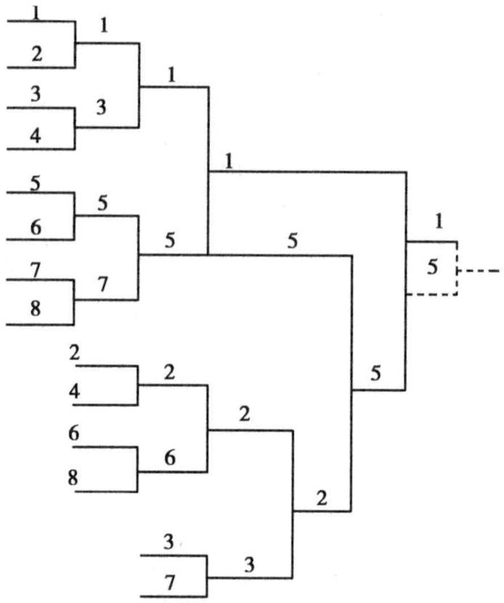

图 7-2　8 个队参加比赛轮次表

(一)单循环

单循环是指所有参加比赛的队(人)之间相互比赛一次。这种方法一般在参加比赛的队数或人数较少时采用。

1. 比赛轮次的计算方法

比赛的轮次根据参加比赛的队数或人数来确定。若参加比赛的队数和人数为偶数,则比赛的轮数是队数或人数减 1。例如参加比赛的队数或人数是 10,那么比赛轮次为 10 − 1 = 9 轮。参加比赛的队数或人数为奇数时,比赛轮次等于队数(或人数),如 9 个队参加单循环,则比赛轮次为 9 轮。

2. 比赛场次的计算方法

比赛场次的计算公式:比赛总场数 = 队数 ×(队数 − 1)÷ 2。

例如:8 个队参加单循环赛,则比赛总场数 = 8 ×(8 − 1)÷ 2 = 28 场。也就是说,有 8 个队参加单循环比赛,要进行 7 轮 28 场比赛。

3. 比赛轮次表的编排

不论参加比赛队数或人数是奇数还是偶数,一律按偶数编排。若参加队数是奇数,可以用一个"0"号代表一个队,使之成为偶数。碰到"0"号的队就是轮空。在编排时先用阿拉伯数字代表参赛队,把参赛队(人)平均分为左右两列,左列数字由 1 号自上向下排,右列数字由下向上排,然后把相对号数用横线连接起来,这就是第一轮的比赛。

从第二轮编排开始,"1"号或"0"号位固定不变,其余号码按逆时针方向移动一个位置,再用横线连接起来,就是第二轮的比赛,见表 7-1、表 7-2。

轮次表排完后,各队(人)进行抽签,并把队(人)名按抽到的号码填到轮次表里,再把比赛各轮次、日期、时间、场地等编成竞赛日程表。

(二)双循环

双循环比赛是指参加比赛的队先后进行两次单循环的比赛。其轮次表的编排方法与单循环相同。这种赛制只有在比赛的队(人)数不多,赛期又较长时采用。其优点是各队(人)都有两次机会相遇,能合理地安排名次。但因场次太多,赛期太长,一般较少采用。

表 7-1　6 个队参加比赛轮次表

第一轮	第二轮	第三轮	第四轮	第五轮
1—6	1—5	1—4	1—3	1—2
2—5	6—4	5—3	4—2	3—6
3—4	2—3	6—2	5—6	4—5

表 7-2　5 个队参加比赛轮次表

第一轮	第二轮	第三轮	第四轮	第五轮
1—0	1—5	1—4	1—3	1—2
2—5	0—4	5—3	4—2	3—0
3—4	2—3	0—2	5—0	4—5

(三)分组循环

分组循环就是把参加比赛的队分为若干小组,各小组先进行单循环比赛,排出各小组的名次后,再进行第二阶段的比赛。这种赛制多在参加队(人)数多,比赛时间较短的情况下采用。其优点是:节省时间,能较合理地排定名次,有较多的学习交流机会。其编排如下:

1. 计算比赛轮次和场次

分组循环比赛的轮次需根据每阶段,每组中的队(人)数进行计算,分组轮次计算法同单循环。分组循环的总场次等于各组比赛场次之和。

2. 分组循环比赛的编排方法

分组循环通常分为预赛和决赛两个阶段。预赛阶段,根据竞赛规程的规定和实际情况,将参加队(人)平均分成若干组用单循环法赛出各组名次。为避免强队(人)过于集中从而失去小组出线的机会,分组时应尽可能列出种子队(人),分别编入各小组。

决赛阶段,根据竞赛规程规定的办法,在编排预赛阶段比赛表的同时,排出决赛阶段的比赛表。并且应以代号(×组×名)方式,直接把预赛阶段的小组名次排在决赛阶段比赛表相应位置上,决赛时按表进行比赛。决赛阶段常用的比赛方法有同名次赛、分段赛、录取名次赛等。以 12 个队参加比赛为例,分两个阶段进行比赛的编排方法:第一阶段将 12 个队分成两组分别进行单循环比赛,排出各小组的名次。

第二阶段有三种形式:

(1)各组同名次进行比赛,各小组第一名决第一至二名;各小组第二名决第三至第四名……各小组的第六名决第十一至第十二名。

(2)将各小组第一、第二名编排在一组进行单循环赛,决第一至第四名;各小组第三、第四名编在一组进行单循环赛,决第五至八名;各小组第五、六名编在一组进行单循环赛,决第九至第十二名。

(3)将各小组的前三名编在一组,决出第一至第六名,其他队不再比赛(或将各小组后三名编在一组用同样的方法决出第七至第十二名)。

3. **分组循环比赛的“种子队”确定和位置排列**

确定“种子队”的依据可以根据比赛各队的实际水平,在领队会上协商确定。“种子队”确定之后,先把“种子队”经抽签分到各组里,然后再用抽签的方法确定其他各队在各组的位置。“种子队”的队数一般等于分组的组数。如分 4 个组进行比赛,应有 4 个“种子队”。为了做到更合理,可以多选出几个“种子队”,但必须是组数的倍数。如分 4 个组进行比赛,若确定 8 个“种子队”,一组中有两个“种子队”,应把第一名与第八名“种子队”编在同一组,把第二名与第七名编在同一组,以此类推。

4. **分组循环比赛的抽签方法**

抽签方法可分为一次抽签和二次抽签。一次抽签就是一次抽签就决定组别及组的顺序号。二次抽签就是第一次抽签决定组别,第二次抽签决定组的顺序号。

抽签时,“种子队”先抽签,确定各“种子队”的组别,若“种子队”数与组数相同,则将各“种子队”分别抽入各组。如“种子队”数是分组数的倍数,则将采用跟“种子”的办法,合理地将两个“种子队”抽入同一组内。以分 4 组有 8 个“种子队”为例,前 4 个“种子队”代表后面 4 个“种子队”抽签,第一号“种子”抽入某组则将第八号“种子”带入同组,第二号“种子”抽入某组,则将第七号“种子”带入同组……然后非“种子队”按分的顺序依次抽签,确定组别和组的编号。将各队队名对号填入事先编排好的轮次表内。如无法确定“种子队”时,可将参赛各队所抽顺序号按所分组数以“蛇形”排法分组,确定各组参赛队。如 16 个队分 4 组比赛,其排法见表 7-3。

表 7-3　分组循环竞赛的“蛇形”排列分组表

第一组	第二组	第三组	第四组
1	2	3	4
8	7	6	5
9	10	11	12
16	15	14	13

5. **循环制中的名次排列问题**

运用循环制进行比赛多采用计算积分的方法来决定名次。记分的方法为胜一场得 2 分,负一场得 1 分,弃权一场得 0 分。最后计算各队在全部循环赛中的积分,积分多者名次列前。足球比赛中往往出现平局,这时就用胜一场记 2 分,平一场各记 1 分,负一场记 0 分的方法来记分。

在采用循环制比赛中,又常常会出现若干个队积分相等的情况。这时,各种球类项目排列名次的方法各不相同。

(1)篮球

①如遇两队积分相等,则按两队相互比赛的胜负决定名次,胜者名次列前。

②如遇三个队或三个以上的队积分相等,则按积分相等的队相互比赛的胜负场多少决定名次,胜场多者名次列前。如胜负场次相等,则按它们之间比赛的得失分率决定名次,得失分率高者名次列前。如再次相等,则同样的方法按同一循环中所有场次的总得失分率的比较,总得失分率高者名次列前。

得失分率 = 总得分 ÷ 总失分

(2)排球

如遇两个队或两个以上队积分相等,则采用下面的方法:A(胜局总数) ÷ B(负局总数) = C,其中 C 值高者名列前。如 C 值仍相等,则采用:X(总得分数) ÷ Y(总失分数) = Z,其中 Z 值高才名次列前。

(3)足球

如遇两个队或两个以上队积分相等,则采用以下办法决定名次:

①按积分相等的队同一循环全部比赛中的净胜球多少决定名次,净胜球多者名次列前。

②如仍相等,则按在同一循环中全部比赛的进球数决定名次,进球总数高者名次列前。

③如仍相等,则用抽签的办法决定名次。

三、混合制

同时采用循环制和淘汰制两种制度进行的比赛为混合制。它是把比赛分为两个阶段,前一个阶段采用分组循环制,后一阶段采用淘汰制;或相反,前一个阶段采用分组淘汰制,后一阶段采用循环制。

前者在球类比赛中较为常用,通常是预赛阶段先进行分组循环比赛,决赛阶段采用淘汰赛的混合制。在进行淘汰时,大多数采用“交叉赛”或“同名次赛”来决定名次。

作业与思考题

1. 阐述小型体育竞赛的具体组织工作?
2. 如何组织循环制、淘汰制的小型球类体育竞赛?

第八章 学生体质健康标准

知识目标

了解《国家学生体质健康标准(2014 年修订)》的内涵这意义,测试的项目及方法。

能力目标

培养学生的速度、力量、耐力、柔韧的能力。

第一节 《国家学生体质健康标准》的内涵和意义

为建立健全国家学生体质健康监测评价机制,激励学生积极参加身体锻炼,教育部印发《国家学生体质健康标准(2014 年修订)》(以下简称《标准》),要求各学校每学年开展覆盖本校各年级学生的《标准》测试工作,并根据学生学年总分评定等级。只有达到良好及以上的学生,方可参加评优与评奖。

新修订的《国家学生体质健康标准》适用于全日制普通小学、初中、普通高中、中等职业学校、普通高等学校的学生,将学生按照年级划分为不同组别,身体形态类中的身高、体重,身体机能类中的肺活量,以及身体素质类中的 50 米跑、坐位体前屈为各年级学生共性指标。

(1)《标准》是国家学校教育工作的基础性指导文件和教育质量基本标准,是评价学生综合素质、评估学校工作和衡量各地教育发展的重要依据,是《国家体育锻炼标准》在学校的具体实施,适用于全日制普通小学、初中、普通高中、中等职业学校、普通高等学校的学生。

(2)标准的修订坚持健康第一,落实《国家中长期教育改革和发展规划纲要(2010—2020 年)》、《国务院办公厅转发教育部等部门关于进一步加强学校体育工作若干意见的通知》(国办发〔2012〕53 号)和《教育部关于印发〈学生体质健康监测评价办法〉等三个文件的通知》(教体艺〔2014〕3 号)有关要求,着重提高《标准》应用的信度、效度和区分度,着重强化其教育激励、反馈调整和引导锻炼的功能,着重提高其教育监测和绩效评价的支撑能力。

(3)标准从身体形态、身体机能和身体素质等方面综合评定学生的体质健康水平,是促进学生体质健康发展、激励学生积极进行身体锻炼的教育手段,是国家学生发展核心素养体系和学业质量标准的重要组成部分,是学生体质健康的个体评价标准。

(4)标准将适用对象划分为以下组别:小学、初中、高中按每个年级为一组,其中小学为 6 组、初中为 3 组、高中为 3 组。大学一、二年级为一组,三、四年级为一组。

(5)小学、初中、高中、大学各组别的测试指标均为必测指标。其中,身体形态类中的身高、体重,身体机能类中的肺活量,以及身体素质类中的50米跑、坐位体前屈为各年级学生共性指标。

(6)标准的学年总分由标准分与附加分之和构成,满分为120分。标准分由各单项指标得分与权重乘积之和组成,满分为100分。附加分根据实测成绩确定,即对成绩超过100分的加分指标进行加分,满分为20分;小学的加分指标为1分钟跳绳,加分幅度为20分;初中、高中和大学的加分指标为男生引体向上和1 000米跑,女生1分钟仰卧起坐和800米跑,各指标加分幅度均为10分。

(7)根据学生学年总分评定等级:90.0分及以上为优秀,80.0～89.9分为良好,60.0～79.9分为及格,59.9分及以下为不及格。

(8)每个学生每学年评定一次,记入《〈国家学生体质健康标准〉登记卡》(附件1)。特殊学制的学校,在填写登记卡时可以按规定和需求相应地增减栏目。学生毕业时的成绩和等级,按毕业当年学年总分的50%与其他学年总分平均得分的50%之和进行评定。

(9)学生测试成绩评定达到良好及以上者,方可参加评优与评奖;成绩达到优秀者,方可获体育奖学分。测试成绩评定不及格者,在本学年度准予补测一次,补测仍不及格,则学年成绩评定为不及格。普通高中、中等职业学校和普通高等学校学生毕业时,《标准》测试的成绩达不到50分者按结业或肄业处理。

(10)学生因病或残疾可向学校提交暂缓或免予执行《标准》的申请,经医疗单位证明,体育教学部门核准,可暂缓或免予执行《标准》,并填写《免予执行〈国家学生体质健康标准〉申请表》(附表2),存入学生档案。确实丧失运动能力、被免予执行《标准》的残疾学生,仍可参加评优与评奖,毕业时《标准》成绩需注明免测。

(11)各学校每学年开展覆盖本校各年级学生的《标准》测试工作,《标准》测试数据经当地教育行政部门按要求审核后,通过“中国学生体质健康网”上传至“国家学生体质健康标准数据管理系统”。测试和数据上传时间由教育行政部门确定。

(12)标准由教育部负责解释。

第二节　大学生《国家学生体质健康标准》测试项目及方法

一、身高

(一)测试目的

测试学生身高,与体重测试相配合,评定学生的身体匀称度,评价学生生长发育的水平及营养状况。

(二)场地器材

电子身高测量计。使用前应检查电源线及接口是否牢固,连接处是否紧密,有无晃动,零件有无松脱等情况并及时加以纠正。按工作键液晶屏显示“0”即表示机器进入工作状态,读数以厘米为单位，精确到小数点后一位。

（三）测试方法

电子身高测量计在平坦地面上，受试者赤足，立正姿势站在身高计的底板上（上肢自然下垂，足跟并拢，足尖分开成 60°角）。足跟、骶骨部及两肩胛区与立柱相接触，躯干自然挺直，头部正直，耳屏上缘与眼眶下缘呈水平位。5 秒后水平压板沿立柱自动下滑，轻压于受试者头顶。电子身高测量计自动记录数据后，水平压板返回至原位。

（四）注意事项

①电子身高测量计应选择平坦靠墙的地方放置。受试者站在电子体重计中央，上下电子体重计动作要轻。

②严格掌握"三点靠立柱""两点呈水平"的测量姿势要求。

③头发蓬松者要压实，头顶的发辫、发结要放开，饰物要取下。

④测量身高前，受试者应避免进行剧烈体育活动和体力劳动。

二、体重

（一）测试目的

测试学生的体重，与身高测试相配合，评定学生的身体匀称度，评价学生生长发育的水平及营养状况。

（二）场地器材

电子体重计。使用前需检验其准确度和灵敏度。准确度要求误差不超过 0.1%，即每百千克误差小于 0.1 千克。检验方法是：以备用的 10 千克、20 千克、30 千克标准砝码（或用等重标定重物代替）分别进行称量，检查指标读数与标准砝码误差是否在允许范围。灵敏度的检验方法是：置 100 克重砝码，观察液晶屏上数字变化，如果数字增加了 0.1 千克时，则达到要求。

（三）测试方法

测试时，电子体重计应放在平坦地面上，调整 0 点至刻度尺水平位。受试者赤足，男性受试者身着短裤；女性受试者身着短裤、短袖衫，站在电子体重计中央。检查电源线及接口是否牢固，按工作键液晶屏显示"0"即表示机器进入工作状态，5 秒后电子体重计自动记录数据。数值以千克为单位，精确到小数点后一位。

图 8-1　身高测量

图 8-2　体重测量

（四）注意事项

①测量体重前受试者不得进行剧烈体育活动或体力劳动。

②受试者站在电子体重计中央，上下电子体重计动作要轻。

三、肺活量

（一）测试目的

测试学生的肺通气功能。

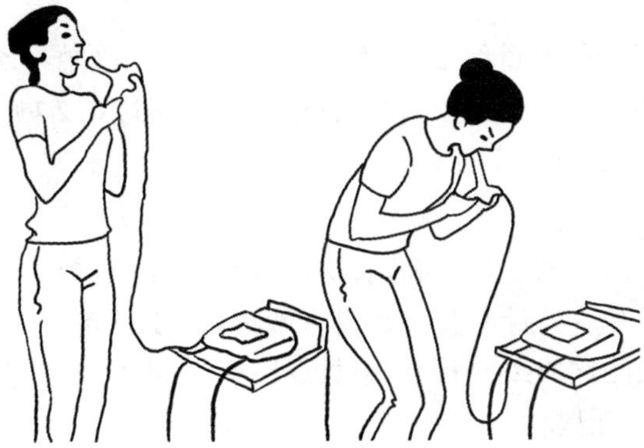

图 8-3　肺活量测试

（二）场地器材

电子肺活量计。

（三）测试方法

房间通风良好；使用干燥的一次性口嘴（非一次性口嘴，则每换测试对象需消毒一次，每测一人时将口嘴向下倒出唾液并注意消毒后必须使其干燥）。肺活量计主机放置在平稳的桌面上，检查电源线及接口是否牢固，按工作键液晶屏显示“0”即表示机器进入工作状态，预热5分钟后测试为佳。首先告知受试者不必紧张，并且要尽全力，以中等速度和力度吹气效果最好。令被测试者面对仪器站立、手持吹气口嘴，面对肺活量计站立试吹1～2次，首先看仪表有无反应，还要试口嘴或鼻处是否漏气，调整口嘴和用鼻夹（或自己捏鼻孔）；学会深吸气（避免耸肩提气，应该像闻花式的慢吸气）。受试者进行一两次较平日深一些的呼吸动作后，更深得吸一口气，屏住气向口嘴处慢慢呼出至不能再呼为止，防止此时从口嘴处吸气，测试中不得中途二次吸气。吹气完毕后，液晶屏上最终显示的数字即为肺活量毫升值。每位受试者测3次，每次间隔15秒，记录三次数值，选取最大值作为测试结果。以毫升为单位，不保留小数。

（四）注意事项

①电子肺活量计的计量部位的通畅和干燥是仪器准确的关键，吹气筒的导管必须在上方，以免口水或杂物堵住气道。

②每测试10人及测试完毕后用干棉球及时清理和擦干气筒内部。严禁用水、酒精等任何液体冲洗气筒内部。

③导气管存放时不能弯折。

④定期校对仪器。

四、50 米跑

(一)测试目的

测试学生速度、灵敏素质及神经系统灵活性的发展水平。

(二)场地器材

50 米直线跑道若干条,跑道线要清楚。发令旗一面,口哨一个,秒表若干块(一道一表)。秒表使用前,应用标准秒表校正,每分钟误差不得超过 0.2 秒。标准秒表选定,以北京时间为准,每小时误差不超过 0.3 秒。

(三)测试方法

受试者至少两人一组测试。站立起跑,受试者听到“跑”的口令后开始起跑。发令员在发出口令同时要摆动发令旗。计时员视旗动开表计时,受试者躯干部到达终点线的垂直面停表。以秒为单位记录测试成绩,精确到小数点后一位,小数点后第二位数按非零进 1 原则进位,如 10′11″读成 10′2″记录。

(四)注意事项

①受试者测试最好穿运动鞋。但不得穿钉鞋、皮鞋、塑料凉鞋。

②发现有抢跑者,要当即召回重跑。

③如遇风时一律顺风跑。

五、800 米(女)或 1000 米(男)跑

(一)测试目的

测试学生耐力素质的发展水平,特别是心血管、呼吸系统的机能及肌肉耐力。

(二)场地器材

400 米田径场跑道。秒表若干块,使用前需要校正,要求同 50 米跑测试。

(三)测试方法

受试者至少两人一组进行测试,站立式起跑。当听到“跑”的口令后开始起跑。计时员看到旗动开表计时,当受试者的躯干部到达终点线垂直面时停表。以分、秒为单位记录测试成绩,不计小数。

六、立定跳远

(一)测试目的

测试学生下肢爆发力及身体协调能力的发展水平。

(二)场地器材

立定跳远电子测试仪或沙坑丈量尺。沙面应与地面平齐,如无沙坑,可在土质松软的平地上进行。起跳线至沙坑近端不得少于 30 厘米。起跳地面要平坦,不得有坑凹。

(三)测试方法

受试者两脚自然分开站立,站在起跳线后,脚尖不得踩线(最好用线绳做起跳线)。两脚

原地同时起跳,不得有垫步或连跳动作。丈量起跳线后缘至最近着地点后垂直距离。每人试跳三次,记录其中成绩最好一次。以厘米为单位,不计小数。

(四)注意事项

①发现犯规时,此次成绩无效。三次试跳均无成绩者,应允许再跳,直至取得成绩为止。

②可以赤足,但不得穿钉鞋、皮鞋、塑料凉鞋参加测试。

七、引体向上(男)

(一)测试目的

测试学生上肢肌肉力量的发展水平。

(二)场地器材

高单杠或高横杠,杠粗以手能握住为准。

(三)测试方法

受试者跳起双手正握杠,两手与肩同宽成直臂悬垂(图 8-4)。静止后,两臂同时用力引体(身体不能有附加动作),上拉到下颌超过横杠上缘为完成一次。记录引体次数。

(四)注意事项

①受试者应双手正握单杠,待身体静止后开始测试。

②引体向上时,身体不得做大的摆动,也不得借助其他附加动作撑起。

③两次引体向上的间隔时间超过 10 秒停止测试。

图 8-4　引体向上测试

八、仰卧起坐(女)

(一)测试目的

测试学生的腹肌耐力。

(二)场地器材

垫子若干块(或代用品)、铺放平坦。

（三）测试方法

受试者仰卧于垫上，两腿稍分开，屈膝呈 90°角左右，两手指交叉贴于脑后（图 8-5）。另一同伴压住其踝关节，以固定下肢。受试者坐起时两肘触及或超过双膝为完成一次。仰卧时两肩胛必须触垫。测试人员发出“开始”口令的同时开表计时，记录 1 分钟内完成次数。1 分钟到时，受试者虽已坐起但肘关节未达到双膝者不计该次数，精确到个位。

图 8-5　仰卧起坐测试

（四）注意事项

①如发现受试者借用肘部撑垫或臀部起落的力量起坐时，该次不计数。

②测试过程中，观测人员应向受试者报数。

③受试者双脚必须放于垫上。

九、坐位体前屈

（一）测试目的

测量学生在静止状态下的躯干、腰、髋等关节可能达到的活动幅度，主要反映这些部位的关节、韧带和肌肉的伸展性和弹性及学生身体柔韧素质的发展水平（图 8-6）。

（二）场地器材

坐位体前屈测试计。

图 8-6　坐位体前屈测试

（三）测试方法

受试者两腿伸直，两脚平蹬测试纵板坐在平地上，两脚分开 10 ~ 15 厘米，上体前屈，两臂伸直前，用两手中指尖逐渐向前推动游标，直到不能前推为止。测试计的脚蹬纵板内沿平面为 0 点，向内为负值，向前为正值。记录以厘米为单位，保留一位小数。测试两次，取最好成绩。

（四）注意事项

①身体前屈，两臂向前推游标时两腿不能弯曲。

②受试者应匀速向前推动游标，不得突然发力。

第三节　《国家学生体质健康标准》测试成绩评价

一、评定标准

《国家学生体质健康标准》中分别规定了从小学到大学都相应的评价指标(表 8-1),这些指标是根据《国家学生体质健康标准》中项目的测试值进行评价的。除 BMI 是根据所测得的身高和体重需要进行计算外,其他项目是直接利用测试值进行查表评分。

二、评分表

表 8-1　男、女生体重指数(BMI)单项评分表　　单位:千克/米^2

等级	单项得分	大学	
		男生	女生
正常	100	17.9~23.9	17.2~23.9
低体重	80	≤17.8	≤17.1
超重		24.0~27.9	24.0~27.9
肥胖	60	≥28.0	≥28.0

表 8-2　男、女生(大一、大二)测试各单项评分表

等级	单项得分	肺活量		50 米/秒		坐位体前屈/厘米		立定跳远/厘米		引体向上(男)一分钟仰卧起坐(女)/个		耐力跑(男 1000 米)(女 800 米)	
		男	女	男	女	男	女	男	女	男	女	男	女
优秀	100	5 040	3 400	6.7	7.5	24.9	25.8	273	207	19	56	3′17″	3′18″
	95	4 920	3 350	6.8	7.6	23.1	24.0	268	201	18	54	3′22″	3′24″
	90	4 800	3 300	6.9	7.7	21.3	22.2	263	195	17	52	3′27″	3′30″
良好	85	4 550	3 150	7.0	8.0	19.5	20.6	256	188	16	49	3′34″	3′37″
	80	4 300	3 000	7.1	8.3	17.7	19.0	248	181	15	46	3′42″	3′44″
及格	78	4 180	2 900	7.3	8.5	16.3	17.7	244	178	—	44	3′47″	3′49″
	76	4 060	2 800	7.5	8.7	14.9	16.4	240	175	14	42	3′52″	3′54″
	74	3 940	2 700	7.7	8.9	13.5	15.1	236	172	—	40	3′57″	3′59″
	72	3 820	2 600	7.9	9.1	12.1	13.8	232	169	13	38	4′02″	4′04″
	70	3 700	2 500	8.1	9.3	10.7	12.5	228	166	—	36	4′07″	4′09″
	68	3 580	2 400	8.3	9.5	9.3	11.2	224	163	12	34	4′12″	4′14″
	66	3 460	2 300	8.5	9.7	7.9	9.9	220	160	—	32	4′17″	4′19″
	64	3 340	2 200	8.7	9.9	6.5	8.6	216	157	11	30	4′22″	4′24″
	62	3 220	2 100	8.9	10.1	5.1	7.3	212	154	—	28	4′27″	4′29″
	60	3 100	2 000	9.1	10.3	3.7	6.0	208	151	10	26	4′32″	4′34″

续表

等级	单项得分	肺活量		50米/秒		坐位体前屈/厘米		立定跳远/厘米		引体向上(男)一分钟仰卧起坐(女)/个		耐力跑(男1000米)(女800米)	
		男生	女生	男生	女生	男生	女生	男生	女生	男生	女生	男生	女生
不及格	50	2 940	1 960	9.3	10.5	2.7	5.2	203	146	9	24	4′52″	4′44″
	40	2 780	1 920	9.5	10.7	1.7	4.4	198	141	8	22	5′12″	4′54″
	30	2 620	1 880	9.7	10.9	0.7	3.6	193	136	7	20	5′32″	5′04″
	20	2 460	1 840	9.9	11.1	-0.3	2.8	188	131	6	18	5′52″	5′14″
	10	2 300	1 800	10.1	11.3	-1.3	2.0	183	126	5	16	6′12″	5′24″

三、国家学生体质健康标准加分指标

表 8-3　男子引体向上(次)、女子一分钟仰卧起坐(次)、男子800米、女子1 000米跑加分评分表

加分	男生引体向上/次	女生一分钟仰卧起坐/次	男生1000米/秒	女生800米/秒
10	10	13	-35″	-50″
9	9	12	-32″	-45″
8	8	11	-29″	-40″
7	7	10	-26″	-35″
6	6	9	-23″	-30″
5	5	8	-20″	-25″
4	4	7	-16″	-20″
3	3	6	-12″	-15″
2	2	4	-8″	-10″
1	1	2	-4″	-5″

注:①引体向上、一分钟仰卧起坐均为高优指标,学生成绩超过单项评分100分后,以超过的次数所对应的分数进行加分。

②1000米跑、800米跑均为低优指标,学生成绩低于单项评分100分后,以减少的秒数所对应的分数进行加分。

附表:1.《国家学生体质健康标准》登记卡(大学样表)

2. 免予执行《国家学生体质健康标准》申请表(样表)

使用评分表对学生的测试结果进行评价可分为两个部分,首先是对各项测试结果分别评分,得出相应评价指标的得分和等级;第二部分是对每一个学生给出一个总的得分和等级。下面就分别予以介绍。找到对应的评分表,使用该表查出相应指标所处的档次及其得分。

附表 1　《国家学生体质健康标准》登记卡（大学样表）

学　　校 ____________

姓　　名		性　　别	男	学　　号	
院（系）		民　　族	汉	出生日期	

单项指标	大一			大二			大三			大四			毕业成绩	
	成绩	得分	等级	成绩	得分	等级	成绩	得分	等级	成绩	得分	等级	得分	等级
体重指数（BMI）（千克/米^2）														
肺活量（毫升）														
50 米跑（秒）														
坐位体前屈（厘米）														
立定跳远（厘米）														
引体向上（男）/1 分钟仰卧起坐（女）（次）														
1 000 米跑（男）/800 米跑（女）（分·秒）														
标准分														
加分指标	成绩	附加分		成绩	附加分		成绩	附加分		成绩	附加分			
引体向上（男）/1 分钟仰卧起坐（女）（次）														
1 000 米跑（男）/800 米跑（女）（分·秒）														
学年总分														
等级评定														
体育教师签字														

注：高等职业学校、高等专科学校参照本邮表执行。

学院签章：　　　　　　　　　年　　月　　日

附表2　免予执行《国家学生体质健康标准》申请表(样表)

<table>
<tr><td>姓　　名</td><td colspan="2"></td><td>学　　生</td><td colspan="2"></td><td>性　　别</td><td></td></tr>
<tr><td>学　　院</td><td colspan="2"></td><td>民　　族</td><td colspan="2"></td><td>出生日期</td><td></td></tr>
<tr><td>班　　级</td><td colspan="2"></td><td>联系方式</td><td colspan="2"></td><td></td><td></td></tr>
<tr><td>原　　因</td><td colspan="7">申请人：
年　　月　　日</td></tr>
<tr><td colspan="2">体育教师签字</td><td colspan="2"></td><td colspan="2">家长签字</td><td colspan="2"></td></tr>
<tr><td>学校体育部门意见</td><td colspan="7">学校签章：
年　　月　　日</td></tr>
</table>

注：①普通高等学校的学生，“家长签字”由学生本人签字。

②一式两份自行下载，碳素笔或钢笔填写相关信息，以学院为单位统一提交体育部办理审批手续。

四、国家学生体质健康标准等级评价

优　秀：总分 90 分及以上为优秀；
良　好：总分 80～89 分为良好；
及　格：总分 60～79 分；
不及格：总分 60 分以下。

★★知识窗

身高标准体重是指身高与体重两者的比例应在正常的范围。它通过身高与体重一定的比例关系，反映人体的围度、宽度和厚度以及人体的密度。是评价人体形态发育水平和营养状况及身体匀称度的重要指标。人的体形肥胖、健壮或瘦弱，都是针对身高与体重的比例是否协调与适中而言。经常检测身高标准体重，对于掌握自己的体重是否适宜，是否需要调整饮食，评定运动量的大小和生理机能的变化等，都有重要的意义。

作业和思考题

1. 简述《国家学生体质健康标准》的内涵和意义。
2. 如何提高引体向上的能力？

中篇　运动技能

第九章　运动之母——田径运动

知识目标

学习径赛项目、田赛项目运动技术和健身方法。

能力目标

了解短跑、中长距离跑、跳远、跳高的学习方法和健身方法。

情感目标

1. 培养人勇敢顽强、拼搏进取的精神。
2. 培养人遵守纪律，增进责任感和集体主义精神。
3. 有助于个性的形成，心理素质的培养。
4. 培养吃苦耐劳、坚韧不拔的精神。
5. 培养人集中精神和专心致志的意志品质。

第一节　田径运动概述

一、田径运动的定义

田径或称田径运动，是田赛、径赛和全能比赛的全称。现代田径运动的分类不同，主要包括竞走、跑、跳跃、投掷以及由跑、跳、跃、投掷的部分项目组成的全能运动，共计40余项。

田径运动中以时间计算成绩的项目称为径赛；以高度或远度计算成绩的项目称为田赛；全能运动项目，则是以各单项成绩按《田径运动评分表》换算分数计算成绩。

二、田径运动的特点

1. 广泛的群众性

田径运动是最普及、参与人数最多的运动项目。在学校体育中，它是教学的重点内容；在群众体育中，它最受欢迎而且最容易被接受。它对提高人体健康水平和发展全面身体素质效果明显。首先，针对性强，可选择余地大。参加田径运动的人既可根据自己的兴趣和爱好去选择不同的项目,又可根据个人的身体状况和需求确定适合个人的项目。有计划、有目的地安排不同项目,可使人体健康水平得到全面发展。其次,受条件限制因素小。从事田径运动通常只要在室外有一定的活动空间,如田间、公路、公园等地就可以作为活动地所,而且受时间、气候影响小,可安排在任何闲暇时间进行。再次,田径项目的器材比较简单,参加运动时可根据条件,因陋就简,还可自行制作。举行基层运动会可在各种非正规场地上进行,有些器材和设备可简化或用近似的器材和设备代替,最后,可参与性强。田径运动适合不同年龄和性别的人,不同身体状况的人也都能够选择适应自己的项目。在运动中,可控制运动的量和强度,不易受伤害,不受参加人数的影响。大部分田径项目均可在短期训练后参加比赛。

2. 激烈的竞争性

田径体育竞赛是能力、技术和心理的较量,特别在高水平的比赛中更为明显,运动员的成绩越来越接近,你追我赶,相持不下,经常以微弱之差决定胜负。田赛项目的成败取决于瞬间运动员发挥的水平,而径赛项目运动员同在一条起跑线开始,进行全程的拼搏。因此,田径体育竞赛非常紧张而激烈,运动员不仅要精力高度集中,还要不畏强手,充分表现出自己的最高水平。田径运动的竞赛在实力的较量中,将激烈的竞争气氛贯穿全过程。

3. 严格的技术性

田径就各项技术动作而言,不同于技巧性项目,也不同于其他一些直接对抗性的项目。比赛中的田径技术相对稳定,动作结构也不是非常复杂,但是它对技术要求却特别高。人的潜力在一定意义上讲是有限度的,要创造更好的成绩必须依靠先进合理的技术。合理的技术能充分发挥个人各运动环节的高度协调配合的能力,调动各运动器官的最大潜力,节约体能,在时间、空间和肌肉用力上达到高度统一。要使运动员个人技术既符合生物力学的合理性,又要与个人特点相结合,就需要运动员不断改进技术,形成个人技术风格。田径运动技术在一瞬间就要达到高度准确,每一个动作,身体的每一个环节、每块肌肉或每个肌群的用力和放松的时间与顺序,构成了技术严密的统一体。在比赛中,往往因为一个动作的细节出现偏差就会导致成绩下降,甚至动作失败。因此,田径训练中的技术训练内容贯穿运动员培养过程的始终,只有不断地细化个人技术,不断地使技术达到自动化程度,才能在任何场合表现出自己的最高水平。

4. 能力的多样性

田径运动的基本动作形式为走、跑、跳、投,有个人和集体项目,它们反映了人的速度、力量、耐力等方面的能力。每个项目都具有本身的特点,突出地反映某一方面的能力,优秀运动员训练和比赛大多围绕一个专项。较全面地参加田径项目,可使人的运动能力普遍得到提高。不同运动能力形成运动员较大的形态差异。

第二节　田赛项目

田赛是田径运动的一类,是在田径场规定的区域内进行的跳跃及投掷项目竞赛的统称,分为跳跃和投掷。其中跳跃的项目有跳高、跳远、三级跳远、撑竿跳高;投掷的项目有铅球、铁饼、标枪、链球等。以高度或距离来计算成绩,决定名次。在田赛的各项比赛中,如参加人数过多,可先举行及格赛,达到及格标准的参加正式比赛。远度项目(投掷和跳远)的正式比赛人数超过 8 人时,每人先试掷或试跳 3 次,择优选 8 人,每人再试掷(跳)3 次,以 6 次中的最好成绩为比赛成绩并以此排名次。高度项目(跳高)的正式比赛,裁判员先宣布起跳高度和横杆升高幅度的计划,每个高度运动员都可试跳 3 次,运动员可以选择起跳高度(不低于规定的高度),可对任何一次高度提出“免跳”。试跳时,连续失败3 次,不能再继续比赛。试跳的最高成绩为本人的比赛成绩,并以此排名次。所有田赛项目,运动员必须在规定的时间内完成试掷或试跳,违者作为一次失败,如再无故拖延,不得继续参加比赛(以前的成绩有效)。丈量远度或高度,除铁饼、标枪、链球以 2 厘米为最小计量单位(如 60.23 米计为 60.22 米)外,其他项目的最小计量单位均为 1 厘米。

一、跳高

(一)跳高技术

背越式跳高的完整技术有助跑、助跑与起跳结合、起跳、过杆和落地几部分组成。

1. 助跑

助跑是为了获得向前的速度,并为起跳过杆创造有利条件,全程助跑 8 ~ 12 步,前段 4 ~ 6 步呈直线,后段 4 ~ 5 步呈弧线(图 9-1)。

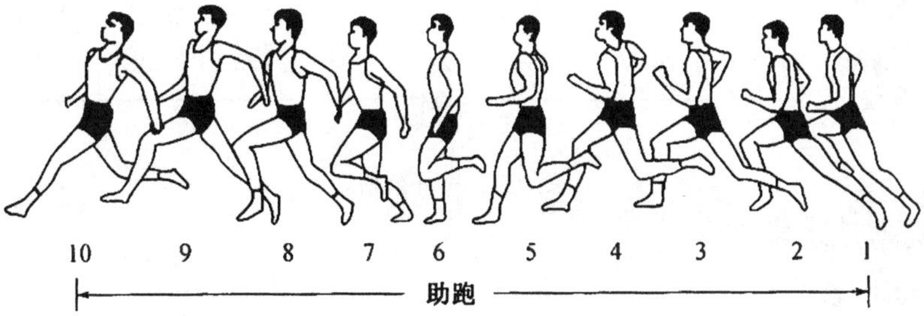

图 9-1　助跑动作

2. 助跑与起跳结合

助跑倒数第二步是助跑与起跳结合的关键一步,发挥着承上启下的重要作用。这一步要保持积极跑进的姿势,摆动腿着地时积极下压“扒”地并牢固支撑,同时迅速前移身体重心,过垂直部位后支撑腿有力蹬伸,推动髋部和上体积极向前,同时起跳腿迅速踏上起跳点,这一步要控制身体内倾姿势,内倾角一般为 24° ~ 30°。

3. 起跳

起跳从倒数第一步垂直支撑部位开始,然后支撑腿积极有力地蹬伸,推动髋部和上体积极向前,起跳腿迅速前伸踏上起跳点,接着起跳腿膝关节迅速弯曲,身体重心很快移动到起跳脚支撑点的上方,最后在摆动腿、摆臂、伸展躯干的协调配合下,起跳腿迅速蹬伸,充分蹬直髋、膝、膝三关节,使身体向上腾起,起跳脚放上起跳点时,身体仍保持向内前斜。然后迅速转向垂直,这样为身体攻向横杆创造有利条件(图 9-2)。

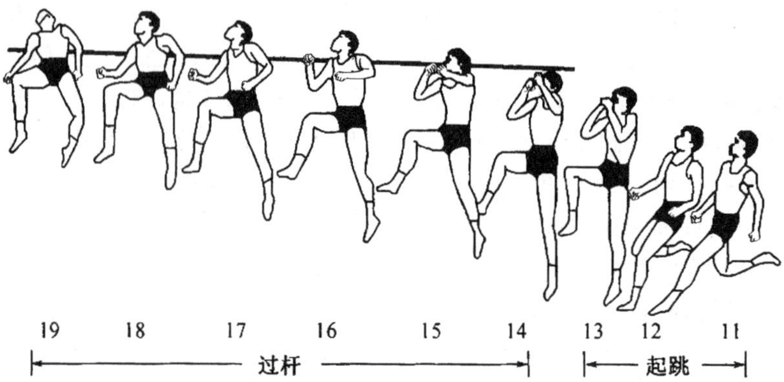

图 9-2　助跑与起跳

4. **过杆与落地**

起跳离地后身体迅速向上攻向横杆,同时自然地围绕纵轴旋转成背对横杆。在头肩越过横杆后,及时地仰头、展体、挺髋,同时小腿弯曲下垂成背弓姿势。在身体重心越过横杆后,及时地低头、含胸、甩小腿,最后用脊背部落在海绵垫上(图 9-3)。

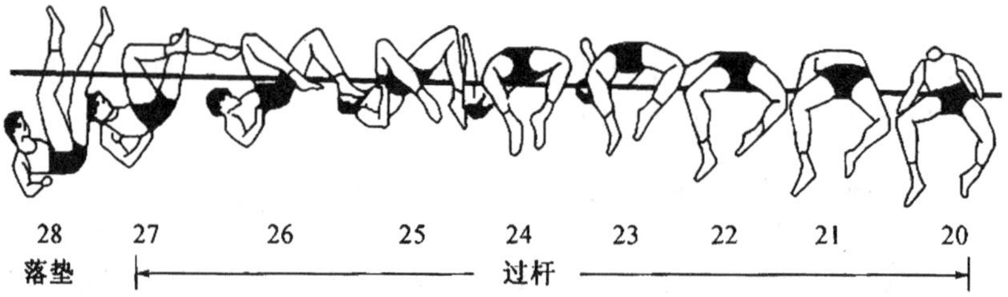

图 9-3　过杆落地

(二)跳高技术学法

1. **学习起跳技术**

(1)原地摆腿练习:要求屈膝折叠摆动,结束时提起身体重心。

(2)行进间上一步摆腿练习。

(3)上一步起跳练习。

(4)做摆腿起跳练习。

2. **学习助跑、助跑与起跳结合技术**

(1)学好助跑技术,采用各种跑的专门练习。如小步跑、高抬腿跑、后蹬跑以及各种段落的加速跑练习来改进跑的技术。

(2)在直径 10 ~ 15 米的圆圈上进行练习。

(3)直线助跑进入弧线练习。

3. **学习改进过杆技术**

(1)在原地做背弓练习,要求倒肩展体、挺髋成弓姿势。

(2)原地跳起在空中完成挺髋和甩腿练习。

(3)用同样的动作越过一定高度的横杆。

(4)短程助跑在起跳板上起跳背卧在一定高度的海绵垫。

(5)在跳箱盖上起跳做背越式过杆练习。

(6)去掉跳箱盖用短程助跑起跳完成背越式过杆,过杆时应表现出顺势、依次、连贯的动作。

(三)跳高健身方法

1. 专项练习的主要手段

(1)直道切入弯道加速跑 30~40 米。

(2)各种半径的弧线加速跑 20~30 米。

(3)全程助跑计时。

(4)10~12 步助跑跳远练习。

(5)快速起跳练习。

2. 跳高运动员专项力量练习

(1)负重弓箭步走。

(2)负重快速下蹲,中等负重量快蹲 5 次。

(3)负重单腿蹬上高物 40~50 厘米。

(4)负轻杠铃单腿快速半蹲练习。

(5)手持壶铃快速半蹲跳起,为达到一定强度,可用头触高物。

(6)穿沙衣(5 千克)做连续跳 10 个栏架。

(7)穿沙衣短程跳高练习。

(8)徒手跳跃练习,发展专项速度力量。

(9)双脚跳从高台跳下连续过 2 个高栏。

(10)单足十级计时跑。

(11)单足跳助跑摸篮筐。

(12)三步助跑单足跳过栏架。

3. 跳高运动员的灵敏和协调练习

(1)立定多级跳练习。

(2)跳台阶练习。

(3)跳绳练习。

(4)跳起抱膝练习。

(5)跳深上箱练习。

(6)连续跳跃栏架练习。

(7)助跑起跳摸高物练习。

二、跳远

(一)跳远技术

跳远技术由助跑、起跳、腾空与落地四个技术环节组成,其中助跑与起跳的结合具有特殊的意义。

1. **助跑技术**

助跑应做到快、稳、准、直。

①快:助跑时力求达到本人的最高速度。

②稳:助跑时身体重心和节奏要稳定。

③准:要准确踏上起跳板。

④直:要保持直线性跑进。

2. **起跳技术**

①放起跳脚技术:起跳腿几乎伸直快速放脚着板,滚动式全脚掌支撑。

②起跳脚着板技术:起跳腿微曲近似直伸,髋关节的角度 170°~165°,膝关节的角度 175°~178°,着地角度 65°~70°,大腿内的夹角 32°~33°,上体做有后仰角度 80°~90°。

③起跳退让技术:摆动腿迅速向前摆至垂直面或稍过垂直面,身体重心及时地移压在起跳腿上,身体成正直姿势,头颈正直,目视前方,两臂摆至躯干两侧。

④起跳蹬伸技术:起跳腿积极快速置板,在伸直髋、膝、踝三关节的同时摆动腿,快速协调的向前上方摆动至大腿成水平状态,两臂协调配合两腿动作积极摆动,提腰、提肩、头正直、目视前方。

起跳腾空　　落地

图 9-4　跳远完整动作

3. **腾空技术**

腾空后的身体姿势有:蹲踞式、挺身式和走步式。

①蹲踞式:起跳成腾空步后,起跳腿向前上方摆动,与摆动腿并拢,大腿继续上抬,腿部接近胸成蹲立姿势,在落地前高抬大腿前伸小腿落地。

②挺身式:起跳成腾空步后摆动腿大腿积极下压,迅速伸直腿向身体的下后方摆过垂直面,向前伸髋使摆动腿靠拢起跳腿形成挺身姿势,然后,收腹举腿前伸小腿落地。

③走步式:起跳成腾空步后,两腿在两臂的配合下,在腾空时采用 2 步半和 3 步半两种动作技术,在空中做大幅度的前后绕环摆动迈步换腿动作来维持身体的平衡,并与两臂协调配合、落地前、收腹举小腿前伸,上体前倾、两臂同时向下向后方摆动。

4. **落地技术**

跳远落地技术有前倾式、侧倒式、滑坐式。

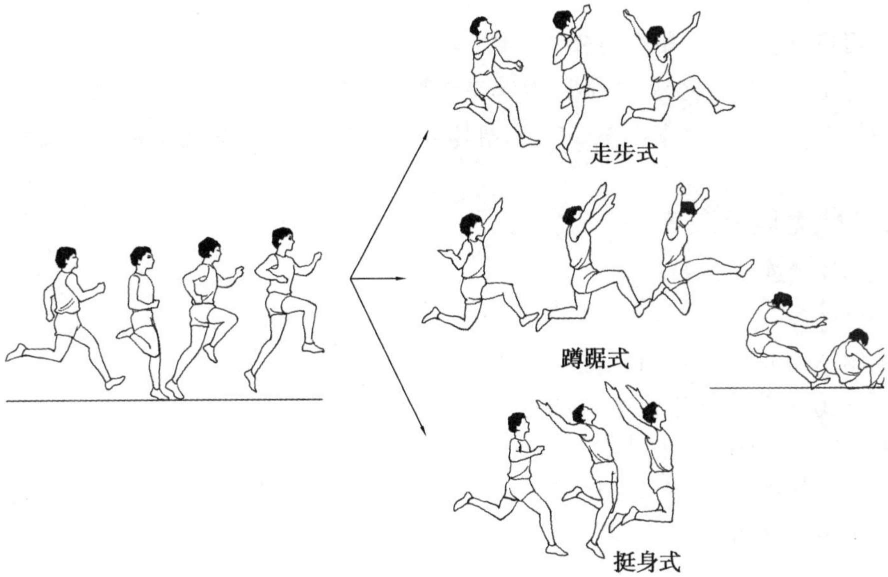

图 9-5　跳远腾空后身体姿势

图 9-6　挺身式跳远完整动作

(二)跳远技术学法

1. 学习快速助跑与快速起跑相结合技术

①原地模仿起跳练习。

②行进间(3 步)完成起跳技术模仿练习。

③小步跑、高抬腿跑接起跳练习。

④跑道上连续 4 步助跑接起跳练习。

⑤助跑道上 4 ~6 步助跑起跳练习。

⑥4 ~6 步助跑起跳成腾空步练习。

⑦4 ~6 步助跑起跳成腾空步,用摆动腿落在高物上练习。

⑧4 ~6 步助跑起跳,保持腾空步越过高物练习。

⑨4 ~6 步助跑起跳,保持腾空步动作,用头顶高物练习。

⑩4 ~6 步助跑,从跳箱盖上跳下并起跳,用头顶高物练习。

⑪中、全程助跑起跳练习。

2. 学习挺身式跳远的腾空姿势和落地

①原地站在高物上，做屈膝前摆，然后下放摆动腿练习。

②双手握单杠或双臂支撑在双杠上，身体成悬垂姿势，然后摆动腿屈膝前摆做下放摆动腿练习。

（三）跳远健身方法

1. 跳远速度练习手段

①跑的各种专门性练习。

②前倾小碎步快跑 10～15 米。

③站立式启动“快频率快速跑”20～40 米。

④行进间 20～90 米计时跑。

⑤变速节奏跑 20 米，慢 20 米，快 20 米，慢 20 米。

⑥60～80 米技术弹性大步跑。

⑦下坡全程助跑与平地全程交替进行练习。

⑧全程助跑距离增加 2～4 步计时跑。

2. 跳远力量练习

①负重提踵练习。

②肩负杠铃弓箭步走练习。

③肩负杠铃半蹲跳练习。

④仰卧双脚向上杠铃练习。

⑤快速挺举练习。

⑥前后抛铅球练习。

⑦各种跳跃练习。

三、三级跳远

三级跳远是在助跑后沿直线连续进行三次跳跃的一项运动。它要求运动员具备较快的助跑速度和良好的弹跳力以及强有力的腿部力量。

三级跳远的第一跳由起跳腿起跳，并用起跳腿落地，称为“单足跳”；第二跳仍用起跳腿跳，但用摆动腿落地，称为“跨步跳”；第三跳用摆动腿起跳，然后双腿落入沙坑，称为“跳跃”。

三级跳远的成绩取决于由助跑获得水平速度和起跳产生的垂直速度，以及每一跳的动作质量、身体平衡能力和三跳比例等。尽量减少三级跳远过程中水平速度的损失，并能获得合理的垂直速度，这是三级跳远的关键技术。

（一）三级跳远技术

1. 助跑

三级跳远的助跑距离长达 38～40 米，步数一般为 18～20 步。它与跳远助跑的不同之处有：最后几步助跑步长更加均匀；身体的前倾度比跳远较大；起跳脚踏板的瞬间落地点较靠近身体重心投影点。

2. 第一跳（单足跳）

三级跳远的第一跳是用有力腿做起跳腿，起跳后在空中经过交换腿的动作，再用它落地，第一跳结束。

由于完成第一跳以后还要继续进行第二跳和第三跳，所以应尽量保持水平速度，为此，当起跳腿以直腿踩上起跳板时，脚的落点要比跳远更加接近身体重心投影点，随即以全脚掌迅速滚动着地。此时上体稍微前倾，与地面成80°～85°角。

起跳腿着地后，重心迅速前移，起跳腿膝关节稍稍放松，以便更快地使身体进入缓冲阶段。这时摆动腿大小腿折叠，快速屈腿前摆（摆动的方向比跳远更偏于身体的前下方），帮助髋部迅速前移。然后积极而快速地蹬直髋、膝、踝各关节。与此同时，两臂有力地配合上述动作向前摆出，以维持身体平衡和增加起跳力量。第一跳的扒地角为60°左右，这样有利于身体重心沿着长而较平的轨迹腾起。

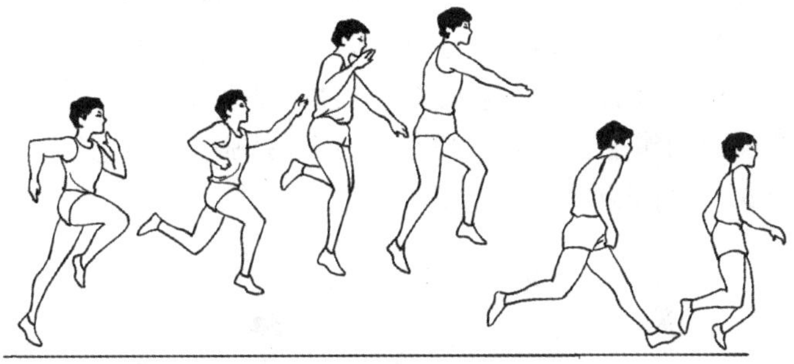

图 9-7　第一跳（单足跳）

起跳腾空后，有一个短暂的腾空步时间，然后在腾空阶段约1/2的距离时，交换腿的动作。交换腿时要顺势连续完成。换腿时，上体要保持正直或微向前倾。起跳腿从身体后下方屈腿并带动同侧髋部向上方提摆，而摆动腿自然地向后下方做剪绞动作。两臂配合腿的动作从体前向后下方摆动。

当起跳腿前摆与地面接近平行时，后摆的两臂和在身体后下方的摆动腿也达到了最大幅度，借助这一大幅度的反弹作用，开始做扒地式的落地动作。起跳腿大腿带动髋部积极下压并用全脚掌加速着地，落地点尽量接近身体重心投影点。起跳腿落地后，身体重心很快前移到支撑点的垂直部位，上体恢复到正直姿势。向前摆动着的两臂和摆动腿快速接近身体位置，有利于完成快速的起跳动作。

3. 第二跳（跨步跳）

第二跳起跳时，上体稍有些前倾，起跳脚离地后，仍然形成一个腾空步的姿势，动作要充分展开，不要急于下放摆动腿，要尽量加长腾空时间。在落地之前，要有一个顺势高抬大腿动作，起跳腿弯曲，继续留在身体后下方。当身体到达腾空抛物线2/3时，开始落地和准备第三次起跳动作。

落地前上体为了维持身体平衡，应有意识地进行补偿性的向前微倾，两臂同时由体前成弧形向下、后侧的方向摆动，在即将落地的刹那，两臂已摆到身体的侧后方。此时摆动腿借反弹的回摆，开始了积极的扒地动作，随着摆动腿下压，前倾着的上体也逐渐稳定抬起，直至全脚掌着地，上体完全恢复到垂直姿势。第二跳的落地动作及着地位置和方法与第一跳极为相似。

图 9-8　第二跳（跨步跳）

4. **第三跳（跳跃）**

经过前两次的跳跃，水平速度已经下降了许多。因此，第三跳要充分利用剩余的水平速度，并尽量增大向上的起跳力量，以获得一个较大的腾空速度，争取第三跳取得的成绩。第二跳落地后，支撑腿经过短暂的缓冲，迅速蹬伸髋、膝、踝各个关节，另一腿则屈膝向前上方摆起，两臂同时配合腿的动作上摆。起跳腾空后，仍保持腾空步的姿势、腾空步中动作和跳远一样，可采用蹲跨式、挺身式或走步式落入沙坑。

图 9-9　第三跳（跳跃）

5. **三级跳远的节奏——三跳比例**

在运动实践中，虽然有各种各样的三跳远度的比例关系，但对于初学者来说，第一跳不宜强调过高过远。三级跳远的技术演变表明，现代三级跳远技术的发展趋势是适当减小第一跳，加大第三跳的远度，其实质是更好地利用助跑速度，减小前两跳中的制动作用，以获得快而连贯的跳跃动作和又高又远的第三跳。如原世界纪录创造者巴西的奥里维拉和现世界纪录保持者美国的班克斯的技术都体现这一特点。他们的三跳远度比例分别为 33.55%、30.08%、36.37% 和 33.2%、30.3%、36.5%。

三级跳远的节奏：三级跳远中三跳应有鲜明的节奏。节奏是指动作时间和空间的比例关系。动作时间不合适，就会破坏动作节奏，如单足跳中交换腿动作的早晚，扒地式落地动作时间的长短，以及各跳中上、下肢动作配合不及时等。三级跳远三跳的正确节奏应是比较均匀的。

（二）三级跳远练习方法

1. 学习第一跳和第二跳结合的技术

（1）连续做跨步跳练习。

（2）用4～6步助跑，连续做多次跨步跳，注意腿的正确落地及两臂的配合动作。

（3）做行进间单足跳和跨步跳练习。

2. 学习和掌握起跳技术（重点是第二、三跳）

（1）原地模仿扒地动作：一手扶肋木侧向站立，远离肋木的腿屈膝向前上方摆，当大腿摆至与地面平行时，大腿带动小腿积极下压并用全脚掌在身前30厘米处扒地。

（2）在场地上连续做跨步跳练习，要求蹬地后身体充分向前，用两臂摆动，摆动前摆时幅度要大，落地时扒地要积极，各跳间的衔接要紧密。

（3）从20～30厘米高处（如跳箱盖上）向下跨，做扒地式起跳动作，以另一腿摆动落入沙坑。

3. 学习掌握第二跳和第三跳空中动作，以及两跳结合的技术

（1）4～6步助跑起跳跨入沙坑，以摆动腿着地后继续向前跑进。要求起跳后腾空时间要长，在空中要保持跨步姿势，注意维持身体平衡。

（2）4～6步助跑完成跨步跳以后，用摆动腿落地并接着起跳，要求动作紧密衔接，最后两脚落入沙坑。

（3）短距离助跑三级跳远，在第二跳的落地处放一个纵跳箱（跳箱高40厘米左右），要求第二跳用积极有力的扒地动作踏上跳箱。

（4）短距离助跑三级跳远，单足跳后在跨步跳中越过实心球，然后在第三跳中越过低高度的横杆，最后两脚落入沙坑。要求第一跳“平”，第二跳“远”，第三跳“高”，三跳动作要连贯。

（5）短距离助跑三级跳远，按标志进行跨步跳和跳跃练习，着重掌握第二、三跳结合的技术。

4. 掌握和提高三级跳远技术

（1）短、中距离助跑完整三级跳远技术练习。

（2）全程助跑完整三级跳远技术练习。

（三）易犯错误及纠正方法

1. 助跑节奏紊乱

纠正方法：反复做跑的练习，掌握跑的技术；做直道上跨栏跑练习，掌握跑的节奏；学会自然放松跑，跑时肩、颈部肌肉要放松。

2. 落地不积极

纠正方法：反复做“扒地式”落地的技术练习。

3. 第一跳交换腿过早

纠正方法：在踏跳板或低器械上起跳，要求较晚地做交换腿的动作，然后落地；在第一跳长度1/3和2/3处各放置一实心球做标志，要求在腾空后，过第一个实心球时向下放摆动腿,同时要求起跳腿跨过第二个实心球落地,继续跳跃。

4. 第二跳跳不起来,高度不够,步长太小

纠正方法:加强腿部力量的练习;改进第一跳的技术,限制第一跳远度,可在第一跳落点画出标志,要求踏上标志处后起跳;短距离助跑三级跳远,在第二跳1/2处放置器械,要求跨越器械后,继续跳跃。

5. 三跳节奏不好

纠正方法:改进第二跳技术,调整各跳长度;注意空中动作,维持空中的平衡。

四、推铅球

现代推铅球始于14世纪40年代欧洲炮兵闲暇期间推掷炮弹的游戏和比赛,后逐渐形成体育运动项目。铅球的制作经历了用铁、铅以及外铁内铅的过程。正式比赛男子铅球的质量为7.26千克,直径11~13厘米;女子铅球的质量为4千克,直径为9.5~11厘米。投掷圈内直径应为2.135米(±5毫米)。它能锻炼上肢肩背肌肉韧带,发展力量素质和协调性,同时还可以培养练习者坚毅、顽强的意志品质。目前,推铅球在国际比赛中主要采用背向滑步推掷和旋转推掷两种方法。下面主要介绍原地和背向滑步推铅球。

(一)原地推铅球

1. 握球和持球

握铅球时,五指自然分开,自然弯曲,手腕背屈,把球放在食指、中指和无名指的指根上,大拇指和小指自然扶在球的两侧。球在手中放好后,手指要适当放松,握好后把球放在肩上锁骨窝处,贴紧颈部,掌心向前上方,肘低于肩或与肩相平,投掷臂自然放松,在滑步和最后用力的过程中要控制好球。

图9-10　握球和持球

2. 动作方法

背向投掷方向站立,两脚开立与肩同宽(以右手为例),左脚内侧点地,右脚脚尖微微内扣。左脚脚尖与右脚脚后跟大致在一条直线上。团身收腹,肩膀内扣,左手自然下垂,右手持球置于锁骨窝处,眼睛直视前方(地面),重心在右脚上,全身保持扭紧状态。投掷时,右脚蹬地转髋,左手带动身体转向投掷区。重心由右脚转移至左脚,投掷臂用力鞭打出手。

(二)背向滑步推铅球

1. 预备姿势

(1)高姿势:以右手持球为例,持球后背对投掷方向,两脚前后开立,右脚在前,脚尖贴近投掷圈后沿,重心落在右腿上,左脚拖后,放松而自然弯曲,以脚尖点地,距右脚15~20厘米。上体正直放松，持球臂肘低于肩，左臂自然上举而微屈，形成左肩高、右肩低的姿势。两眼看前下方 5 米左右。

(2)低姿势：持球后，背对投掷方向，两脚前后开立，右脚在前，脚尖贴近投掷圈的后沿，左脚在后，前脚掌或脚尖着地，与右脚相距 50～60 厘米。上体前屈，左臂自然下垂并稍向内，身体重心落在右腿上，两眼看前下方。

(a)预备高姿势

(b)预备低姿势

图 9-11　预备姿势

2. 滑步

背对投掷方向站立，滑步前一般先做 1～2 次预摆(根据个人习惯也可不做)。摆动腿向后上方摆出，上体自然前俯，左臂半屈伸于胸前，右腿伸直。当左腿摆到一定程度，上体前屈约与地面平行时，收回左腿，同时弯曲右腿，当左腿靠近右腿时，成团身状态，重心应略微后移。右腿用力蹬伸，左腿快速向抵趾板中间偏右方摆动，使身体快速平稳地向投掷方向移动。紧接着右腿迅速收拉小腿，右脚贴近地面边收边向内转，用右腿前脚掌在投掷圈内中心处着地，与投掷方向成 90°～130°角。在身体向投掷方向移动的过程中，右脚、右膝和右髋要向投掷方向移动。随着右脚着地，左脚积极地以前脚掌内侧着地，落在投掷图纵轴线左侧靠近抵趾板处。滑步结束时，身体重心保持在屈膝半蹲的右腿上，上体保持前倾扭转状态，左臂内扣，拉长腰背肌肉，准备最后用力。

3. 最后用力和维持身体平衡

在左脚着地的一刹那，右脚要快速蹬转，送右髋转向投掷方向，这时髋轴的转动超过肩轴，上体扭紧，腰、背肌被拉长。随着右腿的蹬伸，上体逐渐向前上方抬起，使重心向左腿转移。当转到侧对投掷方向时，右肩低于左肩。左臂向左上引，很快地向左转体，把胸转向前上方，抬头并稍后仰，左臂摆至身体左侧并制动，两腿积极蹬伸，同时右臂快而有力地将球推出。球离手前一刹那，手指快速拨球，尽量提高铅球出手的初速度和出手点的高度。出手角度一般为 38°～42°。球离手后，为了缓冲向前的冲力，避免犯规，应立即换腿，降低重心，维持身体平衡。

(三)推铅球的练习方法

(1)双手向后(向前)抛掷实心球(或轻铅球)，要求上下肢协调用力。

(2)原地正面推铅球加大出手角度(50°～60°)。

图 9-12　背向滑步堆铅球

(3)原地侧向(背向)推铅球。

(4)侧滑练习。徒手(或持轻球)高重心小幅度地连续侧滑。

(5)体会背向滑步前的重心后移。

第三节　径赛项目内容

一、短距离跑

(一)短距离跑技术

跑是人类与生俱来的基本能力,自古以来就是一种比赛形式,几乎每个国家的文献中都有描述。据史料记载,短跑是公元前 776 年古希腊运动会唯一的竞技项目,距离为 192.27 米。现代短跑起源于欧洲,最早被列入正式比赛是在 1850 年的牛津大学运动会上,当时设有 100 码、330 码、440 码跑项目。19 世纪末,为规范项目设置,将赛跑距离由码制改为米制。初为职业选手的表演项目,后逐渐扩展到业余运动员。运动员比赛时必须使用起跑器,听信号统一起跑,必须自始至终在自己的跑道内跑动。

1. 起跑

根据田径规则，短跑项目的起跑必须采用蹲踞式起跑，并可使用起跑器。使用起跑器的目的是使两脚有牢固的支撑，形成良好的预备姿势，便于获得较快的起跑速度。

起跑器的安装。起跑器的安装方法一般有接近式、普通式和拉长式 3 种，如图 9-13 所示。

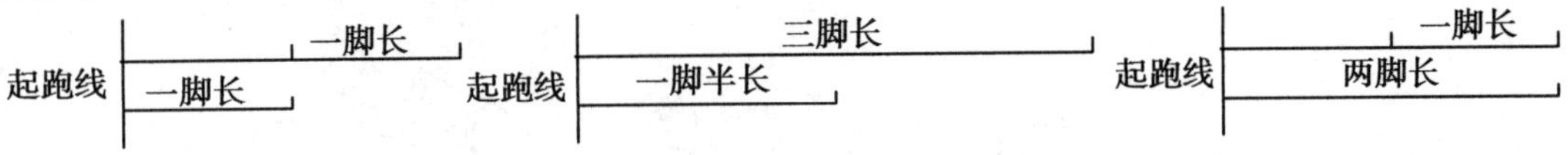

（a）接近式　（b）普通式　（c）拉长式

图 9-13　起跑器的安装

前起跑器抵足板与地面的夹角约为 45°，后起跑器抵足板与地面的夹角约为 75°，两个起跑器踏板的中轴线间隔与本人自然直立时双腿的中轴线间隔相同。起跑器的 3 种安装方法各有优点，采用时要根据个人的身高、体型、训练程度和技术水平等特点进行选择。安装起跑器时应注意使起跑器与人体跑进方向一致。弯道跑时起跑器应安装在跑道的右侧，使起跑器的纵轴延长线与前方 15～20 米处的跑道内侧分道线相切。

起跑的 3 个环节。起跑的任务是使身体迅速摆脱静止状态，尽可能获得较大的启动初速度，为起跑后的加速度创造条件，如图 9-14 所示。

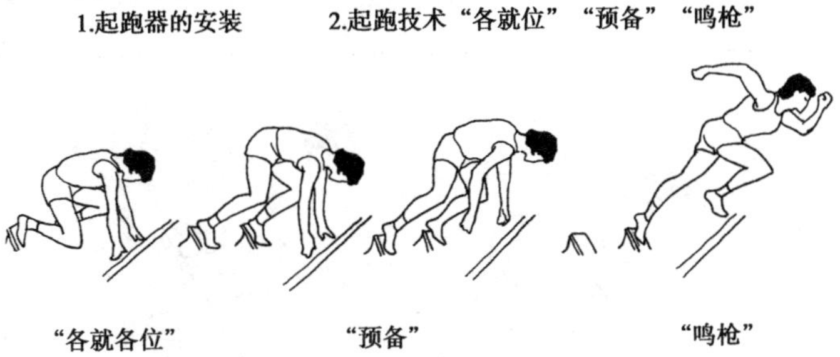

图 9-14　起跑动作

起跑过程包括“各就位”“预备”“鸣枪”3 个环节（图 9-15）。

各就位。当听到“各就位”口令后，运动员应一边轻快地走向起跑器，一边做几次深呼吸，使肌肉细胞获得足够的氧储备。当走到起跑器前时，先用两手撑地，两脚依次踏在前、后起跑器的抵足板上，然后，后膝跪地，两手收回到起跑线后，四指并拢和拇指成“八”字形撑地，两臂伸直与肩同宽或稍宽于肩，两肩与起跑线齐平或过起跑线 5～10 厘米，颈部和躯干保持放松，眼看前下方 50～60 厘米处，呼吸平稳，注意听“预备”口令。

预备。听到“预备”口令后，臀部平稳抬起，稍高于肩，同时重心前移，双腿膝关节形成适宜的用力角度，两脚紧贴起跑器用力踏紧抵足板，背部肌肉绷紧并略成弓形，深吸一口气做好“预备”姿势，集中注意力听枪声。

鸣枪。听到枪声后，双手迅速推离地面，两臂有力地大幅度前后摆动，同时两腿猛蹬起跑器，以较大的前倾姿势把身体推向前方。躯干前倾幅度应使躯干纵轴与水平线成 15°～20°角，当蹬在前起跑器上的后蹬角为 42°～45°，蹬离起跑器时，后边的腿前摆应积极下压着地，完成第一步的动作，由起跑进入起跑后的加速跑，从而完成起跑任务。

2. **起跑后的加速跑**

起跑后的加速跑是从前腿蹬离起跑器到进入途中跑姿势前的 30 米，用 13 ~ 15 步跑完（图 9-16）。其任务是：充分利用起跑获得的初速度尽快地获得更快的奔跑速度。从第一步开始，步长逐渐加大，上体逐渐抬起，步频逐渐加快，两脚的运动轨迹应逐渐接近一条直线转入途中跑。

图 9-15　起跑

图 9-16　起跑后的加速跑

3. **途中跑**

途中跑是短跑全程中距离最长、速度最快的一段。其任务是继续发挥和保持高速跑。跑是周期性运动，以 1 个复步（即左右腿各跑一步）为 1 个周期。在 1 个跑的周期中包括 2 个腾空时期和 2 个支撑时期（左支撑与右支撑）。就单腿来说，包括后蹬、后摆、前摆和着地缓冲 4 个动作阶段。

（1）后蹬与前摆阶段：当身体重心移过人体支点的额状面时，就进入了支撑腿的后蹬与前摆阶段。摆动腿随着跑动惯性，以髋关节发力，快速向前摆动大腿，大腿抬的高度与上体倾斜线接近垂直，摆动腿大腿积极下压，脚前掌积极扒地，脚掌轻快地落在身体重心投影点前适当位置。支撑腿在摆动腿积极前摆的配合下，快速有力地后蹬。后蹬是前进的主要动力，蹬地动作由伸展髋、膝、踝 3 个关节组成。蹬摆协调配合和上下肢动作的协调配合，是途中跑技术的关键。

（a）后蹬与前摆

（b）腾空　　　　（c）着地缓冲

图 9-17　途中跑

(2)腾空阶段:从支撑腿蹬离地面到摆动腿着地为腾空阶段。当支撑腿蹬离地面,小腿随着蹬地后的惯性和大腿的摆动,形成大小腿边折叠边前摆,与此同时,摆动腿下压,自然向前下方伸小腿着地。

(3)着地缓冲阶段:在摆动腿的前脚着地瞬间,开始了着地缓冲阶段。着地时应用前脚掌积极着地,着地位置距身体重心投影点一脚至两脚处,应适当靠近身体重心投影点,有助于缩短缓冲时间。在支撑腿着地缓冲的同时,摆动腿的大小腿应充分折叠,脚跟靠近臀部,以缩短摆动半径。

4. 弯道跑

进行200米和400米跑时,如起跑点在弯道上时,起跑器应安装在本道的外缘,起跑器的倾斜应顺直线切向跑道内缘方向(图9-18)。起跑时,身体和头要正对跑道内缘切线方向,右手放在起跑线上,左手放在起跑线后5~10厘米处。顺着切线方向跑出后,转向弯道跑,弯道途中跑时,因离心力作用,整个身体应向左侧倾斜,左臂摆动较小,右臂摆动较大,并稍向内摆,以维持身体平衡。右腿前摆时,稍向内侧方向,用脚前掌的内侧落地。左脚用前掌的外侧落地。由直道进入弯道时,身体要逐渐向内倾斜,速度越大,倾斜度越大。由弯道进入直道时,也要逐渐减小身体的倾斜度。

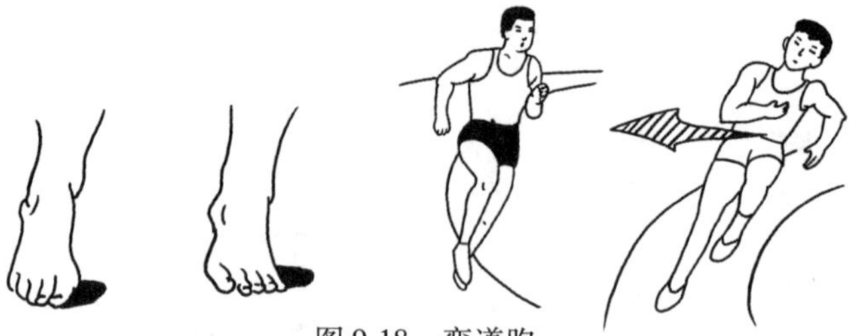

图 9-18　弯道跑

5. **终点冲刺跑与撞线**

终点冲刺是途中跑接近终点的一段距离。它要求运动员以坚韧不拔的毅力保持最快的速度全力跑过终点,动作是:上体前倾加大,两臂摆动加快,后蹬脚缩小,频率加快。冲刺跑的距离要因人而异,耐力好的冲刺距离稍长,耐力差的稍短。一般 100 米的冲刺跑距离为 15 ~ 20 米,200 米和 400 米的冲刺跑距离为 30 ~ 40 米。

撞线动作应在最后一步(离终点线 1 ~ 1.5 米时)进行,上体前压挺胸,但不要低头,两臂后摆,快速跑过终点线(图 9-19)。撞线前,身体不要后仰或降低速度。撞线时,也不要跳起或突然停止。

200 米应用全力和最高速度跑完全程; 400 米应用较均匀的速度跑完全程。弯道跑时,应沿跑道内侧跑进。

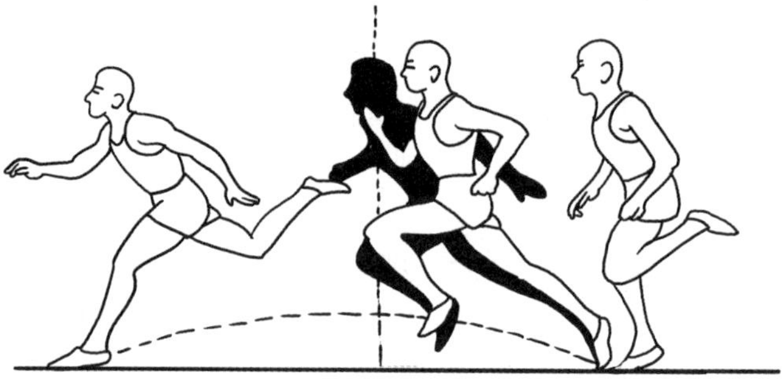

图 9-19　终点冲刺

(二)学习短距离跑技术

1. **学习直道途中跑技术**

(1)学习用前脚掌着地富有弹性的慢跑。要求用前脚掌着地,脚跟离地较高,富有弹性慢跑。以后逐渐加大幅度并要求大小腿前抬折叠。

(2)学习摆臂技术,原地成弓箭步前后摆臂练习。练习时注意摆臂方向、幅度和肘关节角度的变化,要以肩为轴摆动,同时使肩部放松。

(3)学习 3/4 强度的 60 ~ 100 米的反复跑。要求跑的动作放松、协调、步幅开阔,同时注意后蹬和高抬摆动腿的正确技术。

2. **学习弯道途中跑技术**

(1)沿大半径跑道(第 6 ~ 8 道)用 3/4 强度进行 60 ~ 100 米弯道反复跑。学习弯道跑技术时,只有掌握了沿大半径弯道跑的技术后,才能缩小半径。

(2)沿第一道弯道 2/3 强度跑 50 ~ 90 米加速跑，随着速度的加快，身体内倾程度也不断地加大。

(3)以不同的速度沿半径为 10 ~ 20 米的圆圈跑。

3. 学习终点跑的全程跑技术

(1)慢跑做上体前倾用胸部撞线动作。

(2)中等速度跑做胸部撞线动作，在完成撞线动作后不应立即停止，要求顺势向前跑出几步。

(3)在 60 ~ 100 米距离内每隔 30 ~ 40 米画一条终点线，让学生连续做冲刺撞线动作。

4. 改进提高全程跑技术，体会 200 米和 400 米跑的体力分配

60 ~ 100 米全程完整技术练习，体会全程跑各阶段的技术。要求全程跑各阶段的技术衔接自然、连贯。

(三)短距离跑健身方法

1. 速度、耐力练习

全程保持高速度跑的时间长短，取决于跑的耐力素质发展水平，发展速度耐力主要提高糖酵解能力和提高乳酸的“忍受力”。提高专项耐力的主要练习有：

(1)间歇时间长、强度为个人最好成绩 90% 的反复跑。练习 100 米、200 米跑的学生跑 100 米、150 米、200 米、250 米、300 米；练习 400 米跑的学生跑 300 米、400 米、600 米。

(2)间歇时间短、强度为个人最好成绩 80% ~ 85% 的反复跑。练习 100 米、200 米跑的学生跑 6 × 100 ~ 8 × 100 米、6 × 150 ~ 8 × 150 米、6 × 200 ~ 8 × 200 米；练习 400 米跑的学生跑 7 × 200 ~ 8 × 200 米、5 × 300 ~ 6 × 300 米。

(3)间歇时间短、强度为个人最好成绩 80% ~ 85% 不等距离的组合跑。练习 100 米、200 米跑的学生跑 50 米 + 3 分钟休息 + 100 米 + 3 分钟休息 + 150 米 + 3 分钟休息 + 150 米 + 3 分钟休息 + 200 米 + 3 分钟休息再从 200 米返回。练习 400 米跑的学生跑 100 米、200 米、300 米、500 米、300 米、200 米、100 米，中间休息 4 分钟。

(4)变速跑。150 米快 + 150 米慢；200 米快 + 200 米慢。

(5)递减间歇跑。200 米 × 10，间歇时间 5 分钟、4 分钟、3 分钟。

(6)连续接力跑。5 人 × 100 米 × 6 ~ 8 次，1 ~ 2 组。

2. 速度练习

速度素质是短距离跑项目中起主要作用的专门素质，速度练习包括提高反应速度、动作速度和位移速度。发展速度素质是一个复杂的综合发展过程，其中主要是肌肉力量的肌肉收缩速度的发展。速度练习采用的主要方法：

(1)行进间跑 30 ~ 60 米，4 ~ 5 次 × 2 ~ 3 组。

(2)短距离追赶跑 60 ~ 100 米，3 ~ 5 次 × 6 组。

(3)下坡跑 30 ~ 60 米，3 ~ 4 次 × 2 ~ 3 组。

(4)反复跑 30 ~ 60 米，4 ~ 5 次 × 2 ~ 3 组。

(5)提高反应速度和加速度能力的练习：

①呈蹲踞式姿势，听到枪声迅速向上跳并触及高物。

②低卧或仰卧听枪声起动并迅速跑出。

③在2°~3°斜坡道上，快速完成上坡或下坡跑练习，距离为40~50米。

3. 力量练习

为了提高肌肉的最大力量，主要通过负重练习和抗阻力练习，一般以递增负荷重量的方法来实现。练习时采用最大负荷的70%~80%，逐渐增大到100%负重量，完成5~7组，分组中4~5次。

提高爆发力，主要采用负重练习、抗阻力练习和跳跃练习。练习量为最大负荷的60%~70%，动作速度快，完成5~7次。采用跳跃练习时，完成60~100米负重或不负重的快速跳跃练习。

发展力量耐力，采用负荷量轻的，跳跃距离长的练习。练习量为最大负荷量的40%~50%，要求强度小，重复次数在10~20次以上，跳跃练习应选择100~200米距离的负重或不负重练习。

(1)负重和抗阻力练习

①负杠铃练习全蹲、半蹲、1/3蹲，从最大负重量的70%~80%开始，逐渐加大至100%，完成4~6组，每组4~5次。

②负重弓箭步走。最大负重量40%，弓箭步走距离40~60米，完成5~7组。

③负重半蹲，最大负荷量70%~80%，完成5~7组，每组5~7次。

④负重高抬腿跑，最大负荷量的20%~30%，完成4~6次，5~6组，距离为30米、60米、100米。

⑤杠铃抓举、挺举、卧推举、负轻器械做体前后屈等。

(2)跳跃练习

①短距离跳跃：立定三级跳、立定跳远、十级跳远、蛙跳、4~6步助跑的三级跳远、连续单足跳、连续跳栏架、60米以内的跨步跳，从80厘米高处跳下爆发性用力跳起的跳跃练习。

②长距离跳跃。连续30米单足跳、双足跳、立定跳等。

(3)在技术练习时常采用的练习

①直腿跑、跳，用一只脚掌蹬地充分伸展膝关节。

②半高抬大腿小步跑，结合快速跑。

③交换腿原地跳跃。

④原地摆臂和前后换腿，结合摆臂技术练习。

二、长距离跑

(一)长距离跑技术

1. 起跑和起跑后的加速跑

(1)站立式起跑：发令前(除800米分道起跑外)运动员应在集合线后站好，“各就位”时，便迅速而沉着地走到起跑线后，两脚前后站位，有力脚放在紧靠起跑线后沿，另一脚用前脚掌或脚尖置于距前脚跟约一脚掌长的地方，左右间隔约半脚长，两腿屈膝，上体前倾体重落在前脚上。臂的动作有两种，一种是一臂在前，一臂在体侧；一种是两臂在体前自然下垂。

两腿弯曲和上体前倾程度依战术而定，即速度越快，两腿弯曲和上体前倾幅度越大。颈部放松，眼向前看5～10米处，整个身体保持稳定姿势，集中注意力听枪声。

（2）半蹲踞式起跑："各就位"时前腿异侧手拇指与其余四指分开成八字形撑在起跑线后，同侧臂位于体侧，两腿弯曲，上体前倾，体重落在前脚和支撑手上。颈部放松，整个身体保持稳定姿势，集中注意力听枪声。

2. 途中跑

途中跑是中长跑的主要组成部分，跑时必须突出轻快、省力、节奏好。

3. 终点跑

终点跑是临近终点的一段加速跑、进入最后一个直道冲刺跑，技术要求基本与短跑相同。什么时候开始冲刺，应根据训练水平、比赛的距离、战术的需要和比赛情况，一般情况下，800米跑应在最后250米或200米开始加速跑；1 500米可在最后400米或300米开始加速跑；3 000米以上的项目可在400米或更长的距离开始加速跑。

4. 中长跑的呼吸

一般是跑二三步一呼气、跑二三步一吸气。随着疲劳的出现，呼吸的频率也应加快，可采用跑一步一呼气跑一步一吸气的方法。呼吸应自然和有一定的深度，一般约等于肺活量的1/3。而且应着重呼气，因为呼气的深度决定着吸气的深度。只有充分呼出二氧化碳，才能充分吸进新鲜的氧气。呼吸是利用鼻子和半张开的嘴同时进行的。冬天或顶风跑时，为了避免冷空气和强空气直接刺激咽喉，应用鼻子吸气用嘴呼气或将舌尖上翘微微舔住上腭。

中长跑时，由于内脏器官工作条件的急速改变，氧气供应落后于肌肉活动的需要，出现胸闷、呼吸困难、四肢无力，迫使跑速降低，甚至难以坚持。这种现象称为"极点"，是跑的过程中正常现象。跑的强度大，"极点"出现早，相反则迟而且感觉轻，适应过渡的时间短。"极点"是可以克服的，在训练长跑的过程中，要注意循序渐进，充分做好准备活动，掌握途中跑的速度变化，当"极点"出现时，一定要以顽强的意志跑下去，注意做深呼吸，同时适当调整跑速，继续一段后，症状会减轻，最后消失。

（二）长距离跑技术学法

（1）匀速慢跑60～100米。

（2）匀速中速跑60～200米。

（3）加速跑60～100米。

（4）走跑交替（中速跑100米＋走100米或慢跑）。

（5）跑速控制在1/2和2/3速率之间，跑的距离200米，400米，600米，800米。

（三）长距离跑健身方法

1. 最大力量训练

最大力量训练方法能有效地发展肌肉横断面积和最大意志紧张的能力。

（1）持续不断地重复用力法。负荷强度75%～90%，组数6～8组，每组重复次数3～6次，每组间歇3分钟。

（2）静力性练习法。负荷强度90%以上，组数4组，每组持续时间3～6秒，每组间歇3～4分钟：负荷强度70%～90%，组数6组，每组持续时间8～12秒，每组间歇3分钟；负荷强度70%以下，组数4组，每组持续时间12秒以上，每组间歇3分钟。

2. **快速力量训练**

(1)起动力:在最短时间内(通常不到150毫秒),最快的发挥下肢肌肉力量,它是速度力量的一个决定因素,采用沙地跑,上下坡跑、跑台阶、穿沙背心的起跑加速、计时短跑等。

(2)反应力:当人体运动时,肌肉链制动着人体运动的速度,引起牵张反射,运动着的人体迅即以很高的加速度朝相反方向运动的能力。比较有效的练习方法:跳深,跨步跳、多级跳、跳台阶等。

(3)力量耐力:力量耐力是力量和耐力的综合素质,它是一种在静力性或动力性工作中长时间保持肌肉紧张而不降低其工作效果的运动能力。采用持续间歇法进行练习:第一种方案:负荷强度40%~60%,组数3~5组,每组重复次数10~20次,休息时间30~90秒,动作速度很快;第二种方案:负荷强度25%~40%,组数1~6组,每组重复次数30次以上,休息时间30~60秒,动作速度快。

3. **快速能力训练**

(1)发展步频为主的练习。采用快速小步跑和原地高速踏脚练习;支撑高拍腿跑过渡到加速跑;利用下坡跑的惯性和顺风跑来加快步频;随老师击掌的变化,做快慢交替的拍腿与摆臂练习。

(2)发展步长为主的练习。采用负重弓箭步换腿;单、双脚跳上跳下;支撑后蹬跑;行进间后蹬跑过渡到加速跑,放松大步跑;有弹性的前后、左右压腿和摆腿练习;多级跳计步数;100米跨步跳等。

4. **耐力训练**

(1)发展一般耐力(有氧耐力)练习。采用长时间持续跑。

(2)发展专项耐力(无氧耐力)练习。发展非乳酸盐无氧耐力,采用负荷强度95%~100%,练习时间5~15秒,每组4~5次,每次间歇时间2~3秒,组间间歇7~10秒。发展乳酸盐无氧耐力,采用200~400米段落,每组3~4次,重复3~4组;采用500~600米段落,每组2~3次,组数不超过3组。

三、跨栏跑

据资料记载,跨栏跑最早始于英国。它是由牧人跳越牲畜栏围的游戏演变成跨栏比赛的。跨栏跑始于19世纪末,当时运动员采用“跳”的姿势过栏,称跳栏。1925年出现了跨栏步技术,因而改称为跨栏。后来跨栏步技术逐渐得到完善,因而跨栏成绩不断提高。到20世纪70年代开始使用塑胶跑道,因而平跑速度加快,同时重视选材,运动员身高普遍提高,这些条件给跨栏跑技术带来了一些变化,表现在身体重心起伏小,过栏与平跑紧密结合,全程跑节奏得到改善,跨栏跑与同距离的平跑成绩越来越接近,确有从跨栏向跑栏发展的趋势。跨栏跑是在快速跑动中,连续跨过有固定数量、固定距离、固定高度的栏架,具有跑跨结合的特点。

(一)跨栏跑技术

跨栏跑的完整技术由起跑和加速跑至第一栏前的技术、跨栏步技术、栏间跑技术、终点跑技术4部分组成。

男、女不同距离栏的摆放位置表见表9-1。

表 9-1　男、女不同距离栏的摆放位置表

性别	项目	栏高/厘米	栏架数量/个	起跑至第一栏距离/米	栏间距离/米	最后一栏至终点距离/米
男子	110 米栏	106.7	10	13.72	9.14	14.02
	400 米栏	91.4	10	45	35	40
	110 米栏（少年）	100	10	13.72	8.9	16.18
女子	100 米栏	84	10	13	8.5	10.5
	200 米栏	76.2	10	16	19	13
	400 米栏	76.2	10	45	35	40

1. **男子 110 米栏技术**

（1）起跑至第一栏前技术：任务是快速起动，积极加速，顺利平稳地跑向第一栏，创造准确的起跨点和较高的速度，为全程过栏奠定良好的速度和节奏基础。起跑技术与短跑大体相同，主要区别是：起跑器安装是根据到第一栏前加速跑的步数决定是将摆动腿还是起跨腿放在前起跑器上，预备姿势重心稍高些。110 米栏起跑至第一栏的距离为 13.72 米，多数运动员在这段距离上跑 8 步（以左腿攻栏为例），起跑时将起跨腿放在前起跑器上。身材高、步幅大的运动员跑 7 步，起跑时将摆动腿放在前起跑器上。加速跑时上身与地面的夹角比短跑大，步长增加比短跑快，一般第六步身体姿势已接近短跑途中的姿势。栏前最后 2 步要跑得更加积极，起跨前最后一步要比倒数第二步短 10～20 厘米，这一步称为栏前“短步”，有利于快速起跨过栏。

（2）跨栏步技术：是指从起跨脚踏上起跨点，到摆动腿的脚下栏着地为止的腾空越过栏架的步法技术。它包括起跨、腾空过栏、下栏着地 3 个阶段。跨栏步是跨栏跑中最基本的技术。

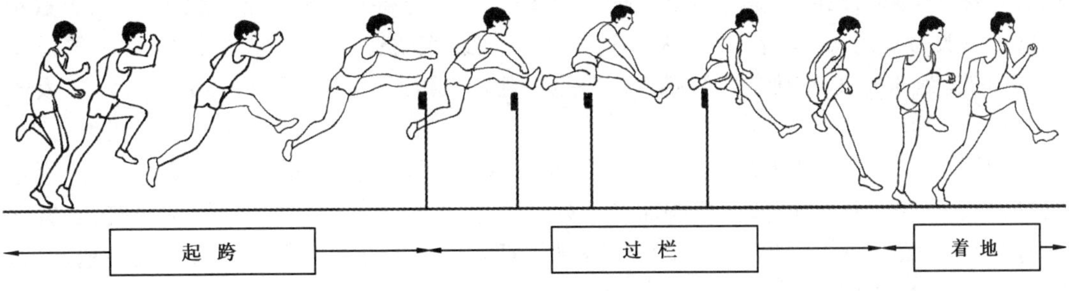

图 9-20　跨栏步技术动作

①起跨。起跨是指从起跨腿的脚在起跨点着地缓冲到后蹬结束离地时为止的整个支撑时期。起跨的任务：为迅速过栏创造更大的腾起初速度和适宜的腾起角度。起跨蹬地的速度、力量、方向、角度决定过栏的速度，所以起跨是跨栏步的关键技术。正确的起跨技术应符合这样的要求：起跨前要获得一个较高的身体重心位置；适宜的起跨距离；起跨离地前身体重心积极前移，保持适宜的起跨角度，充分高摆攻栏腿，加大两腿夹角；身体各部分动作连贯、配合协调。

②腾空过栏。从身体转入无支撑阶段起到摆动腿过栏后着地的这段时间的动作。合理的腾空过栏技术应该是:起跨前尽量保持已达到的水平速度,过栏后水平速度下降不大,使过栏和栏间跑动作连贯;起跨时获得较大的水平速度;起跨与下栏保持较高的身体姿势,减小过栏和栏间跑时身体重心的波动差;过栏时两腿剪铰速度快,下栏动作迅速;上下肢动作配合协调、平衡、连贯,既有一定的动作幅度,又能发挥较高的动作速度。

③下栏着地。下栏着地是指从身体重心达到腾空最高点开始到摆动腿着地支撑这一时段的动作。其任务是:尽量减少水平速度的损失,使身体平稳、快速地转入栏间跑。合理的下栏着地技术应是:摆动腿积极下压,起跨腿提拉迅速,两腿动作协调、积极、连贯;着地点距身体重心投影点要近,落地角度大;下栏支撑重心高,支撑时间短,栏后支撑时间显然比栏前时间短,水平速度损失少,离栏速度快,上身保持适当前倾,两臂配合,两腿动作积极有力。

(3)栏间跑技术。从下栏着地到下一栏起跨点攻栏前的垂直部位之间的跑法称为栏间跑。其任务是:以正确的节奏、最快的速度跑过每一栏间距离,为跨栏步创造速度和准确的起跨点。9.14 米的栏间距离,除“跨栏步”的距离外,栏间跑的实际距离有 5.50 ~ 5.70 米,用 3 步跑过,其 3 步步长比例是:小、大、中。合理的栏间跑技术应为:栏间 3 步步长比例合理,身体重心高、起伏小、频率快、节奏稳定、清楚、方向正、直线性强,更加接近平跑技术。

(4)终点跑技术:终点冲刺是从下最后一栏的摆动腿着地开始到撞线为止。其任务是:注意力高度集中,发挥冲刺技术,以勇猛精神,竭尽全力冲过终点。

注:全程跑技术:全程跑技术是把平跑与过栏技术紧密结合起来。首先跑好起跑过第一栏才能顺利地在第二、三、四栏上发挥较高速度,然后保持高速跑过五至七栏,最后二至三栏用最大速度冲向终点。

2. 男、女 400 米跨栏跑技术

400 米栏架较低(男子 91.4 厘米,女子 76.2 厘米),栏间距和全程距离较长,对步长、节奏、速度、耐力以及克服疲劳的坚韧意志等方面要求较高。

(1)起跑至第一栏前的加速跑技术。起跑技术和短跑的 400 米起跑基本相同。安装起跑器时要考虑第一栏前所跑的步数,跑双数步(20、22、24)将起跨腿置于前起跑器上,单数步相反。一般男子跑 21、22 步,女子跑 23、24 步。加速跑的速度和全程跑相适应,一般低于 400 米的起跑速度,以准确的步数踏上起跨点。起跨点距第一栏男子为 2.10 ~ 2.15 米,女子为 1.90 ~ 2.00 米。

(2)过栏技术。400 米跨栏跑有 5 个栏在弯道上,所以过栏应适当改变动作。400 米栏用右脚起跨比较顺利,起跨时,右脚前脚掌内侧蹬地,左腿摆动略向左偏,脚尖外转,右臂前伸时向左侧用力,身体左倾。下栏时,左腿以前脚掌外侧靠近跑道内侧分道线处着地,起跨腿提拉举膝也多向左前方用力。

(3)栏间跑技术。栏间跑都是 35 米,一般情况下,男子跑 15 ~ 17 步,女子跑 17 ~ 19 步。栏间跑要求步数固定,步长稳定,节奏明显。上栏前 3 ~ 4 步,可适当缩小步幅,加快步频,为过栏做好准备。过栏后要放松大步跑,后蹬充分。

(4)终点冲刺和全程体力分配。从最后一栏到终点为 40 米,这时运动员已很疲劳,但更要保持正确技术,还要以最大毅力冲向终点。全程跑体力分配:在保持栏间良好节奏和顺利过栏的同时,各阶段跑速不应相差太大,后半程以慢于前半程两三秒为宜。

（二）跨栏跑练习方法

1. 摆动腿的练习

(1)原地和行进间做屈膝攻栏和落地“鞭打”动作。

(2)原地和上步将摆动腿踏上高物(肋木或墙壁)。

(3)走和慢跑中从栏侧做摆动腿攻栏练习。

2. 起跨腿的练习

(1)走动中提拉起跨腿练习。

(2)原地双手扶住从栏上提拉起跨过纵栏。

(3)原地双手扶住从栏侧做提拉起跨腿练习。

(4)行进间从栏侧做起跨腿过栏。

3. 行进间过栏练习

(1)慢跑中过低栏练习。

(2)跑动中过3~5个栏练习。

(3)快速跑过5~7个栏练习。

作业及思考题

1. 短跑各阶段的任务和基本技术要求是什么？
2. 短距离跑与长距离跑分别采用什么呼吸方式？
3. 影响跳高成绩的基本因素有哪些？
4. 简述决定铅球成绩的几个主要因素。

第十章　世界第一运动——足球

知识目标

了解和掌握足球基本动作要领知识和规则。

能力目标

掌握足球的颠球、传接球、运球基本技术动作，培养学生对足球运动的兴趣。

情感目标

1. 培养学生勤奋刻苦，坚韧不拔的体育精神。
2. 培养学生遵守规则、尊重裁判、团结协作的精神。
3. 培养学生胜不骄败不馁的体育精神。

第一节　足球运动概述

一、足球运动简介

足球是以脚为主，支配球的一项球类运动。足球运动中两个队攻守对抗，争夺激烈，是富于对抗性的一项体育项目。比赛中，队员有着无限的选择性和可能性，需要有良好的个人能力和创造力，需要全队思想、行动的高度统一。现代足球运动是世界上开展得最广泛、影响最大的运动项目之一，被誉为“世界第一运动”“运动之王”。

现代足球运动起源于英国。1863 年 10 月 26 日，由伦敦 11 个最主要的俱乐部和学校，在伦敦弗里森酒店举行会议创立了英格兰足球协会，并制订了世界上第一个统一的足球规则。这一日被世界公认为现代足球的诞生日，英国被世界各国公认为现代足球起源国。根据足球运动发展的需要，1904 年 5 月 21 日，由法国、比利时、丹麦、荷兰、西班牙、瑞典、瑞士 7 个同家共同创立了国际足球联合会，简称国际足联，英文缩写“FIFA”。古代足球运动起源于中国。2004 年 7 月 15 日，国际足联主席布拉特在北京正式宣布：中国古代蹴鞠就是足球起源，足球起源地为中国临淄。

二、足球运动的特点

(一)群众性

除了正规的足球比赛以外,只要有一个足球,一块场地,人们就可以进行活动。如果要进行比赛,没有球门,也可以用砖头、石块、衣物、书包代替。人们参加足球活动所需的技术动作是简单易学的。此外,足球活动一年四季都可以在室外开展。

(二)竞技性

足球运动的竞技性主要表现在:激烈的对抗(运动员在从地面到空中的立体角逐中相互接触、碰撞);自然条件反差大;心理刺激强烈(胜负变化大且有一定偶然性,众多观众的压力,裁判错判、漏判,双方队员的过激表现既刺激观众也刺激运动员);运动负荷大(比赛时间长,比赛场地大,一场比赛运动员要奔跑10 000米以上,快速冲刺跑100多次,要在快速激烈对抗中完成技术动作数百次)。比赛过程中始终贯穿着进攻与防守、限制与反限制、制约与反制约的激烈对抗。因此,足球比赛是双方技术素质、战术素质、身体素质和心理、文化素质的综合抗衡。

(三)文化性

足球运动具有丰富的文化内涵,是一种满足人们生理、心理需要,表现人们行为举止、思想感情甚至民族特性、风格的身体文化运动。例如,巴西、阿根廷、意大利、德国、英国等世界足球强国的技术、战术风格都鲜明地渗透着各自国家的民族风格、文化特点。

三、足球运动的价值

(一)增进健康,增强体质

经常参加足球运动能够发展力量、速度、耐力、灵敏及柔韧等素质,提高心血管系统、呼吸系统、肌肉及神经系统的工作能力。

(二)培养品德、陶冶情操

通过足球运动可以培养人勇敢机智、顽强拼搏、坚韧不拔、热爱集体、团结协作、遵守纪律及胜不骄、败不馁的良好品德,陶冶文明礼貌、光明磊落、奋发向上、勇于竞争及不卑不亢的情操。

(三)增进友谊,振奋精神

通过足球比赛可以促进和发展地区间、国际的交往,加深人民之间友情,丰富人民群众的文化生活。在国际足球比赛中的胜利,可以振奋民族精神,提高民族自豪感,弘扬爱国主义精神。

(四)活跃经济,创造财富

在现代市场经济中,足球运动具有良好的商业价值。人们利用足球运动本身的魅力,大力发展足球产业。通过足球彩票、门票、运动员转会费、广告费、电视转播费等获得丰厚的利润。同时,足球运动的广泛开展还促进了运动器材、服装、饮食、旅游等行业的发展。

第二节　足球基本技术

一、颠球

（一）双脚脚背颠球

脚向前上方摆动，用脚背击球，击球时踝关节固定，击球的下部。两脚可交替击球，也可一只脚支撑，另一只脚连续击球。击球时用力均匀，使球始终控制在身体周围。

（二）双脚内侧、外侧颠球

抬脚屈膝，用脚的内侧或外侧向上摆动，击球的下部，两脚内侧或外侧交替击球。

（三）大腿颠球

抬腿屈膝，用大腿的中前部位向上击球的下部，两腿可交替击球，也可一只脚做支撑，用另一侧的大腿连续击球。

（四）头部颠球

两脚开立，膝盖微屈，用前额部位连续顶球的下部。顶球时，两眼注视球，两臂自然张开，以维持身体平衡。

（a）双脚脚背颠　（b）双脚内侧、外侧颠球　（c）大腿颠球　（d）头部颠球

图 10-1　不同颠球方式

（五）练习方法

（1）初学时，可先徒手做无球模仿颠球练习。主要让同学掌握一脚支撑，一脚颠球的动作，体会用小腿摆动发力击球（最好每人一球，可用篮球、排球、软式排球等代替）。

（2）用脚颠带绳的球或装在网兜里面的球。目的在于增加颠球的机会，减少拾球次数，提高练习的趣味。当一脚基本掌握上述颠球方法后，可用另一只脚练习，逐步过渡到两脚交替颠球，两脚都会颠球。

（3）初学时，由于动作掌握较慢，学生会感到乏味，可以用比赛的方法激发练习的积极性。如颠网兜里的球，在规定的时间内看谁颠得多；规定颠球的次数，看谁先达到；规定颠球的次数，看谁用时少；两人一组合作练习，一人拿带绳球辅助，另一同学练习颠球，拿球同学观察并纠正动作，二人交换反复进行。

(4)当同学对颠带绳的球有了初步体验后，一人一球颠球。体会触球的时间、触球的部位、触球的力量和整个动作的协调配合。可做自己用手将球抛起的颠球练习。由一抛一颠过渡到抛球一次，连续颠球几次。通过自抛自颠提高控球能力。

(5)当同学初步掌握自抛自颠的动作后，可练习两脚轮流颠球或多人接力颠球，以及用大腿和头等部位颠球，借以进一步熟悉球性，提高球感和控球能力，培养足球意识和兴趣。

(6)两人一球颠球：用脚背、大腿、头部以及身体各部位触球，掌握好触球的力量，尽量不让球落地。每人可触球一次颠给对方，也可触球多次互颠。

(六)易犯错误与纠正方法

颠球易犯错误与纠正方法见表10-1。

表10-1　颠球易犯错误与纠正方法

	易犯错误	纠正方法
双脚脚背颠球	1. 颠球发力不当，脚触球部位不准。 2. 脚击球时踝关节松弛，造成用力不稳定。 3. 踢球时脚尖向下或向上勾，造成球受力后向前或向后触碰身体，使球难以控制。	1. 一人持球，另一人模仿颠球，然后轮做。体验小腿摆动，脚面触球下部的动作；反复颠带绳的球，每颠球一次体会一下动作要领。 2. 带领学生无球保持踝关节紧张练习，击球的下中部，以膝关节为轴屈伸小腿。多颠带绳球，找到踝关节用力的感觉。 3. 颠球时要求脚背与地面平行，脚尖微翘，初学者可采用颠一次让球落地反弹后再颠。体会触球时与球摩擦使球带有回旋，并逐步过渡到连续颠球练习。
双脚内侧、外侧颠球	1. 脚在球时脚内翻或小腿向上摆动不够，不能造成球直向上。 2. 因支撑腿膝关节弯曲不够，造成脚外侧颠球时球不能靠近身体失去控制。	1. 加强柔韧性练习，两人一组、一人坐在地上两腿屈膝，脚掌相对，成盘腿状，尽量靠近大腿，另一人在身后两手扶膝关节用力下压持续几秒后，交换进行练习，可提高脚内翻和小腿向上摆的幅度。 2. 支撑腿膝关节有意识弯曲，上体向支撑脚一侧稍倾斜，膝关节屈，脚外翻使脚外侧成水平状态的姿势，持续几秒后交换支撑脚的练习。
头部颠球	击球时间和部位不准，难以控制球的方向和高度。	要求颈部稍紧张用力控制好顶球点。加强收腹和屈膝伸腿蹬地协调用力的练习。

二、踢球

(一)脚内侧踢球

1. 动作要领

直线助跑，支撑脚踏在球的侧后方15厘米左右处、膝关节微屈、踢球腿以髋关节为轴由后向前摆动，在前摆过程中屈膝外转，踢球脚内侧正对出球方向，脚尖稍翘起，小腿快速前摆，脚腕用力绷紧，用脚内侧部位击球的后中偏下部，如图 10-2 所示。

图 10-2　脚内侧踢球

2. 易犯错误与纠正方法

（1）脚踝松弛。纠正方法：脚尖翘起，踝关节角度保持为约 90°，绷紧放松练习。

（2）踢球腿旋转力度不足。纠正方法：发力时脚跟快速前旋，加大旋转力度，多做无球或踢实心球练习。

（3）摆动腿太紧张，成直腿扫球动作。纠正方法：模仿踢球腿的放松摆踢动作，体会肢体感觉和控制方法。

（4）身体重心不稳定。纠正方法：支撑脚落地时制动并屈膝降低重心。

（5）支撑脚脚尖未指向出球方向。纠正方法：注意调整助跑方向，避免斜线助跑。

（6）支撑脚站位偏前或偏后。纠正方法：控制跑动速度，准确判断球的运行轨迹。

（7）踢空中球时对球的速度和高度到断球，造成摆腿击球时间不当，出现踢空现象。

纠正方法：先是用手抛球来控制球的速度，体会摆腿击球时间，一般来说，在判断准确球高度的同时，球速越快，摆动越小，反之，球速较慢可加大摆动。

（8）踢空中球踢球的部位不准，出球偏离目标。纠正方法：出现问题的原因在于不能适当地使踢球腿抬起与来球高度形成相配合的击球点而产生。只要根据来球高度选择好踢脚腿的摆动。如踢接近髋关节高度的球时，上体应往踢球腿侧偏，使踢球腿能抬至相应的高度。逐步加练即可纠正。

（二）脚背内侧踢球

1. 动作要领

斜线助跑，助跑方向与出球方向约成 45°角，支撑脚以脚掌外沿积极着地，踏在球的侧后方 20～30 厘米处，膝弯曲，支撑脚脚尖指向出球方向，并踏在球的横轴（与出球方向成垂直的横轴）的延长线上，身体稍向支撑脚一侧倾斜，在支撑脚着地的同时，踢球腿以髋关节为轴，大腿带动小腿由后向前摆。当身体转向出球方向，膝盖摆到接近球的内侧上方的刹那，小腿加速前摆，脚尖稍外转，脚面绷直，脚趾紧扣，脚尖指向斜下方，以脚背内侧踢球的后中部。踢球后，踢球腿随球继续前摆，如图 10-3 所示。

2. 易犯错误与纠正方法

（1）直线助跑（斜线助跑有利于发挥摆腿力量和控制脚形）。纠正方法：准确判断球的运行速度和方向，调整助跑角度和速度。

（2）支撑脚站位不当（离球太远或过近，脚尖未指向传球方向）。纠正方法：控制好助跑

图 10-3　脚背内侧踢球

速度与节奏，步伐清晰，注意力集中。

（3）肌肉关节紧张，成直腿摆动。纠正方法：通过模仿练习体会放松摆腿技术。

（4）勾脚击球，击球点不稳定，不能有效发挥摆腿力量。纠正方法：脚背，踝关节绷紧，固定脚形。

（5）踢球腿摆送方向太随意，不能稳定控制出球方向。纠正方法：有意识地控制摆送方向，注意身体重心随球跟进。

（三）脚背正面踢球

1. 动作要领

直线助跑，最后一步稍大并积极着地，支撑脚踏在球的侧方 10～15 厘米处，脚尖正对出球方向，膝关节微屈；同时踢球腿向后摆起，膝弯曲，在支撑脚着地的同时，以髋关节为轴大腿带动小腿由后向前摆，与膝盖摆至接近球的垂直上方的刹那，小腿加速前摆，脚背绷直，脚趾扣紧，以脚背的正面出球的后中部，踢球后，踢球腿随球继续前摆，如图 10-4 所示。

图 10-4　脚背正面踢球

2. 练习方法

（1）先做向前跨一步的踢球模仿练习，然后做助跑的踢球模仿练习。

（2）一人踩球，另一人做跨步踢球练习和助跑踢球练习。主要体会支撑脚的选位和该动作与摆腿的关系。

（3）对墙踢球练习，开始距墙 3～5 米，力量可小些，然后逐渐加长距离和踢球力量。

（4）两人一组，相距 15 米左右，对踢定位球注意踢球的力量、方向。

三、接球

（一）脚内侧接球

支撑脚正对来球，膝关节弯曲，接球腿屈膝外转并前迎，当脚与球接触前的刹那开始后撤，在后撤过程中用脚内侧接触球，把球控制在下一动作需要的位置上，如图 10-5 所示。

图 10-5　脚内侧接球

（二）脚底接球

支撑脚站在球的侧后方，膝盖微屈，脚尖正对来球，同时将接球脚提起，膝关节自然弯曲，脚尖翘起高过脚跟，踝关节放松，用脚前掌触球的中上部，如图 10-6 所示。

图 10-6　脚底接球

（三）胸部接球

挺胸接球一般用于接高于胸部的下落球，身体面对来球，两脚前后或左右开立，重心在两脚间，两臂自然张开，上体稍后仰，收下颚，当胸部与球接触前的刹那，脚跟提起，向上挺胸，胸触球中下部，使球弹起，落于体前，如图 10-7 所示。

（四）收胸停球

一般用来停胸部高度的水平来球，身体面对来球，两脚前后或左右开立，重心在两脚间，两臂自然张开，挺胸迎球，当胸部与球接触前的刹那迅速收胸、收腹、用胸部触压球的中上部，以缓冲来球力量把球停在身前。

图 10-7　胸部接球

图 10-8　收胸停球

（五）练习方法

（1）接迎面地滚球：两人对面站立，一人踢（抛）地滚球，另一人迎上接球。

(2)用各种接空中球的方法自抛自接凌空球。

(3)两人互抛互接空中球,逐渐改变球的弧度,落点,使接球者练习移动接球。

(4)队员互相传高球,练习接空中球。

四、头顶球

(一)原地头顶球

身体正对来球,两脚前后开立,膝关节微屈、上体后仰,重心放在后脚上,两臂自然张开,两眼注视来球,当球运行至身体垂直部位前的一刹那,后脚用力蹬地,收腹,迅速向前摆体,身体重心由后脚移向前脚。当球运行到身体垂直部位前的一刹那,颈部保持紧张、快速甩头、用前额正面顶球的后中部。然后上体继续随球前进,如图 10-9 所示。

(二)跳起头顶球

原地双脚起跳时,两腿先弯曲,重心下降,然后两脚用力蹬地跳起,同时两臂肘上摆、在跳起上升过程中,上体要挺胸展腹,两臂自然张开,两眼注视来球,在跳到最高点准备顶球时,身体成背弓形,当球运行到身体的垂直部位前的一刹那,收腹,上体快速前屈,甩头,用前额正面将球顶出,顶球后,两腿同时自然屈膝,屈踝落地,如图 10-10 所示。

要领:睁眼,伸展,收腰反弓。

图 10-9　原地头顶球

要领:睁眼,伸展,收腰反弓。

图 10-10　跳起头顶球

（三）练习方法

（1）做各种顶球模仿练习。

（2）一人双手持球至适当高度，另一人用额正面、额侧面顶球，领会顶球时接触部位和击球点。

（3）自抛和互抛顶球，自己向空中抛球，待球下落时练习顶球，两人一组，一人抛球一人顶球。

（4）个人连续顶球，顶起的高度可不断调整，也可 3 ~ 4 人围成一个小圈连续顶球。

五、运球

（一）脚背正面运球

跑动时，身体自然放松，上体稍前倾，两臂自然摆动，步幅不要过大，运球脚提起时，膝关节弯曲，脚跟提起，脚尖下指，在迈步前伸着地前，用脚背正面推拨球前进，如图 10-11 所示。

（二）脚背外侧运球

跑动时，身体自然放松，上体稍前倾，两臂自然摆动、步幅要小些，运球脚提起时，膝关节弯曲，脚跟提起，脚尖稍内转，在迈步前伸着地前，用脚背外侧推拨球。

（三）脚背内侧运球

跑动时，身体自然放松、步幅要小些，上体前倾并稍向运球方向转动，运球脚提起时，膝关节稍弯曲，脚跟提起，脚尖稍外转，在迈步前伸着地前，用脚背内侧推拨球。脚内侧运球时，支撑脚向前跨出一步，踏在球的前侧方，膝关节稍弯曲、上体前倾并向竖转、随着身体的向前移动，运球脚提起，用脚内侧推球的中后部，如图 10-12 所示。

（四）练习方法

（1）走或慢跑中用单脚或两脚交替运球。

（2）直线运球：队员分成两组，各成一路纵队，相距 20 米站立（对面），一人运球前进，运到对面运球线时，将球传给对面第一人，依次练习。

（3）队员站成一路纵队，第一人向前运球，绕过标志杆后再往回运，并将球传给第二人；第二人接球，再向前运球，依次练习。

（4）中圈内变向自由运球，队员分两组站在圈内，一组运球，另一组在圈内站立或自由走动，运球人尽量避开走动人，两组交替练习。

图 10-11　脚背正面运球

图 10-12　脚背内侧运球

六、抢截球

（一）正面跨步抢截球

两脚前后开立，两膝稍弯曲，身体重心下降，重心均落在两脚上，面向对手。对手运球前进，当脚触球即将着地或刚着地时，一脚立即用力蹬地，抢球脚以脚内侧对正球并向球跨出一步，另一只脚立即向前跨成支撑脚，如果双方的脚同时触球，则要顺势向上提拉，使球从对方脚背滚过，身体要迅速跟上，将球控制住，如图 10-13 所示。

（二）侧面合理冲撞抢截球

当与对手并肩跑动时，身体重心稍下降，同对方接触一侧的臂要紧贴身体，当对方靠近自己一侧的脚离地时，用肘关节以上部分冲撞对方相应部位，使对方因失去平衡而离开球，乘机将球控制住，如图 10-14 所示。

图 10-13　正面跨步抢截球

图 10-14　侧面合理冲撞抢截球

（三）练习方法

（1）两人一球，一人脚前放定一个球，另一人做抢球练习。

（2）两人一组，相距 4～6 米站立，中间放一球，按教师的手势，两人同时做向前跨步抢球动作。

（3）两人一组，相距 10 米，一人带球直线向前，另一人做正面跨步抢球。

（4）两人并肩慢跑做冲撞练习，练习观察对方身体重心的移动，掌握冲撞时间。

七、掷界外球

（一）原地掷界外球

图 10-15　原地掷界外球

面对出球方向，两脚前后或左右开立，膝关节弯曲，上体后仰成背弓，重心移到后脚上（左右开立时，重心在两脚间），两手自然张开，拇指相对，持球的侧后部，屈肘将球置于脑后。掷球后，后脚用力蹬地，两腿迅速伸直，身体重心由后腿移到前脚，收腹屈体，同时两臂急速前摆，当球摆到头上时用力甩腕将球掷入场内。掷球时，后脚可沿地面向前滑动，两脚均不得离地或踏入场内（但允许踏在线上），如图 10-15 所示。

(二)助跑掷界外球

双手持球于胸前,在助跑迈出最后一步时,上体后仰或背弓,同时将球上举至脑后,掷球时的动作与原地掷界外球动作相同,助跑掷界外球主要是能用上助跑的速度把球掷得更远。

(三)练习方法

(1)两人一球,相距 15 米,原地对掷界外球。

(2)两人一球,相距 25 米,两端设两条平行线,助跑对掷界外球。

(3)前场界外球战术练习。

①选择掷球力量较大的队员,将球直接掷入罚球区内攻门。

②将球掷向近门柱的罚球区线附近,由身体高大的前锋将球蹭顶给罚球点附近的同伴攻击球门。

③通过队员跑动,调动对方的防守,将球掷入空当,继续组织进攻。

八、守门员技术

(一)接地滚球

1. 直腿式接球

两腿自然开立,脚尖正对来球,上体前倾,两臂自然下垂,两手小指靠近,手掌对球稍前迎,两手接球的后底部,在手触球的一刹那立即后引,屈肘、屈腕、两臂靠近将球抱于胸前(图 10-16)。

2. 单膝跪撑式接球

身体正对来球,两腿前后开立,前腿弯曲支撑身体重心,后腿跪立,膝盖接近地面靠近前脚脚踵,上体前倾,手臂下垂,手掌对准来球稍向前迎,两手接球的后底部,在手触球的一刹那,两手后引,屈肘,屈腕,两臂靠近将球抱于胸前,然后起立(图 10-17)。

(二)接平直球

身体正对来球,两脚左右开立,上体稍前倾,两臂下垂并屈肘前迎,两手相靠,手掌对球,当接触球的一刹那,两臂后引并屈肘,顺势将球抱于胸前(图 10-18)。

图 10-16　直腿式接球

图 10-17　单膝跪撑式接球

图 10-18　接平直球

(三)接高球

当判断好球在空中运行路线和确定接球点后,迅速移动并跳起,两臂上伸迎球,两手拇指相靠,手掌对球,当手触球时,手腕和手指适当用力将球接住,同时屈肘,回缩并下引,顺势翻掌将球抱于胸前。

图 10-19　接高球

（四）练习方法

（1）守门时按教师的示范做左右或前后的移动练习。

（2）接同伴传来的地滚球、平直球和高空球。

（3）守门员接自己对墙掷出或踢出的各种反弹回来的球。

第三节　足球比赛规则

一、比赛场地

（一）足球场的尺寸

足球场为长方形，边线的长度必须长于球门线的长度。

长度（边线）：最短 90 米，最长 120 米。

宽度（球门线）：最短 45 米，最长 90 米。

世界杯的足球场地尺寸：长 105 米、宽 68 米。

（二）球门

球门位于两条球门线的中央，它的形状可为长方形、正方形、圆形或椭圆形。球门长 7.32米、高 2.44 米（图 10-20）。

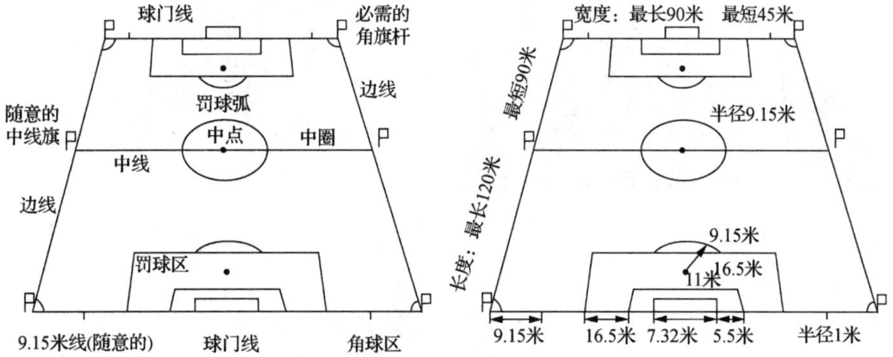

图 10-20　足球场布局

二、足球比赛用球

11 人制足球比赛用球为 5 号球，室外 5 人制足球比赛用球为 4 号球（图 10-21）。

图 10-21　各种比赛用球

（1）球的形状：圆形。

（2）球的材料：用皮革或其他适当的材料制成。

（3）球的周长：足球圆周不长于 70 厘米、不短于 68 厘米。

（4）足球的重量：足球重量不多于 450 克、不少于 410 克。

三、队员人数

（一）上场队员

一场比赛有两个队参加，每队上场队员不得多于 11 人，其中必须有 1 名守门员（图 10-22）。如果任何一队少于 7 人则比赛不能开始。

（二）替补队员

正式比赛中，每场比赛最多可以使用 3 名替补队员（图 10-23）。

图 10-22　上场队员

图 10-23　替补队员

（三）替补换人程序

（1）替补队员上场前必须先通知裁判员，然后裁判员鸣哨，宣布停止比赛。

（2）被替换下场的队员离开比赛场地后，替补队员才可以从中线处进入比赛场地。

(3)当替补队员进入比赛场地后,即完成了替补换人程序。

四、队员装备

(一)队员的基本装备

队员的基本装备如图 10-24 所示。

(a)运动上衣(有袖)　(b)短裤　(c)护袜　(d)足球鞋　(e)护腿板

图 10-24　队员基本装备

(二)服装颜色

一场比赛中,主队队员、客队队员、主队门将、客队门将、裁判员所穿衣服的颜色不能相同。

五、比赛时间

(一)比赛时间

一场比赛分为上半场和下半场两个部分,每个半场 45 分钟。

(二)中场休息

在上半场 45 分钟比赛结束后,双方队员有中场休息的权利,中场休息的时间不得多于 15 分钟,中场休息后,双方进入下半场 45 分钟的比赛。

六、计胜方法

(一)进球得分

当足球的整体从球门柱间及横梁下越过球门线,而且进球一方在之前没有犯规,即为进球得分。

(二)获胜的队

在比赛中进球数量较多的队为胜者,如果两队进球数相等或均未进球,则比赛为平局。

七、比赛开始和重新开始

(1)通过掷币,猜中的队决定上半场比赛的进攻方向或开球方。

(2)开球时,球应放在中心标记上,所有队员在本方半场内,待裁判员发出信号。当球被踢并向前移动时比赛即为进行。

(3)开球队员在球未经其他队员触及前不得再次触球,否则判由对方踢间接任意球。

(4)开球直接射门进球无效。

八、死球

下列情况比赛成死球：

(1)当球不论从地面或空中全部越过端线或边线时。

(2)当比赛已被裁判员停止时。

(3)其他所有时间均为比赛进行中，包括球从球门柱、横梁、角旗杆或比赛场地上的裁判员、助理裁判员身上弹回场内。

九、越位

(一)越位位置

(1)队员在对方半场并较球更接近于对方的球门线，且在他与对方端线之间，对方队员不足两人。

(2)队员处于越位位置并不构成越位。

(二)判越位

处于越位位置的队员，在同队队员踢或触及球的一瞬间，裁判员认为他正在干扰比赛、干扰对方队员或利用越位位置获得利益时才被判为越位。

(三)不越位

如果进攻队员直接从球门球、掷界外球、角球情况下接到球，则没有越位。

十、犯规与不正当行为

(1)裁判员认为队员故意违反下列规则中的任何一种，将判给对方踢直接任意球：

①踢或企图踢对方队员。

②绊摔或企图绊摔对方队员。

③跳向对方队员。

④冲撞对方队员。

⑤打或企图打对方队员。

⑥推对方队员。

⑦拉扯对方队员。

⑧争抢球时，在触球前触及对方队员。

⑨向对方队员吐唾沫。

⑩故意手球。

(2)如果守门员在本方罚球区内行为符合下列违例中的任何一种，将判给对方踢间接任意球：

①用手控制球后在发出球之前持球时间超过 6 秒或在发出球之后未经其他队员触及，再次用手触球。

②用手触及同队队员故意踢给他的球或同队队员直接掷入的界外球。

(3)队员在出现下列情况时，也将判给对方踢间接任意球：

①动作具有危险性。
②阻挡对方队员。
③阻挡对方守门员从其手中发球。
(4)队员行为符合下列犯规中的任何一种,将被警告并出示黄牌:
①犯有非体育道德行为。
②以语言或行动表示异议。
③持续违反规则。
④延误比赛重新开始。
⑤擅自进场或离场。
⑥故意犯规破坏对方明显的进攻机会。
(5)队员行为符合下列犯规中的任何一种,将被罚令出场并出示红牌:
①严重犯规或暴力行为。
②向任何人吐唾沫。
③故意犯规破坏对方的进球或明显的进球得分机会。
④使用无礼的、侮辱的或辱骂性的语言及动作。
⑤在同一场比赛中得到第二次黄牌警告。

十一、任意球

(一)直接任意球

如果直接踢入对方球门,判为得分;直接踢入本方球门,判给对方踢角球。

(二)间接任意球

(1)只有当球进门前触及另一名队员才可得分。

(2)裁判员判间接任意球时,应单臂上举过头,直到球被其他队员触及或成死球为止。

(3)如果间接任意球直接踢入对方球门,判为球门球。直接踢入本方球门,判给对方踢角球。

十二、罚球点球

比赛进行中,队员在本方罚球区内出现了可判为直接任意球的犯规之一,应执行罚球点球,罚球点球可直接射门得分。

罚球点球的程序:

(1)球放定在罚球点上。

(2)确认主罚球员。确认谁来踢点球,裁判员应告诉守门员他将面临哪名队员主罚球点球,以免发生麻烦。

(3)球员所处的位置:除了主罚球点球的球员和防守方的守门员外,其他球员应处于比赛场地内、罚球区外、罚球点后、距罚球点至少9.15米(10码)。防守方守门员,留在本方球门柱间的球门线上,允许他的脚沿着球门线移动,面对主罚球员,直至球被踢出。

(4)裁判员应在所有球员处于规则规定的位置后发出执行罚球点球的信号。裁判员鸣哨表明允许主罚球员开始罚球点球。

(5)主罚球员应向前踢出球。

十三、掷界外球

(1)当球的整体从地面或空中越过边线时,由最后触球队员的对方,从球越出边线处掷界外球。

(2)掷球队员必须面向场地,站在边线上或边线外,使用双手将球从头后经头上掷出,球一进入场地,比赛即为进行。

(3)掷球队员的掷球违反规则,由对方掷界外球。

(4)掷球队员在其他队员触球前再次触球,判由对方在犯规地点踢间接任意球。

(5)掷界外球不能直接进球得分。

十四、球门球

(1)当球的整体从地面或空中越过球门线,而最后触球者为攻方队员,由防守方从球门区内的任何一点踢球。

(2)如果球未被直接踢出罚球区进入比赛,应重踢。

(3)球门球不可以直接射入对方球门得分。

(4)罚球门球的程序:

①罚球门球时球必须放在球门区里,由防守方从球门区的任何一点踢球,此举是为了使比赛尽快恢复,保持比赛的流畅性。

②球必须踢出罚球区,比赛方为开始。

③当球被踢出罚球区前,对方球员不得进入罚球区。例如,当守门员把球传给站在罚球区外的同队队员时,对方球员会迅速地跑进罚球区将球截下,这是不允许的。

④球门球可以直接得分。

十五、角球

(1)当球整体无论是从空中或是地面越过球门线,而最后触球者为守方球员,且没有进球得分时,由攻方罚角球。由攻方队员将球放在离球出界处最近的角球弧内踢球,当球被移动时比赛即为进行。

(2)踢球队员在其他队员触球前再次触球,由对方在犯规地点踢间接任意球。

(3)角球可以直接射入对方球门而得分。

(4)罚角球的正确程序:

①将球放在离球出界处最近的角旗杆的角球区内,而不是由球员任选角球区踢角球。

②不得移动角旗杆。

③守方应在距角球弧至少9.15米以外,直至角球开出。

④当球被踢并移动时比赛即为开始。

⑤踢角球的队员在其他队员触球前不得再次触球。

⑥踢角球时可以直接射门得分。

作业与思考题

1. 什么是足球运动？足球运动有哪些特点和价值？

2. 什么是足球技术？足球技术在比赛中的作用和意义是什么？

3. 试分析足球中运球、踢球、接球、头顶球的技术动作过程和练习方法？

第十一章 巨人运动——篮球

知识目标

学习篮球运动的起源和发展,基本技术、基本战术的理论知识及科学健身方法。

能力目标

通过学习使学生掌握篮球的传接球、运球、投篮、抢断球等基本技术和进攻、防守战术。

情感目标

1. 培养学生勇敢顽强、拼搏进取的精神。
2. 培养学生遵守规则、尊重裁判,增进责任感和团结协作的精神。
3. 培养学生的个性发展以及良好的心理素质的培养。
4. 培养吃苦耐劳、坚韧不拔的精神。
5. 培养学生胜不骄败不馁的体育精神。

第一节 篮球运动介绍

一、篮球运动简介

篮球运动是1891年由美籍加拿大裔詹姆斯·奈史密斯发明的。当时,他在马萨诸塞州斯普林菲尔德基督教青年会国际训练学校任教。他从儿童向装桃子的篮筐内做投掷游戏而受到启发,并博采足球、曲棍球等其他球类项目的特点,创编了篮球游戏。

1896年前后由天津中华基督教青年会传入中国,随后在北京、上海基督教青年会里也有了此项活动。1904年在第3届奥运会上第一次进行了篮球表演赛。1936年第11届奥运会将男子篮球列为正式比赛项目,并统一了世界篮球竞赛规则。

篮球运动是由人体基本活动跑、跳、投等组成的快速、剧烈的运动。经常参加篮球运动,能发展灵敏、速度、力量和耐力等身体素质,促进青少年的身心正常生长发育。由于篮球运动是在团体间对抗和变化条件下进行的,因此经常参加篮球运动不仅可以提高神经系统的灵活性、应变能力和大脑的分析综合能力，还有利于提高群体意识、团结合作、顽强拼搏的意志品质和良好的心理素质。

二、篮球运动的特点

篮球运动是将球投入对方球篮，以得分多少决定胜负的集体球类运动项目。它集跑、跳、投等运动于一身，具有较强的集体性、竞争性、对抗性。能促进人体的速度、灵敏、力量、耐力、柔韧等身体素质的发展；能提高内脏器官、感觉器官和神经中枢的功能；能培养勇敢、机智、集体主义和组织纪律性等品质。它不受年龄、性别的限制，受场地因素影响较小，因此具有广泛性，深受广大群众的喜爱。

（一）参与范围广泛

根据篮球运动的特点，无论男女老少，都可以参加。打球的时间可长可短，打球的球场可大可小，有条件的可到标准球场打球。

（二）提高生命活力

篮球活动涵盖了跑、跳、投等多种身体运动形式，因此，它能全面、有效、综合地促进身体素质，为人的一切活动打下坚实的身体（物质）基础，从而提高生活的质量。

（三）满足多种需求

与其他运动项目相比，篮球活动的形式多样，具有更强的参与性、趣味性、应变性、娱乐性和竞技性等，能满足不同人群的多种需要。篮球活动的形式可因人而异，运动量可随意调节，因此适宜于各类人群的广泛参与，各类不同的参与者都能在活动场上找到展示自己的方式，满足自己不同层次的需求。

三、篮球运动的价值

篮球运动是在固定场地内，双方以投篮为中心的竞赛项目，并以投中得分获得乐趣，可见篮球运动始终具有浓厚的游戏性。篮球运动不受年龄、性别和技术的限制，因而开展得十分广泛，成为丰富人们业余文化生活的重要体育项目。篮球比赛是在攻防不断变化中进行的，运动员应具有良好的身体素质，在场上既要不断地快速奔跑，又能急起急停，所以，经常参加篮球运动，通过跑、跳、投的锻炼，对促进人体的协调性、灵活性和应变能力都会起到良好的作用。篮球运动要求运动员对场上各种变化情况具有精细的感受能力，运动员在场上完成许多复杂的动作时，动作要十分准确，而这在很大程度上要靠人体运动分析器对肌肉感觉做精确分析才能实现，如篮球运动员能够在没有视觉参加的情况下完成运球动作，就是靠运动及触觉两种分析器的精确判断来实现的。经常参加篮球的运动者，不仅肌肉会变得更加结实有力，而且内脏器官的机能也会得到明显提高，就以心脏机能为例，正常成人安静时心跳约为 72 次/分钟，并且每次心跳只能输出 50 ~ 60 毫升血液，而篮球运动员安静时，心跳为 50 ~ 60 次/分钟，每次心跳输出血液可达 80 ~ 100 毫升。安静时心跳次数减少，说明篮球运动员的心脏肌肉强壮有力，收缩一次输出的血液大大超过一般人，是机能良好的一种表现，确实有助于改善人体的心肺机能。

四、篮球场主要位置介绍

（一）控球后卫

控球后卫是球场上拿球机会最多的人。他负责组织本队的进攻，将球传到最容易得分的地方，让队友的进攻更为流畅。NBA 代表人物：史蒂夫·纳什。

（二）得分后卫

得分后卫以得分为主要任务。得分后卫的外线准投和稳定性要好，并且出手的速度快。一个好的得分后卫总能在很短的时间内找机会出手并命中目标。NBA 代表人物：科比·布莱恩特。

（三）小前锋

小前锋是球队中最主要的得分者。小前锋最根本的任务就是不惜一切代价争取得分。NBA 代表人物：勒布朗·詹姆斯。

（四）大前锋

大前锋是球队中工兵型角色。他要做好的两件事就是抢篮板和防守。NBA 代表人物：凯文·加内特。

（五）中锋

中锋是一个球队的中心人物。他是球队的攻防枢纽。NBA 代表人物：姚明。

第二节　篮球运动的基本技术

一、准备姿势与移动

移动是运动员为了改变位置、方向、速度和争取高度所采用的各种脚步动作的统称。移动是篮球进攻技术动作的基础，也是完成战术的前提。

（一）基本站立姿势

两脚前后或左右开立，距离比肩稍宽，脚跟微离地，身体重心平稳于两脚间，两膝微屈，上体稍向前倾，抬头含胸，两眼平视前方，两臂屈肘垂体侧。

（二）起动

及时、突然、快速地起动是进攻队员摆脱防守的有效方式之一。

动作要领：从正确的基本站立姿势开始，以起动方向的后脚或者异侧脚前脚掌迅速用力地蹬地，同时上体前倾或侧转，向前进方向平移，手臂摆动迅速有力，身体各部位放松，并注意观察球和同伴、对手和球篮的关系。

（三）跑

跑是运动员为了改变位置、方向和提高速度的方法，是移动方法中运用最多的一种。

1. 变速跑

变速跑是运动员在跑动中运用速度的变换来进行攻守转换的一种方法。

动作要领：跑动加速时，前脚掌短促而有力地向后蹬地，上体稍前倾，前两三步步幅小而频率快，两臂配合摆动；减速时，前脚掌用力抵住地面，减缓重心前移，步幅稍大，上体直，降低跑的速度。

2. 变向跑

变向跑是运动员在跑动中突然改变跑的方向来摆脱防守的一种方法。

动作要领：（从右向左为例）在跑动中，右脚前脚掌落地，屈膝降低重心，用前脚掌内侧用力蹬地，同时扭腰转胯，左脚突然加速向左前方迈出一小步，同时上体左侧转，腰腹配合转移重心，上体前倾向左加速跑动。

3. 侧身跑

侧身跑是运动员在跑动中为了更好地观察场上的情况和快速摆脱防守的一种方法。

动作要领：向前跑动时，头部和上体自然地转向，上体放松，脚尖朝向跑动的前进方向，保持跑动速度，同时观察场上局面。

4. 闪躲跑

闪躲跑是运动员在跑动中，合理运用虚晃动作改变跑的方向和加快跑的速度，摆脱防守获得进攻机会的方法。与变向跑相似。

（四）急停

急停是指运动员在快速跑动中突然制动。

1. 跳步急停（一步急停）

在跑动中，用单脚或双脚起跳，腾空低，两脚同时落地，落地时两脚前脚掌用力抵地，上体稍向后仰，屈膝降低重心，两臂屈肘置于体侧，两眼平视，保持身体平衡（图 11-1）。

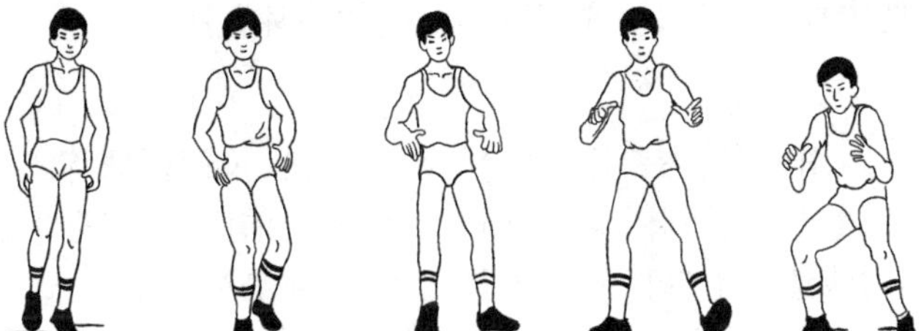

图 11-1　跳步急停

2. 跨步急停（两步急停）

在快速跑动中，先向前跨出一步，用全脚掌着地抵住地面，屈膝缓冲；同时上体稍后仰；第二步着地时，脚尖稍向内转（向第一步的方向内扣），并用前脚掌内侧用力蹬地，屈膝使重心下降，两臂屈肘置于体侧，两眼平视，保持身体平衡（图 11-2）。

图 11-2　跨步急停

（五）跨步

跨步是进攻队员急停后，以一脚为中枢脚，另一脚向左侧前方或右侧前方跨出，但不改变身体方向的一种步法，是持球突破技术常用的步法。

1. 异侧步

以左脚为中枢脚跨步时，双膝弯曲，左脚前脚掌用力抵地，右脚用力蹬地向左侧前方跨出，上体向左侧转动并前倾，同时抬头两眼平视前方。

2. 同侧步

以左脚做中枢脚跨步时，上体积极前倾，右脚迅速向右前方跨一大步，同时上体右转，左肩积极下压。左脚内侧用力蹬地，在左脚离地前，用右手推按球于右脚外侧前方，然后左脚迅速跨步抢位，加速运球超越对手。

（六）转身

转身是以一脚为中枢脚，另一脚蹬地向前或向后跨出来改变身体方向的一种动作方法。转身在篮球比赛中运用非常广泛，例如转身保护球、转身摆脱、转身跳投、转身抢篮板等。

1. 前转身

转身时，移动脚向中枢脚前的方向跨步，中枢脚提踵，前脚掌碾地，移动脚用力蹬跨，腰部扭转带动身体平稳转体。

2. 后转身

移动脚向中枢脚后的方向跨步，前脚掌碾地，膝关节内扣，配合腰部扭转，带动向后转身。

（七）跳

跳是队员在比赛中控制空间、争取高度和远度的一种方法。

1. 双脚起跳

在原地或者停后运用较多，主要用于跳球、跳起投篮、抢篮板球等。

动作要领：两脚自然开立，屈膝，重心下降，上体稍向前倾，两臂屈肘微外张。起跳时，两脚用力蹬地，两臂同时快速向上挥摆并用提腰的力量，使身体向上腾起。身体在空中要自然伸展，维持平衡。落地时，用前脚掌先着地，屈膝缓冲。

2. 单脚起跳

多在助跑情况下运用，主要用于行进中投篮、接球和冲抢篮板球等。

动作要领：起跳时，最后一步一般较小，起跳脚微屈前送，用脚跟先着地过渡到全脚掌用力蹬地，两臂上摆提腰，另一腿屈膝上提，当身体达到最高点时，摆动腿伸开，起跳自然并拢，落地时要屈膝缓冲。

（八）移动的健身方法

（1）基本站立姿势，看信号突然快速启动练习。

（2）原地做各种脚步动作，听到信号突然快速启动练习。

（3）全场徒手一对一做变向、变速、侧身跑摆脱防守练习。

(4)慢跑三至五步做跨步急停、跳起急停练习。

(5)做原地双脚跳摸高和跑动中单脚跳摸高的练习。

(6)一对一持球做跨步、前后转身练习。

二、传、接球技术

传、接球技术是篮球运动的重要技术之一,它是进攻队员在场上相互联系和组织进攻的纽带,是实现战术配合所必须具备的基本技术。传接球必须做到及时、准确、隐蔽。

(一)传球

1. 双手胸前传球

双手胸前传球是一种最基本且最常用的传球方法,可在不同方向、不同距离中使用(图11-3)。

两手手指自然分开,拇指相对成八字形,用指根以上部位持球的两侧后方,手心空心。肩、臂、腕部肌肉放松,两肘自然弯曲于体侧,将球置于胸腹之间。身体成基本站立姿势,两眼注视传球目标。传球时,后脚蹬地,身体重心前移的同时前臂迅速前伸,手腕前屈,翻腕抖腕加拨指,拇指用力向下压,食、中指用力弹拨将球传出。球出手后拇指和手心向下,其余四指向前。整个动作要协调,两手用力要均匀,全身动作要连贯,身体应保持平衡。

图 11-3　双手胸前传球

2. 双手头上传球

持球方法与双手胸前传球相同。双手举球于头上,两肘和手心向前。传球时,脚蹬地,腰腹用力带动上臂发力,小臂前摆,手腕前扣并外翻,同时拇、食、中指用力向前拨球(图11-4)。

3. 单手肩上传球

单手肩上传球是最基本的传球方法,也是经常运用的一种远距离传球方法(图11-5)。

动作要领:(以右手传球为例)两脚平行开立,传球时,左脚向传球方向迈出半步,同时双手将球引到右肩侧上方,右手大臂与地面近似平行,前臂与地面近似垂直,手腕后屈,右手持球的后下方(单手持球),重心落在右脚上。出手时,右脚用力蹬地,同时转体带动上臂迅速前甩,手腕迅速前扣,通过食、中、无名指的弹拨下压动作将球传出。球出手后,右脚向前迈出半步,保持基本站立姿势。

图 11-4　双手头上传球　　　　图 11-5　单手肩上传球

（二）接球

1. 双手胸前接球

接球时，两眼注视来球，双臂自然伸出迎球，手指自然分开，肘关节微屈，两手拇指相对成八字形，掌心稍向前，两手形成一半圆状。当手接触球后，两臂随球后引，置胸腹之间（图11-6）。

图 11-6　双手胸前接球

2. 双手头上接球

动作要领与双手胸前接球相同。只是两手臂是向前上方伸出迎球，手指向上。

3. 双手腰部接球

接球时，一脚向前跨出，上体前倾，重心落在前脚。双手向前方伸出迎球，手指自然分开，掌心向着来球方向。触球后，两臂顺势屈肘收回，接球于胸腹之间，保持基本站立姿势。

4. 双手接反弹球

接球时，目视来球，迎球上步，身体前倾。两臂向前下方伸出球，在球刚刚弹起时，五指张开手触球，顺势握球胸腹间，保持身体基本站立姿势。

5. 双手接地滚球

接球时，目视来球，向来球方向跨出一步，身体下蹲，两臂伸出迎接球，掌心向前、指朝下，触球顺势握住球。

6. 单手接球

两眼注视来球(以右手为例),手臂微屈,手指迎着来球方向自然分开。触球时,右手顺势向后下方引球,左手帮助持球。

(三)传、接球的健身方法

(1)原地两人一组一球进行各种传、接球练习。

(2)全场两人一组行进间传、接球练习。

(3)四角多球跑动的各种传、接球练习。

(4)一防二、二防三的传、接球练习。

(5)全场三人"8"字形围绕传、接球练习。

三、运球

运球是持球队员在原地或移动中,用单手连续按拍和迎引从地面反弹起来的球的动作方法,它是控制、支配球,组织战术配合及突破防守的重要手段。

(一)高运球

运球时,抬头目视前方,上体稍前倾,以肩为轴,手用力向前下方拍按球,球的落点在身体的侧前方,高运球反弹的高度高、距离远、速度快,便于观察场上情况(图 11-7)。

(二)低运球

运球时,两腿深屈,降低重心,上体前倾角度要大,以身体和靠近防守队员一侧的腿来保护球。拍球时,以肘为轴,控制球从地面向上反弹的高度在膝关节以下,以便更好地控制球和摆脱防守继续前进(图 11-8)。

图 11-7　高运球

图 11-8　低运球

(三)运球急停急起

在快速运球中,突然急停时,手拍按球的前上方,两脚做跨步急停,并降低重心,维持身体平衡。运球急起时,后脚用力蹬地,上体迅速前倾用手拍按球的后上方,迅速起动向前运球,要注意用身体和腿来保护球。

(四)体前变向换手运球

运球队员从对手右侧突破时,先向对手左侧运球,当对手向左侧移动时,运球队员突然改变方向。变向时，右手拍按球的右上方，使球落点靠自己左侧，同时，左脚向左前方跨出，上体向左扭转，侧肩，以臂、腿和上身护球，然后用左手拍按球的正后方，手的动作要快，球反弹的高度要低，右腿迅速跨出从对手的右侧突破(图11-9)。

图11-9　体前变向换手运球

(五)运球转身

运球转身时(以右手运球为例)，侧对防守，左脚在前做中枢脚，将球控制在身体右侧，右手按球的右侧上方，随着后转身右脚蹬地后撤的同时，将球拉向身体后侧方落地反弹，即换左手运球，从对手的右侧突破。

(六)运球的健身方法

(1)全场做直线、曲线高运球练习。

(2)原地做左右前后低运球练习。

(3)看信号直线做高运球、低运球练习。

(4)绕障碍物做体前变向换手运球突破练习。

(5)全场沿边线、端线做高运球、低运球、急停急起、提前变向的综合练习。

四、投篮

投篮是进攻队员将球投入篮筐的方法，是篮球运动中最重要的技术。原地投篮是篮球运动中最基本的投篮方法，是行进间投篮和跳起投篮的基础。

(一)双手胸前投篮

双手胸前投篮是双手投篮中基本的投篮方法，是其他双手投篮技术动作的基础。一般女子多用这种投篮方式(图11-10)。

动作要领：双手持球于胸前，肘关节自然下垂，两膝微屈，两脚前后或左右开立，重心落在两脚上，上体稍前倾，目视瞄准点。投篮时，两脚蹬地，腰腹伸展，抬肘，两手腕同时外翻，指端拨球，用拇指、食指、中指投出，腿、腰、臂自然伸直。

(二)单手肩上投篮

这是现代篮球运动中应用最广泛的一种投篮方法(图11-11)。

动作要领：右手五指分开，向后屈腕，屈肘持球于肩上，左手扶球的左侧，前臂与地面接

图 11-10　双手胸前投篮

近垂直，目视瞄准点，出手时，两脚蹬地发力，腰腹伸展，两臂充分伸直，拇指向前压送，两手腕同时外翻，指端拨球，用拇指、食指、中指投出，腿、腰、腹、臂自然伸直。身体重心应随出球的方向上升，脚跟提起。

图 11-11　单手肩上投篮

（三）行进间篮下单手肩上投篮

行进间篮下单手肩上投篮是快攻和突破到篮下时常运用的一种投篮方法，投球命中率较高（图 11-12）。

动作要领：投球时（以右手投篮为例），右脚向前跨出一大步接稳球，接着左脚跨小步用力起跳，右腿屈膝上抬，同时举球于肩上做好投篮准备。借左脚蹬地起跳使身体腾空，上体稍后仰，当身体腾空至最高点时，右手臂柔和地向上伸直，用手腕前屈和手指的力量将球投出。

（四）行进间单手低手投篮

动作要领：投球时（以右手投篮为例），跨右脚接球，接着用力蹬地向前上跳起，同时将球置于胸前。投篮时，左脚蹬地身体腾空，球转移到右手并上举，右手五指自然分开，掌心向上，手臂伸直，当接近球篮时，指腕上挑球前旋（图 11-13）。

（五）原地跳起单手肩上投篮

投球时（以右手投篮为例），两手持球于胸前，两脚前后（或左右）自然开立，降低重心，两膝微屈，然后迅速用力蹬地向上跳起。同时，两手持球至肩上，右手持（托）球，左手扶球的侧方，当身体接近最高点时，右臂抬肘向上伸直，腕、指用力将球投出（图 11-14）。

图 11-12　行进间篮下单手肩上投篮

图 11-13　行进间单手低手投篮

图 11-14　原地跳起单手肩上投篮

(六)接球急停跳起投篮

在快速移动中接球,用跳步急停或跨步急停,突然起跳,双手持球迅速上举,同时举球至肩上方,伸臂屈腕,手指拨球(图 11-15)。

(七)投篮的健身方法

(1)原地和行进间投篮的各种模仿练习。

(2)在半场多点、多球投篮练习。

(3)全场各种运球投篮或传、接球投篮练习。

(4)半场对抗中一对一、二对二投篮练习。

图 11-15　接球急停跳起投篮

五、持球突破

持球突破是持球队员运用合理的脚步动作与运球技术，快速超越防守队员的一项攻击性很强的进攻技术。根据持球突破采用的步法，可分为交叉步持球突破和同侧步持球突破两种。

（一）交叉步持球突破

突破时（以右脚做中枢脚为例），左脚向左侧前方迈出一小步，将防守队员引向自己左侧，同时左脚前掌内侧迅速蹬地，向右侧前方跨一大步，上体稍向右转，左肩向前下压，重心向右前方移动，左脚向右侧前方跨出，将球引于身体右侧，用右手推按球于左脚右侧前方，接着右脚蹬地加速超越对手（图 11-16）。

图 11-16　交叉步持球突破

（二）同侧步持球突破（顺步突破）

突破时（以左脚做中枢脚为例），上体积极前倾，右脚迅速向右前方跨出一大步，同时上体右转，左肩积极下压。左脚内侧用力蹬地，在左脚离地前，用右手推按球于右脚外侧前方，然后左脚迅速跨步抢位，突破对手（图 11-17）。

图 11-17　同侧步持球突破

（三）持球突破的健身方法

（1）徒手或持球做交叉步、同侧步突破练习。

（2）全场自抛自接做交叉步、同侧步突破练习。

（3）摆脱防守接球做交叉步、同侧步突破练习。

（4）半场一对一做交叉步、同侧步突破练习。

六、抢、打、断球

抢、打、断球是攻击性很强的防守战术，它是积极性防守战术。

（一）抢球

抢球的动作要快而狠，果断有力，当手指触到球或控制球的同时，利用拧、拉和身体扭转力量，同时手臂要迅速向腰腹回收，将球抢夺过来。持球的手法一般是一手在上、一手在下直握。

（二）打球

打球时一般采用与持球队员动作相反的逆向迎击，这样可借助反向合力增大击球的力量，易于将球击落。有自下而上和自上而下两种打球方法。

（三）断球

断球时，重心迅速向断球方向移动，以短而快的助跑，单脚、双脚用力蹬地跃出，身体伸展，两臂前伸，用双手或单手将球截获。

（四）抢、打、断球的健身方法

（1）原地做抢球、打球练习。

（2）打运动起步上篮的球。

（3）两人传球，两人在侧面或后面练习断球，体会断球的步法和手臂动作，攻守交换练习。

七、抢篮板球

抢篮板球是比赛中双方队员在空中争抢投篮未中的球。依据抢篮板球的动作方法，分为抢进攻篮板球和抢防守篮板球。

（一）抢进攻篮板球

进攻队员一般位于防守队员外侧，处于不利于抢篮板球的位置。因此，进攻队员抢篮板球要突出“冲”字。当同伴或自己投篮时，近篮的进攻队员首先要准确判断球的落点，利用身体虚晃的假动作，摆脱防守队员的阻挡，绕、跨、挤到对手的前面或侧后方，抢占有利位置，借助跨步或助跑起跳补篮或抢篮板球。

（二）抢防守篮板球

当对手投篮出手后，首先要注意对手的动向，并根据与对手的位置，运用上步、撤步和转身抢占有利的位置，把对手挡在身后，与此同时，观察判断球的落点准备起跳。起跳时，前脚掌用力蹬地，向上摆臂并提腰，手向球的落点方向伸展，跳至最高点触到球时，用双手、单手抢球或将球点拨给同伴。

(三)抢篮板球练习

(1)对墙自抛自抢篮板球练习。

(2)自己投篮自己冲抢篮板或补篮练习。

(3)一对一投篮后防守挡人抢篮板球练习。

(4)半场二对二、三对三攻守抢篮板球练习。

第三节 篮球运动防守的基本要求

防守是指防守队员合理利用脚步移动和手臂动作,积极抢占有利位置,阻止和破坏对手的进攻,以夺取控球权。具体运用时,要“以球为主,人球兼顾”,采取正确的姿势,选择和抢占有利的防守位置,保护适当的距离,运用灵活多变的步法,以宽阔的视野观察、判断对手的意图,随时依据对手和球的动向及时调整防守位置、距离和角度。

(一)防守无球队员

1. 防守位置

防守队员要根据球和自己防守对手所处的位置来确定和调整自己的防守位置。防守无球队员时,防守队员要处于对手与球之间,与对手、球要成钝角三角形。防守距离要根据对手与球、球篮的距离而定,对离球和球篮近的对手防守要紧,对远离球和球篮的对手可适当放松。

2. 防守姿势

防守离球较近的对手时,应采用面对人、侧向球的姿势,屈膝,重心在两脚之间,以便随时起动。近球手臂前伸,封锁其接球路线,并注意球,根据对手的移动,积极堵截对手。而当进攻队员离球较远时,可采用面向球、侧对人的姿势,两臂自然侧伸,密切观察球和人的动向,便于断球和进行协防(图 11-18)。

3. 移动步法

防守时,防守队员要根据球和对手的移动,合理运用上步、撤步、滑步、交叉步(图 11-19)和跑动等脚步动作,并配合身体动作,堵截对手摆脱移动路线,抢占有利的防守位置,不让对手在有威胁的进攻位置上接球。

(二)防守有球队员

1. 防守位置

防守队员应位于持球队员与球篮之间。一般对手离篮近则应靠近对手一些,离篮远则离对手远一些,具体根据对手的技术特点和整体防守战术而定。

2. 防守姿势

采用平步防守时,两脚平行站立,两手臂侧伸或在体前不停挥摆。这种步法防守面积大,便于向左右移动,适合于贴身防守,攻击性强,能有效地阻止对手向前的趋势(图 11-20)。

采用斜步防守时,两脚前后站立,前脚同侧手臂向前上方伸出,另一手臂平伸。这种姿势便于前后移动。

防守的针对练习:

图 11-18　基本姿势图

图 11-19　交叉步图

图 11-20　平步防守图

（1）两人一组，进攻队员原地只做投切动作，不进行投篮和突破。防守队员快速移动，及时调整重心和步法，做好防投切的选位练习。

（2）全场一防一练习，进攻队员利用各种方式运球突破防守，防守队员则随时调整步法，保持有利位置，并伺机打球。

第四节　篮球基本战术

一、进攻基础配合

进攻基础配合包括传切、突分、掩护、策应 4 种配合方法。

（一）传切配合

传切配合是进攻队员之间利用传球、切入等技术组成的简单配合。它包括一传一切和空切配合两种。

如图 11-21（a）所示，④传球给⑤后，立刻摆脱对手向篮下切入，接⑤传来的球投篮。

如图 11-21（b）所示，在⑤与⑥相互传球之际，④趁对手不备之机，突然空切篮下，接外围同伴的传球，然后投篮。

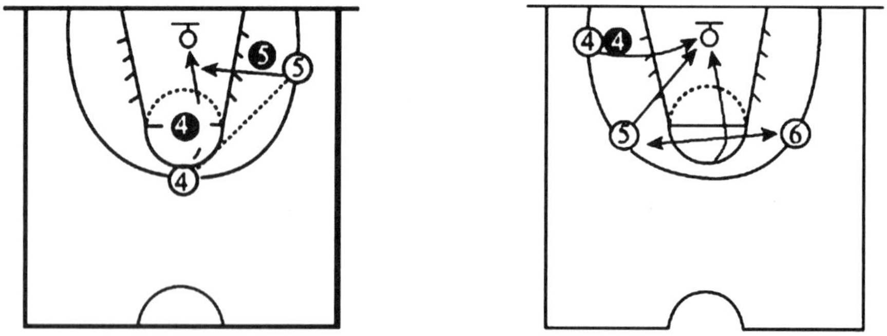

（a）　　　　（b）

图 11-21　传切配合

传切配合要求切入队员要根据情况掌握切入的时机，果断快速摆脱对手，并随时注意接同伴的传球。当切入队员已摆脱对手并处于有利位置时,传球队员应及时、准确地把球传给他。

(二)突分配合

突分配合是持球队员突破后,利用传球与同伴配合的方法(图 11-22)。

突破要突然、快速,在突破过程中做好投篮准备的同时,也要随时注意观察场上攻守队员的位置和行动,以便及时、准确地把球传给位置更有利的队友。

图 11-22　突分配合

(三)掩护配合

掩护配合是掩护队员采用合理的行动,用自己的身体挡住防守同伴者的移动路线,使同伴借以摆脱防守,或利用同伴的身体摆脱防守,从而接球进攻的一种配合方法。掩护配合可以由无球队员给有球队员掩护,也可以由有球队员给无球队员掩护和无球队员给无球队员掩护。根据掩护的位置和方向不同,掩护可分为前掩护、侧掩护和反掩护三种。

(四)策应配合

策应配合是指处于内线的队员背对或侧对球篮接球、由他做枢纽、与外线队员的空切配合而形成的一种里应外合的方法。

二、防守基础配合

防守基础配合包括挤过、交换防守、关门、夹击等配合方法。

(一)挤过

挤过是当对方做掩护,被掩护队员的防守队员主动上前时,要迅速向前跨出一步,靠近对手,从两个进攻队员之间侧身挤过,继续防守自己的对手。

挤过时要贴近对手,上前抢步要快,同时要提醒同伴,并选择协防的有利位置。

(二)交换防守

交换防守是当进攻队员利用掩护已经摆脱防守时,防掩护的队员及时与同伴交换各自的对手。交换防守前,防守掩护者的队员要主动提示同伴,换防时,动作要果断、快速。

(三)关门

关门配合是当进攻队员运球突破时,防守突破的队员向侧后方移动,同时临近突破一侧的防守队员迅速向突破队员的前进方向移动,与突破的队员靠拢,像两扇门一样关起来,堵住进攻者的前进路线。

"关门"时，防守突破的队员要积极防守，堵住进攻队员的突破路线，临近突破一侧的防守队员及时、迅速地向同伴靠拢进行"关门"，不给突破队员留空隙。

（四）夹击

夹击配合是指当进攻队员向边角运球或在边角停球时，临近的防守队员突然上前协同夹击，限制对手的正常传球和活动范围。夹击配合要果断夹击，并积极挥动手臂，封阻其传球路线。

第五节　篮球竞赛规则简介

（一）队员人数和号码

每队一般由12名队员组成。上场比赛为5人，每队队员号码应是4～15号，目的主要是避免队员得分（1～3分）、3秒违例与队员犯规后罚球次数等在判罚手势中的混淆不清。

（二）比赛时间

每场比赛分为4小节，第1、2节和第3、4节为上、下两个半时，每节比赛为10分钟。第1、2节和第3、4节之间休息时间为2分钟，两个半时中间正常的休息时间为15分钟。在前三节的每节中，每队可准予1次要登记的暂停，第4节中准予2次要登记的暂停，每一决胜期准予1次要登记的暂停，每次1分钟，决胜期比赛时间为5分钟。

（三）跳球（争球）

比赛开始，由双方各一名队员在中圈跳球。比赛中，双方队员抢球相持不下，或球由双方队员同时拍出界外，或球卡在篮圈与篮板之间，则执行交替拥有。

（四）违例

比赛场上队员出现以下情况时判违例，判由对方在违例地点附近边线外发界外球。

1. 带球走

带球队员移动，必须以一脚为中枢脚方能转身、跨步等。中枢脚不可离地，若要离地，必须在未离地前将球挪出，否则为带球走。

2. 两次运球

下面情况均为两次运球：

（1）两手同时运球。

（2）运球时手掌向下时有明显的翻腕动作或球在手中有明显的停留现象。

（3）运球结束后，球自行离手而又重新将球拿住（视有意无意）。

（4）运球后将球接住又继续运球。

3. 球出界

球或持球队员触及界线或界线以外的区域则为出界。在场外发球，触及界线及场内地面亦为违例。

4. 有关时间的违例

(1)3 秒违例:控制球队队员在对方限制区内停留超过 3 秒。

(2)5 秒违例:在罚球、掷界外球和持球队员被夹击时 5 秒内未将球掷出。

(3)8 秒违例:进攻队从后场控制球开始,未能在 8 秒内使球进入前场。

(4)24 秒违例:控制球队队员在 24 秒内未能投篮出手。

(五)犯规

1. 侵人犯规

与对方队员发生不合理的身体接触。

罚则:对投篮队员犯规判给 2 次罚球(3 分线外的投篮判罚 3 次);若投篮命中有效,则追加罚球 1 次。对非投篮队员犯规,则判发界外球。

2. 故意犯规

队员不是为了抢球,而是故意和对方队员发生身体接触,称为故意犯规。

罚则:对不持球或持球没有投篮动作的队员犯规,判罚 2 次罚球后由罚球一方队员在中场边线外发界外球。

对投篮队员故意犯规,则投中有效,判罚球 1 次后,无论中与否,均由罚球一方在中场发界外球。

3. 双方犯规

双方队员同时相互犯规。

罚则:应给每一犯规队员登记一次侵人犯规。如犯规时有一方投篮命中,则投中有效,由对方在端线发界外球。如果某队控制了球或拥有球权,应将球判给该队在最靠近犯规的地点掷球入界,如果任一队都没有控制球或拥有球权,则执行交替拥有。

4. 五次犯规

某队员全场各种犯规累计达五次。

罚则:自动退出比赛,不得再参加本场比赛,由其他队员替换。

5. 每节全队四次犯规

比赛的每节(决胜期作为下半时的继续)犯规达四次以后,每一次犯规均判罚球。

罚球:对不投篮的队员犯规,判二次罚球。对投篮队员犯规,则投中有效并追加 1 次罚球。

6. 控制球队队员犯规

失去球权,由对方在就近的边线外发界外球。

7. 技术犯规

场上队员、场外教练员、替补队员等违反规则,不服从裁判,影响比赛顺利进行的犯规。

罚则:视情节轻重,可判罚为劝告、提醒、警告;判罚球 2 次后在中场边线外由对方发界外球,直至取消比赛。

8. 取消比赛资格的犯规资格

情节十分恶劣的侵人犯规(含教练员、替补队员严重技术犯规)。

罚则:令其退出比赛,并按故意犯规的罚则进行判罚。

（六）得分相等和决胜期

下半时结束如比分相等，应延长5分钟作为决胜期继续比赛。必要时可用几个决胜期，直至分出胜负为止。在所有的决胜期中，球队应朝向第四节中相同的球篮继续比赛。每次决胜期前，有2分钟休息时间。决胜期允许有1次暂停。另外，决胜期应看作是下半时比赛的继续，或者是下半时的延时。所有决胜期间发生的犯规，都应累加在第4节全队犯规栏内和个人犯规栏内。

（七）三人篮球赛

三人篮球赛是近年来新兴起来的一种休闲运动和比赛方式。由于它具有参加人数少、场地小、时间短等特点，易于在基层开展，现在已经成为深受青少年喜爱的形式。

1. 场地

标准的半个篮球场地（14米×15米）或按半场比例适当缩小（长度减2米，宽度减1米），地面坚实，场地界线外有1.5~2米的安全地带。距地面3.05米的球篮提供给男女成年及女子高中以上、男子初中（含初中）以上青年组，距地面2.08米的球篮提供给女子初中及男女小学组。

2. 工作人员及职责

设1~2名裁判员和1名记录员。

裁判员与记录员着装一致但其颜色、款式应区别于运动员。

裁判员是比赛中唯一的宣判和终决的人员，负责在记录表上签字兼管计20秒违例。记录员兼管计时、记分，记录两队累计的分数（包括投篮和罚球的得分）、全队及个人犯规次数以及比赛时间并按规则要求宣布比赛进行的时间和比分。

3. 除下列特殊规则外比赛均按照最新国际篮球规则执行

（1）比赛双方报名为4人，上场队员为3人。

（2）比赛时间：初赛、复赛不分上、下半时，全场比赛10分钟，组织者可根据参赛队多少修订时间为12分钟或15分钟。比赛进行到5分钟和9分钟时计时员各宣布一次时间。10分钟内双方都不得暂停（遇有球员受伤，裁判员有权暂停比赛1分钟）。决赛分上下两个半时，每半时8分钟。上半时之后休息2分钟再进行下半时。

（3）比赛开始双方以掷硬币的形式选发球权。

（4）比赛开始和投篮命中后，均在发球区（中圈弧线后）掷球入场算作发球。

（5）每次投篮命中后由对方发球。所有犯规、违例及界外球均在发球区发球，发球队员必须将球传给队友，不能直接投篮或运球，否则处以违例。

（6）守方队员断球或抢到篮板球后必须迅速将球运（传）出3分线外方可组织反攻，否则判违例。

（7）24秒违例的规则改为20秒。

（8）双方争球时争球队员分别站在罚球线上跳球。

（9）比赛中每个队员允许3次犯规，第4次犯规罚出场。任何队员被判夺权犯规则取消该队比赛资格。

（10）每个队累计犯规达5次后，该队出现第6次以后的侵人犯规由对方执行两次罚球。

前五次犯规中凡对正在做投篮动作的队员犯规：如投中记录得分，记对方个人及全队犯规次数，不追加罚球，由对方发球；如投篮不中，则判给攻方1次罚球，罚中得1分，并由攻方继续发球，如罚不中，仍由攻方继续发球。

(11)只能在死球的情况下进行替换，被换下场的队员不能重新替换上场(场上队员不足3人时除外)。

(12)比赛中队长是场上唯一的发言人。

(13)比赛时间终了，以得分多者为胜方。如出现平局，初赛及复赛阶段执行一对一的依次罚球，只要出现某队领先1分即为胜方，比赛结束。如果在决赛阶段比赛时间终了，双方打成平局，则加赛3分钟，发球权仍以掷硬币的形式决定。如果加时赛仍打成平局，则以一对一依次罚球的形式决胜，某队领先1分即为胜方，比赛结束。

作业与思考题

1. 篮球有哪些基本技术？
2. 试述篮球运动的特点及其锻炼价值。
3. 试述篮球进攻战术有哪些？

★★知识窗

影响健康的因素

1. 行为和生活方式因素：指由于人们自身的不良行为和生活方式给个人、群体及社会的健康带来直接或间接的危害，它对机体具有潜袭性、累积性和广泛性影响的特点。

2. 环境因素：指以人为主体的外部世界，包括自然环境和社会环境。

3. 生物学因素：除年龄、性别等个体特征外，病原微生物是主要影响因素。

4. 卫生服务：指卫生机构和卫生专业人员为了防治疾病，增进健康，运用卫生资源和各种手段，有计划、有目的地向个人、群体和社会提供必要服务的活动过程。

第十二章　隔网对抗——排球

知识目标

学习排球运动的理论、基本技术、基本战术及科学健身方法。

能力目标

通过学习使学生掌握排球的垫球、发球、传球等基本技术及进、防守战术。

情感目标

1. 培养学生拼搏进取的精神。
2. 培养学生遵守规则、尊重裁判、增进责任感和团结协作的精神。
3. 培养学生的个性发展以及良好的心理素质。
4. 培养吃苦耐劳、坚韧不拔的精神。
5. 培养学生胜不骄败不馁的体育精神。

第一节　排球运动的概述

一、排球介绍

排球运动是两队各6名队员在规定的场地内，运用发球、垫球、传球、扣球、拦网等技术，进行攻防对抗，不使球落在本场地内的一种球类运动。排球运动由美国人威廉·摩根于1895年创造，1905年传入我国。排球运动几经演变，先后从16人制、12人制、9人制到现在的6人制。

1947年，国际排球联合会在法国巴黎成立。世界排球锦标赛、奥运会排球赛、世界杯排球赛和世界青年排球锦标赛是世界排球运动最高级别的比赛，比赛每4年举行一次。

排球运动对场地要求不高，主要规则容易掌握，运动量可大可小，不同年龄、性别和不同训练水平的人均可参加，深受人们喜爱。排球也是大、中专院校学生所喜爱的运动项目之一。

作为竞赛项目，排球运动的对抗性、技巧性、集体性很强。经常参加排球运动，可以促进人体各器官的正常发育和机能的改善，使人的动作灵活、反应迅速、弹跳力增强，并能培养人的沉着、冷静、机智、果断的品质和集体主义精神。

二、排球运动的特点

（一）运动的趣味性

开展排球运动娱乐健身的原则是自愿、自由、轻松、平等地参与运动，获得自由表现的机会，把注意力集中于活动过程的乐趣上，使参与者获得一种轻松愉快的心境。

（二）锻炼的协作性

排球是集体性的项目，能促进人们的情感交流，增进友谊，从而提高个人的社交能力，对社会的协调发展起着不可估量的作用。

（三）技术的易学性

由于排球场地的随意性和运动用球的简单性，决定了排球技术的简便易学。在运动中人们只是为了锻炼身体，而没有严格的技术要求，只需要把球打过去；同时，由于用球较软，飞行速度较慢，控球也比较容易。

三、排球运动的价值

排球运动是广大群众和青少年所喜爱的运动项目之一。运动场地小，设备简单，运动量可大可小，既可比赛也可在空地上进行传垫球练习，不分年龄、性别，融竞技、娱乐于一体。不同技术水平的人都能从中获得愉快的情感体验，不仅有无穷乐趣，而且健身效果显著。排球运动是集体项目，没有时间限制，在激烈的对抗、快速运动、突然变化、复杂的竞争中进行，使人的身体素质、心理素质得到锻炼，有利于培养机智灵活、勇敢顽强、积极果断的优良品质和团结协作的集体主义精神。

第二节　排球运动的基本技术

一、准备姿势和移动

（一）准备姿势

按身体重心的高低分为稍蹲、半蹲和低蹲 3 种（图 12-1）。其中半蹲运用较多。

1. 稍蹲

稍蹲比半蹲的身体重心稍高，动作方法相同。一般用于扣球助跑前或在对方正在组织进攻时，不需要快速起动的场合。

2. 半蹲

两脚左右开立稍比肩宽，一脚稍在前，两脚尖适当内收，脚跟稍提起，膝关节保持一定的弯曲程度。上体前倾，重心前移。两臂放松，自然弯曲，两手置于腹前，两眼注视来球，两脚始终保持微动，使神经系统处于适宜的兴奋状态。

3. 低蹲

身体重心比半蹲更低，主要用于防守和接拦回球等。

动作要领：低蹲时，两脚左右、前后的距离要更宽一些，膝部的弯曲程度大于半蹲姿势。身体重心更要靠前，两肩前探超出膝关节，膝部垂线超脚尖，手臂置于胸腹之间。

(a)稍蹲　(b)半蹲　(c)低蹲

图 12-1　三种准备姿势

4. 准备姿势的健身方法

(1)成两列横队，在教师的指导下做各种准备姿势。

(2)两人一组，一个做准备姿势，另一个人纠正其错误动作，两人交换进行。

(3)原地跑步，在跑的过程中看教师的手势、口令、哨音或其他信号做不同的准备姿势。

(二)移动

1. 概念

从起动到制动之间的位移动作称为移动。

2. 目的

为了及时接近球，保持好人与球的位置关系以便击球，同时也是为了迅速占据场上的有利位置。

3. 移动步法的种类

移动步法可分为并步、滑步、跨步、交叉步、跑步等。

(1)并步。来球距身体一步左右时可采用并步，近球一侧的脚向来球方向跨出一步，另一脚迅速有力地蹬地，并迅速跟上，做好接球的准备姿势。

(2)滑步。连续两次并步称为滑步。当来球距离身体较近、弧线较高时，可采用滑步。动作方法是向右滑步时，右脚先向右迈出一步，左脚迅速并上，落在右脚的左面。连续做并步即为滑步。向前滑步时，前脚先向前迈出一步，后脚迅速跟上落在前脚之后，如此连续做。滑步主要用于完成传球、垫球、拦网等。

(3)跨步。当来球较低且距身体较近时，可采用跨步。首先向移动方向跨出一大步，同时屈膝，上体前倾，身体重心移至跨出腿上。跨步可向前、向侧或向侧前方。

(4)交叉步。当来球在体侧约 2 米时，可采用交叉步移动，向右移动时，上体稍右转，左脚从右脚前面向右交叉迈一步，然后右脚再向右跨出一大步，同时身体转向来球方向，保持击球前的准备姿势。

(5)跑步。球距人较远时采用跑步。跑步时两臂要配合摆动,如球在侧方或后方时应边转身边跑动。

4. **移动的健身方法**

(1)全体学生分成两列或四列横队,以半蹲准备姿势站立,看教师的信号(手势或持球)做向前、向后、向左、向右移动。包括一步或两步。

(2)以滑步和交叉步进行3米往返移动,手触及两侧线。

(3)两人一组做影子游戏,一人前后左右移动,另一人像影子一样跟随。

二、发球技术

排球比赛时,有攻击性的发球,可以直接得分或破坏对方的组织进攻,为防守和反攻创造有利条件。相反,如果发球不好,就可能处于被动。

(一)正面下手发球(以右手发球为例)

1. **准备姿势**

面对球网,两脚自然开立,左脚在前,两膝微屈,上体稍前倾,重心在两腿之间,左手持球于腹前。

2. **抛球**

左手将球在体前右侧轻轻抛起,离手约一球距离,在抛球前右臂伸直以肩为轴向后摆动。

3. **挥臂**

右脚蹬地身体重心随后臂以肩为轴向前摆动而移至前脚。

4. **击球**

指、腕紧张,在腹前以全掌、虎口或半握拳击球。

5. **击球部位**

球的后下部。

6. **击球后**

身体随重心前移,迅速进场(图12-2)。

图12-2 正面下手发球

(二)侧面下手发球(以右手发球为例)

1. 准备姿势

这种发球能够利用身体的转动,便于用力。发球时,左肩对网站立,两脚左右分开与肩同宽,两膝微屈,上体稍前倾,左手持球置于胸前。

2. 抛球

发球者将球在身体的正前方抛起,高约 25 厘米,离身体约一臂远。

3. 挥臂

在抛球的同时,右臂摆至右侧下方,利用右脚蹬地和向左转体的力量,带动右臂向前摆动(手臂伸直)。

4. 击球

用全手掌、拳或虎口对准球击出。

5. 击球部位

球的后下部。

6. 击球后

身体重心协同击球前移,迅速入场准备防守(图 12-3)。

图 12-3　侧面下手发球

(三)正面上手发球(以右手发球为例)

1. 准备姿势

面对球网,两脚自然开立。左脚在前,左手托球于身前。

2. 抛球

抬臂,手掌平托上送,将球平稳垂直地抛于右肩上方,高度适中。

3. 挥臂

在左手抛球的同时,右臂抬起屈肘后引,与肩平,手掌自然张开,同时抬头、挺胸、展腹,身体重心移向左脚,然后蹬地,上体向左转动,同时收腹带动手臂挥动做鞭甩动作,以腰带动肩、肩带动前臂、前臂带动手腕。

4. 击球

右肩上方手臂伸直的最高点以全手掌击球,各手指自然张开吻合球,手腕迅速主动地推压动作使球上前旋飞行。

5. 击球部位

球的后中下部。

6. 击球后

身体随重心前移，迅速进场（图 12-4）。

图 12-4　正面上手发球

（四）勾手发球（以右手发球为例）

1. 准备姿势

这种发球速度快、力量大，有攻击性。发球时，左肩对网，两脚左右开立稍比肩宽，重心稍偏于右脚上，左手持球置于腹前。

2. 抛球

发球时，将球垂直、平稳地向左侧前上方抛起。

3. 挥臂

在抛球的同时，身体重心下降并迅速向右脚移动，以带动放松的右臂向侧后方摆动，同时作挺胸动作。

4. 击球

击球时，右脚用力蹬地，重心移至左脚上，并利用向左转体的协调力量迅速挥臂于最高点，用全手掌对准球击出。在击球的一刹那，迅速收腹屈体，并继续加大击球力量。

5. 击球部位

球的中下部。

6. 击球后

顺势迅速入场准备防守（图 12-5）。

（五）发球的健身方法

（1）按照动作要求，做徒手模仿练习。

（2）对墙发球，距离由近到远。

（3）两人一组隔网发球，距离逐渐加长。

（4）在发球区发球，要求把球发至规定区域内。

（5）准备活动后，立即转入发球，规定性能，每人发 10～20 个球。

图 12-5　勾手发球

(6)双方人数相等,发规定性能的球,每人发 10 次,计算双方的成功率。

(7)二对二、三对三接发球对抗,统计得分率。

三、传球技术

传球是组织战术的基础,主要用于衔接防守和进攻。

(一)准备姿势与迎球

稍蹲,上体抬起,但身体重心不后移,抬头看球,双手自然抬起,屈肘,放松置于脸前。来球接近额头时,开始蹬地伸膝伸臂,两手微张从脸前向前上方迎球,全身各部位动作应协调一致。

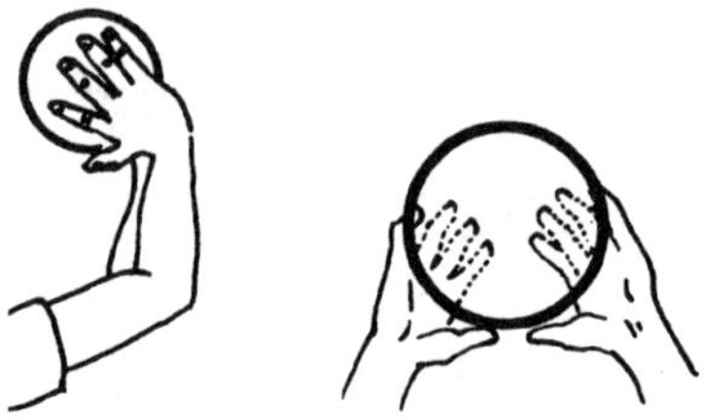

图 12-6　正面上手传球手型

(二)手型

拇指相对成"一"字形或"八"字形。传球时,手型与球体相吻合,触球面积比较大,容易控制来球,增加传球的准确性(图 12-6)。

(三)击球点

击球点在距离额前上方 1 米处,便于观察来球和传球目标,有利于控制传球的准确性,同时有利于伸臂击球。

(四)协调用力

(1)向前传球时,是用蹬地伸膝向上展体和伸臂的顺序来协调手臂传球动作,迎球伸臂由拇指、食指、中指负担球下落的力量,无名指和小指帮助控制球。手触球的刹那,手指和手腕应保持一定的紧张程度,用手指的弹力和手腕、手臂与身体伸展的协调力量将球传出(图 12-7)。

图 12-7　正面上手传球

(2)向后传球时,靠蹬腿、展腹、抬臂、伸肘的动作,通过指腕弹力把球向后上方传出,手腕要始终保持后仰,大拇指应多发力。

(五)传球的健身方法

(1)原地做正面双手上传球的徒手练习,体会正确的传球动作和正确的击球点。

(2)一抛一传。两人相距 4 ~5 米,相对站立,一人抛出弧线的球,另一人传球给抛球的人,着重体会全身协调用力,建立正确的动作概念,然后两人互换

(3)二人对传。二人一组,相距 4 米站立对传球,要求提高每个人的传球能力,能连续传球。

(4)三角传球。三人一球,三角形站立,按不同的方向传球,要求面对出球方向,保持正面出球。

四、垫球技术

垫球是用手臂利用球的反弹力向前上方击球的技术动作。垫球主要用于接发球、接扣球、接拦回球,有时也用来组织进攻。垫球的基本手型有抱拳式、叠掌式和互靠式,做到手腕下压,两臂外翻。

(一)正面双手垫球

判断来球的方向后,迅速移动到落点上,正对来球,成半蹲姿势站立。当球接近腹前时,两手掌根紧靠,两手指重叠合掌互握,两拇指平行,腕部紧靠,两手放松,手腕下压,两臂外翻形成一个平面。在球飞行到腹前一个臂距离时,两臂夹紧前伸插到球下,向前上方蹬地抬臂,用前臂腕关节以上 10 厘米左右桡骨内侧平面垫击球的后下部,身体重心随击球的动作前移将球击出(图 12-8、图 12-9)。

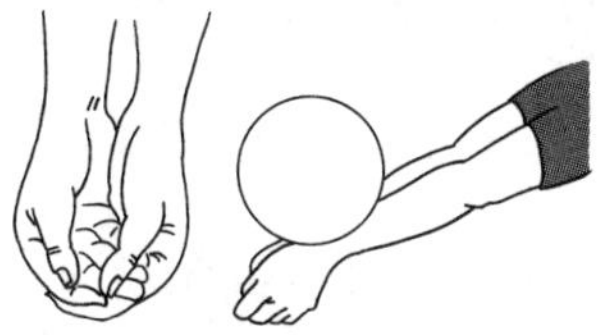

图 12-8　正面双手垫球手型及垫球部位

图 12-9　正面双手垫球

(二)体侧垫球

来球飞向体侧,队员来不及移动对正来球,可用双手臂在体侧进行垫球(图 12-10)。如球飞向体侧一步左右,因速度快或部位较低,队员应迅速向前或向侧跨出一步,屈膝制动,重心落在跨出腿上。同时上体前倾,臂部下降,两臂前伸插入球下,用前臂击球的后下部,将球击出后迅速还原。

根据垫球技术的特点,垫球时要求做到"一插、二夹、三抬臂"。

插:对准来球的方向降低重心,双臂插在球下方。

夹:两臂夹成一个平面,肘关节伸直,以前臂垫球。

抬:利用蹬地、抬臂的协调力量,把球准确地垫起。

图 12-10　侧垫球

（三）垫球健身练习方法

（1）徒手模仿垫球练习，根据教师的口令或手势集体练习。两人一组，一人双手持球于对方的正确击球点，另一人用垫球动作击球（不把球击出）；持球者将球自上向下运动，垫球者用正确动作击球的后中下部，持球者可稍加压。

（2）每人一球，自己抛球后，连续向上自垫。

（3）两人一组，相距 3 ~5 米，一抛一垫。

（4）每人一球或两人一球，对墙垫球（人与墙的距离可逐步拉长，并逐步增加高度）。

（5）两人一组，一人向另一人的两侧 1.5 米处抛球，另一人移动后正面垫球。

（6）三人一组，两人抛球，一人左右移动后正面垫球。

（7）教师在 2 号位向 5 号位抛球，学生依次轮流垫球。

（8）两人一组，隔网站立，一人持球站在端线后，另一人站在场内。端线后的队员用下手或上手发球，发至对方场区，站在场区内的队员将球垫至 2 号位或 3 号位，一定数量后两人交换。

（9）两人一组，相距 5 ~6 米，一人抛球，一人快跑转身背对同伴垫回高球。

五、扣球技术

扣球的有效发挥是得分和夺得发球权的重要手段。正面扣球的基本技术包括准备姿势、助跑起跳、空中击球和落地几个互相衔接的部分（图 12-11）。

图 12-11　扣球

(一)准备姿势

一般站在离球网3米左右,两臂自然下垂,稍蹲,脚步不要站死,注视二传队员的动作。

(二)助跑起跳

助跑根据二传球的高度、球速及个人习惯来定。现以两步助跑为例,左脚先向前迈一小步,接着右脚再迅速跨出一大步,以脚跟先着地再过渡到全脚掌着地。左脚及时并上来稍落在右脚之前。起跳时,两腿屈膝、蹬地,两臂自然向后划弧,然后向上摆动,以增加弹跳高度。

(三)空中击球

起跳后,挺胸展腹,上体稍向右转,右臂向后上方抬起,整个身体形成一个反弓形。挥臂时迅速转体,收腹,带动肩、肘、腕各部关节成鞭甩动作向前上方挥动。击球时,5指微张呈勺形,并保持紧张,以全手掌包满球,击中球的后上部,用力屈腕屈指向前推压,使扣出的球加速上旋。击球点应保持在跳起最高时,手臂伸得最直的前上方。

(四)落地

应尽量争取双脚同时落地,顺势屈膝收腹,以缓冲下落力量。

(五)扣球健身练习方法

1. 助跑起跳练习

(1)原地起跳:由站立开始,屈膝下蹲,同时两臂摆动,按教师口令迅速蹬地起跳。

(2)一步助跑起跳:方法基本同上,右脚跨出一大步,左脚迅速跟上起跳。

(3)两步助跑起跳:方法基本同上,左脚先出方向步,右脚跨出一大步并制动,左脚再迅速跟上起跳,同时两臂协调配合。助跑速度由慢到快,步幅由小到大,两步之间衔接紧密,动作连贯。

(4)从进攻线附近做两步助跑起跳。

(5)一步、两步或多步助跑起跳扣固定球。

2. 挥臂击球手法练习

(1)徒手做扣球挥臂击球动作练习。

(2)对墙掷小皮球、羽毛球、沙包均可。

(3)扣吊球或一人双手持球于头上,另一人扣球。

(4)原地对墙自抛自扣或原地起跳自抛自扣。

(5)降低球网或拉一根长绳做原地自抛自扣过网练习。

(6)快速挥臂打一定高度的树叶。

(7)手握一垒球、羽毛球或沙包,原地做挥臂甩腕掷球动作或跳起掷球过网。

(8)对墙连续扣球练习。

3. 扣球完整练习

(1)助跑起跳扣网前固定吊球。

(2)教师或学生站在网前高台上,手托球(球在网上高度根据学生身高、弹跳高度而定),学生助跑起跳扣球,在学生击球一刹那间教师及时撤手。

(3)结合二传扣一般高球。

(4)结合一传练习扣球方法。

(5)6号位(或5号位)队员接从对方场地抛或发过来的球垫给网前2号位队员作二传,

4 号位队员助跑起跳扣球。

（6）两人或三人接从对方场地抛或发过来的球后传，调整二传，扣调整球。

（7）对方发球，六人接发球组织进攻。

六、拦网技术

拦网是得分和夺取发球权之一的手段。当前世界排球技术日趋成熟，战术日益复杂，网上争夺是排球比赛的焦点。因此，拦网的作用已不是消极的拦阻和被动的防御，而是具有极强的进攻性。拦网的优势是决定比赛胜负的一个重要因素。拦网可分为单人拦网和集体拦网，包括准备姿势、移动起跳、空中拦网、落地 4 个部分（图 12-12）。

图 12-12　拦网

（一）准备姿势

队员面对球网，两脚平行开立，约与肩同宽，距离网 30 ~ 40 厘米。两膝稍屈，两臂在胸前自然屈肘。

（二）移动起跳

根据对方二传球高低、远近、球速及个人习惯，可采用并步、交叉步、跑步等方法，重心降低，两膝弯曲，用力蹬地，两臂加速向前上方挥动抬起，使身体垂直起跳。

（三）空中拦网

起跳时，两手贴近额前并平行球网向网上沿的前上方伸出，两臂伸直，两肩尽量上提，两臂保持平行。拦网时，两臂尽力过网伸向对方上空，两臂间隔以左右拇指间不漏球为宜。两手接近球时自然张开，屈指屈腕呈勺形。当手触球时，两手突然紧张，手腕用力下压盖住球的前上方。

（四）落地

如已将球拦回，则可面对对方，两腿屈膝缓冲，双脚落地。如未拦到球，则在下落时就要随球转头，并以转头方向相反的一只脚先横过来落地，随即转身面向后场。

（五）拦网健身练习方法

1. 徒手模仿练习

（1）原地做拦网的徒手动作。

（2）教师站在高台上双手持球，学生轮流起跳拦网。

（3）两人隔网相对站立，向左（或右）移动一步起跳拦网。

（4）低网扣拦练习。扣球人对准拦网人自抛自扣，当扣球人击球时拦网人伸手拦网但不起跳。

(5)由4号位向2号位、3号位做并步、交叉步或跑步移动起跳拦网，也可从2号位向4号位方向移动。

(6)两队员隔网相对，对称移动起跳拦网，空中两人双手互击掌。

(7)两人在中间3号位拦网后，向两边移动与2号位和4号位配合双人拦网，而后站在2号位和4号位，原2号位和4号位队员跑到排尾。

(8)两人在3号位隔网相对站立，听口令后原地起跳在网上双手击掌，落地后根据口令向左或右移动，与站在网边2号位或4号位队员一同起跳拦网，落地后跑到本方排尾。

2. 空中拦网练习方法

(1)一扣（自抛自扣）一拦，可用低网不起跳做扣拦，也可跳起扣拦。

(2)教师在高台上扣球，队员轮流练习（先原地，后移动）。

(3)三人一组，一抛、一扣、一拦，轮流做，定数交换。

(4)教师抛球，前排3个位置轮流扣球，另一方三人固定位置拦网，定数轮换位置。

(5)二对一扣拦对抗，一方2号位和4号位轮流扣抛球，另一方一人两边跑动拦网，定数交换。

3. 结合扣球的拦网练习方法

(1)对方4号位扣固定方向的球，本方2号位拦网，定数交换。

(2)对方2号位扣固定方向的球，本方4号位拦网，定数交换。

(3)对方2号位或4号位扣不定向、不同高度和弧度的球，本方进行单人拦网。

(4)对方组织“中一二”或“边一二”进攻战术，本方组织单人拦网。

(5)在教学比赛和各种比赛中加强拦网的实战练习。

第三节　排球基本战术

在排球战术中攻防是一个事物不可分割的两个方面。因此，可根据对方进攻来球的不同，将排球比赛中个人与集体、进攻与防守的战术行为划分为四大系统：接发球进攻系统（简称“一攻”）、接扣球进攻系统（简称“防反”）、接拦回球进攻系统（简称“保攻”）、接推吊球进攻系统（简称“推攻”）。

一、阵容配备与位置交换

（一）阵容配备

1. 场上队员的职能分工

根据比赛中每个队员的职能分工，将场上队员划分为主攻队员、副攻队员、二传队员、接应队员、自由人。

(1)主攻队员：主要以强攻手段突破对方拦网得分。主要进行中、远网和后排的调整扣球进攻，即强攻扣球。

(2)副攻队员：主要以快攻手段突破对方拦防得分。主要进行近、中网低弧度二传球的快攻扣球，即快攻扣球。

(3)二传队员:主要以传球的方式组织场上进攻队员的扣球进攻。二传队员是全队战术进攻的组织核心,是场上的灵魂。

(4)接应二传队员:兼有进攻队员和二传队员的双重职能。接应二传队员的进攻主要集中在场地右侧进行强攻、快攻、平快掩护攻和立体进攻。

(5)自由防守队员:专司接发球和后排防守,能大大提高本队的防守水平。

2. 阵容配备及其主要形式

阵容配备指比赛中场上不同职能分工队员的搭配组合。主要形式有“四二”配备、“五一”配备两种。

(1)“四二”配备

“四二”配备即场上两个二传手、四个攻手(其中两个主攻手、两个副攻手),安排在对称的位置上(图 12-13)。每一轮次前排都有一个二传队员和两个进攻队员,便于组织前排二传传球的两点进攻和后排二传插上传球的三点进攻。但每一个进攻队员必须熟悉两个二传队员的传球特点,配合比较困难。

(2)“五一”配备

“五一”配备即场上一个二传队员,五个进攻队员(图 12-14)。为了弥补有时主要二传队员来不及传球所出现的被动局面,通常在二传队员的对角位置上,配备一名有进攻能力的接应二传队员。二传队员在前排时采用两点进攻,在后排时采用进攻和拦网的力量。“五一”配备中,全队进攻队员只需适应一名二传队员传球的习惯、特点,容易建立配合间的默契。但防反时,一传队员如果在后排,要插上传球,难度较大。

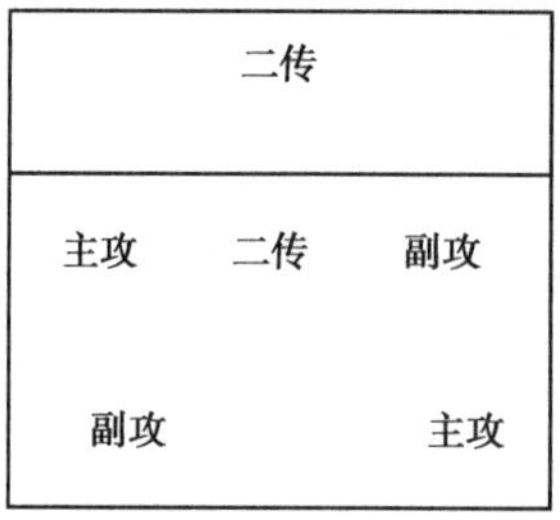

图 12-13 “四二”配备

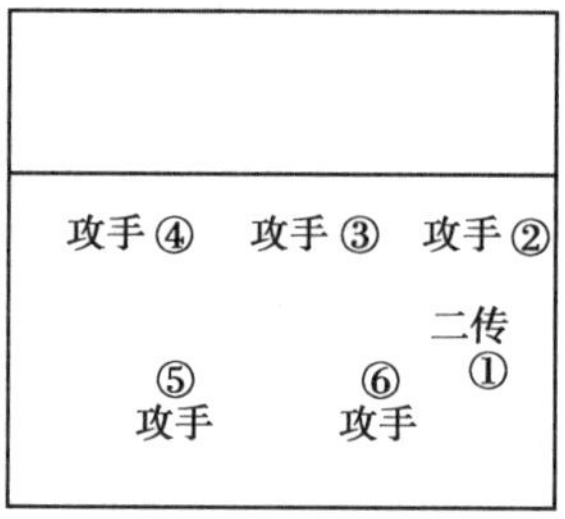

图 12-14 “五一”配备

(二)位置交换

换位的规律是把在前排的主攻队员换到 4 号位;把拦网好、移动快、连续起跳能力强的副攻队员换到 3 号位;二传队员换到 2 号位。在后排,主攻队员换到 5 号位,把防守灵活的副攻队员换到 6 号位,二传队员换到 1 号位。

二、进攻战术

进攻战术可分为“中一二”进攻、“边一二”进攻、插上进攻、二次球进攻、后排进攻五种。以下主要介绍“中一二”进攻和“边一二”进攻战术。

(一)“中一二”进攻

由 3 号位队员作二传,2 号位或 4 号位队员进攻的配合形式称为“中一二”进攻(图 12-15)。“中一二”进攻战术容易组织,比较简单,是初学者进攻、反攻中常用的进攻阵式。

练习方法：

(1)熟悉位置和跑动路线的练习方法：

A. 本方 6 号位抛给 3 号位队员作二传，组织“中一二”进攻战术中主要的 2 号位或 4 号位拉开进攻。

B. 隔网抛球，定位垫球，组织“中一二”进攻战术的小组配合练习。

C. 隔网抛球，进行全队战术配合练习，要求场上每个队员熟悉自己的位置和职责。

(2)二传队员传球的练习方法：

A. 要求 3 号位队员根据不同的来球移动抢位，运用正面传球和背传技术传出各种不同弧度和落点的球。

B. 要求 3 号位二传队员在每传一次球后，立即向传球方向跑动，绕过 4 号位或 2 号位队员后，再跑回 3 号位传球。

(3)二传和扣手的配合练习：

A. 由后排专人供球，3 号位队员为二传，4 号位队员扣球。

B. 由后排专人供球，3 号位队员背传 2 号位队员扣球。

C. 按此方法，还可以进行 4 号位扣快球、2 号位扣背快等练习。

D. 3 号位二传队员运用正面传球或背传，将球传给 4 号位或 2 号位队员扣球。

(4)结合接发球或拦网的对抗练习：

A. 接对方发球后，全队组织“中一二”进攻战术的练习，发球的力量不要太重。

B. 接发球后，全队组织“中一二”进攻，完成进攻后，立即后撤再次接从对方场内抛来的球，并组织“中一二”进攻战术。

C. 双方组织接发球后的“中一二”进攻。

D. 全队组织“中一二”接发球进攻，并增加对方拦网，提高实战性的练习。

(5)成队对抗比赛：

A. 接场外抛球，双方组织“中一二”进攻。

B. 在教学比赛的攻防中组织“中一二”进攻。

(二)“边一二”进攻

由前排 2 号位队员作二传，把球传给 3 号位或 4 号位队员进攻，称为“边一二”进攻(图 12-16)。“边一二”进攻的优点是右手扣球者在 3 号位或 4 号位扣球都比较顺手，战术变化也较“中一二”进攻多；缺点是 5 号位接一传时离 2 号位距离较远，控球难度大。

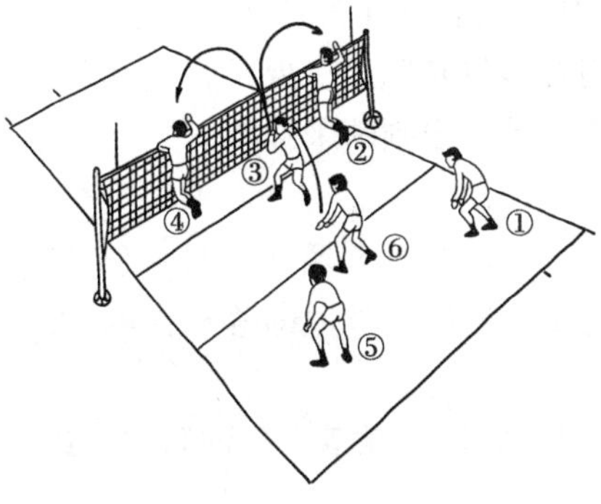

图 12-15　“中一二”进攻

图 12-16　“边一二”进攻

练习方法：

(1)熟悉球路和位置的练习。从对方场地抛球给后排队员，垫给2号位队员，由2号位队员传起后，3号位或4号位队员移动上前把球传过网。每个轮次抛2~3次然后过渡到3号位或4号位队员扣球。

(2)二传手与扣球手之间的小组配合练习。本方抛球由二传手传球后，3号位队员扣快球，4号位队员拉开扣一般高球。

(3)方法同上，由4号位队员跑动扣快球。3号位队员绕过4号位队员做前交叉进攻。

(4)4号位队员持球并将球传给2号位队员，立即跑动上前扣快球，这时在2号位队员身后的教师抛出半高球，由3号位队员绕过4号位队员上前扣球。

(5)本场抛球，4号位队员扣快球，3号位队员绕至二传背后扣快球。

(6)发、垫、传、扣的整体配合。

(7)增加队员拦网的整体配合。

(8)在防守的基础上运用"边一二"进攻战术的练习。由场外抛球式扣球，双方在防守后组织"边一二"进攻。若失误，则继续由场外抛球或扣球进场，在对抗中提高运用能力。

三、防守技术

集体防守技术包括无人拦网防守、单人拦网防守、双人拦网防守、集体拦网防守四种。以下主要介绍双人拦网防守。

(一)双人拦网防守

双人拦网防守技术，一般是在对方进攻威力较强，为了加强本方防守反攻的情况下采用。如对方4号位队员进攻(与从2号位进攻原理相同)，本方由2号位和3号位队员组织双人拦网，4号位队员后撤参加后排防守，四个防守队员形成面对进攻方向的弧形防线。这种防守方式的缺点是拦网和防守队员之间的空隙较大，形成"中空"，如果对方突然改变进攻方式，用吊球或轻扣至"中空"地区，就给防守造成很大的困难。为了解决"中空"的问题，通常是明确规定1号位队员随时跟进，担负保护拦网和防吊球任务。1号位队员要根据对方扣球的特点、二传的情况和我方拦网的情况做出判断，机动灵活地采用"跟进"的行动。"跟进"的方向和地点，要根据临场的情况来选择，一般不要跟得离网太近。当1号位队员"跟进"后6号位队员应注意弥补1号位的空当。对方吊到球场中央空当的球，可以由不参加拦网的4号位队员做内撤接救。但这种方法对组织反攻不利，4号位队员由防守转入反攻比较困难，这需要快速才能完成连续动作。还有采用6号位专职跟进保护拦网和防吊球的阵式，其弱点是后区有空当区，可用加强拦网及5号位队员加强判断来弥补。

(二)练习方法

(1)六个队员在场上站在1号位至6号位上，教师在对方场区2号位、4号位持球高举网上(不掷球)。当教师在4号位持球时，2号位和3号位队员立即移动拦网，其他队员迅速组织双人拦网防守，徒手跑动变换到位。

(2)教师在2号位或4号位高台上扣球结合吊球，队员做双人拦网防守和组织反攻战术练习。

(3)结合教学比赛，提高在实战中运用防反战术的能力。

第四节　排球运动的主要规则

排球规则是由技术性规定、非技术性规定和场地设备要求等方面的内容组成的。场地设备、比赛的方法，以及参赛人数等方面的规则，规定了排球项目不同于其他运动项目的性质。比赛参加者的权力与责任、比赛的间断及延误比赛、队员的不良行为等方面的规则，规定了排球运动参加者必须在公正和遵守体育道德的环境中进行比赛。规则中大量清楚的技术定义，是排球运动的核心，也是我们必须掌握的基本内容。随着排球运动的不断发展和众多客观条件的需要，规则在对技术性规定的要求上逐渐放宽，趋于简单。这样将更便于人们去了解规则、了解排球。

（一）比赛场地

排球比赛场地包括比赛场区和无障碍区。比赛场区为长 18 米、宽 9 米的长方形，四周至少有 3 米宽呈长方形对称的无障碍区，从地面量起至少有 7 米的无障碍空间。国际比赛的场区边线外的无障碍区至少有 5 米，端线后至少有 9 米，上空的无障碍空间至少有 12.5米。

（二）比赛场地的区域

1. 比赛场区

由中线的中心线分为长 9 米、宽 9 米的两个相等的场区（图 12-17）。

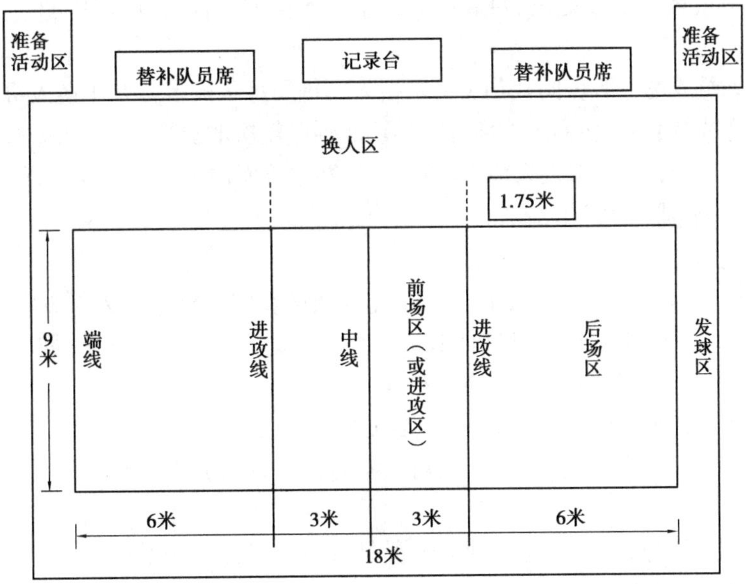

图 12-17　排球场地布局

2. 前场区

每个场区各划一条距离中线中心线 3 米的进攻线（其宽度包括在内）。中线与进攻线之间为前场区（或进攻区）。

3. 换人区

两条进攻线的延长线之间，记录台一侧边线外的范围为换人区。

4. 发球区

在两边的端线外，两条边线的延长线上，各划两条长15厘米，垂直并距离端线20厘米的短线，两条短线之间为发球区。发球区的深度延至无障碍区的终端。

5. 准备活动区

在两个无障碍区外的替补席远端，划3米×3米见方的区域为准备活动区。

（三）队员的站位与发球

站在靠近网的2号位、3号位、4号位为前排，站在后排的1号位、6号位、5号位队员为后排。比赛开始，先由发球队的1号位队员在端线后任何一点进行发球，如果发球一方胜，算得1分，继续发球。如发球一方失误则判接球方得1分，并获得发球权。

（四）计分办法

正式比赛采用5局3胜制，每球得分制，前1至4局每局25分。在比赛中如双方打成24平，先赢2分的一方胜此局。第5局（决胜局）先得15分且领先对手2分的一方为胜；必须重新选择场地或发球权，任何一方先得8分，双方应交换场地后仍按原站位置继续比赛。

（五）暂停与替换

1. 暂停

①每局一方以8分和16分领先时，比赛进行30秒的技术暂停；

②经教练员或场上队长提出，每局有权请求1次暂停，每次暂停不得超过30秒。

2. 替换

必须经教练员或场上队长向裁判员要求换人。每局每队最多有6次换人机会。每局开始上场的队员只能被换下1次，再次上场时则必须回到原轮次的位置，替补队员每局只能有1次换上场的机会。一个队在请求换人前后，可不经比赛过程而请求1次暂停，但不得连续换人。

（六）网下穿越与触网

1. 网下穿越

在比赛中间，不妨碍对方比赛的情况下，允许队员在网下穿越进入对方空间：

①队员的一只（两只）脚或一只（两只）手越过中线触及对方场区的同时，其余部分还接触中线或者于中线上空是允许的，不判为犯规。

②队员身体的任何其他部分都不允许接触对方场区。

③在不影响对方比赛的情况下，队员可以穿越网进入对方无障碍区。

2. 触网

比赛中，除击球触网和干扰比赛两种情况外，比赛中触网、触及网柱、全网长以外的网绳或其他任何物体不算犯规。

（七）队员位置错误

在发球队员击球的一刹那违犯了下列规定，应判队员位置错误：

①每一名前排队员一只脚的某部分必须比同列后排队员的两脚距中线更近。

②每一名右边及左边队员的一只脚的某一部分必须比同排队员的两脚距同侧边线更

近。不同排、不同列的队员不存在位置错误。发球击球之后，双方队员可以在本场区内任意交换位置。

（八）持球与连击

1. 持球

指一名队员没有将球击出，造成接触球或抛出，如捞、捧、推挪、携带球都应判持球犯规。

2. 连击

指一名队员连续击球 2 次或球连续触及他身体的不同部位。

（九）网上犯规

1. 网上球

球的整体已经越过球网垂直面，再去击球，即判过网击球犯规。如果球在球网上沿垂直面时，则双方都可以击球。击球时双方在网上同时持球，应判双方持球犯规。双方同时击球后，球沿网触标志杆，则判双方界外球。

2. 拦网

前排队员用身体任何部位在球网附近高于球网上沿试图阻挡对方击过来的球的行为称为拦网。拦网触球不算 1 次击球，该队仍有 3 次击球机会。如拦网时球触及 1 名或几名拦网队员的手，均作为拦网，不算 1 次击球。但某一队员在距个人拦网或集体拦网队员较远的地方进行拦网，而他又触及被拦网队员拦起的球，则为该队第一次触球。拦网时，拦网队员可将手伸过网，但必须在对方向拦网一方击球后，方可触球，否则判过网拦网犯规，对发球的拦网是被禁止的。

（十）后排队员犯规

后排队员在前场区或踏及进攻线及其延长线，将整体高于球网上沿的球直接击入对方场区，或后排队员在前场区参加拦网均为后排队员犯规，也称后排队员进攻性击球犯规、后排队员拦网犯规。

（十一）发球

1. 合法发球

（1）发球顺序：

①第 1 局和第 5 局（决胜局）由抽签选定发球权的队首先发球，其他各局由前一局未首先发球的队发球。

②队员发球的次序按位置表上的顺序进行（1 号位队员）。

③当发球队胜 1 球时，原发球队员继续发球。

④当接发球队胜 1 球时，计 1 分并获得发球权，按顺时针轮转，由前排右队员转至后排右队员进行发球。

（2）发球的执行：

①球抛起或持球手撤离后，必须在球落地前，用一只手或手臂任何部分将球发出。

②发球员在击球时或击球跳时，不得踏及场区（包括端线）或发球区以外地面。

③如果球被抛起或持球手撤离后，未触及发球队员而落地（称为发球试图），发球员可在鸣哨 3 秒钟内再将球发出，但只有一次。

（3）发球球触及网上沿进入对方场区内，比赛继续进行。

2. 发球犯规与罚则

(1)凡违反上述合法发球规定的均为发球犯规。

(2)发球击球后的犯规:

①球触及发球队队员或没有通过球网的垂直平面。

②界外球。

③球越过发球掩护的个人或集体。

(3)罚则:发球犯规由对方获得发球权并计1分。

(十二)界内球与界外球

1. 界内球

球触及比赛场区的地面(包括界线)为界内球。

2. 界外球

①球接触地面的部分完全在界线以外。

②球触及场外物体、天花板或非比赛成员等。

③球触及标志杆、网绳、网柱或球网标志杆以外部分。

(十三)局间休息与交换场区

(1)局间休息均为3分钟。如果组织者提出要求,并经过有关单位批准时,在第2局与3局之间休息可延至10分钟。

(2)每局结束后,比赛队交换场区,队的其他成员交换球队席(决胜局除外)。

(3)决胜局中某队先得8分时,两队交换场区,不休息,队员在原来的位置继续比赛。如果没能及时交换场区,应在此错误被发现时立即进行交换,保留已得比分。

(十四)后排自由防守队员

后排自由防守队员俗称自由人。自由人具有以下特点:

①各队允许报1名。

②比赛时其服装颜色有别于他人。

③比赛时仅能参与防守,不允许发球、拦网和拦网试图。

④在前场区运用上手进行传球,不允许同伴在高于球网外完成对该球的进攻性击球,但自由人可以在后场区自由传球。

⑤自由人的替补必须于一球落地之后到第一裁判发球哨音响起前完成,教练无须请求自由人替补或使用号码,自由人的替换不受规则限制,不受裁判员的制约可自由上下场,但必须在成死球时,并只限于替换同一人,且同一自由人的替换至少须以一球的往返为间隔(即一次死球)。

⑥自由人不得为球队队长。

作业与思考题

1. 简述排球运动的特点以及运动价值。
2. 排球有哪些基本技术?

第十三章　变幻莫测——乒乓球

知识目标

学习乒乓球运动的理论、基本技术、基本战术及比赛规则。

技能目标

通过学习使学生掌握乒乓球的握拍、发球、推挡、攻球等基本技术及科学健身方法，培养学生学习乒乓球的兴趣及为终身体育锻炼打好基础。

情感目标

1. 培养学生勇敢顽强、拼搏进取的精神。
2. 培养学生遵守规则、尊重裁判，增进责任感和团结协作的精神。
3. 培养学生的个性发展以及良好的心理素质。
4. 培养吃苦耐劳、坚韧不拔的精神。
5. 培养学生胜不骄败不馁的体育精神。

第一节　乒乓球运动概述

乒乓球，被称为中国的国球，是一种世界流行的球类体育项目，包括进攻、对抗和防守。2001 年 9 月 1 日前以 21 分为一局，现以 11 分为一局，采用三局两胜、五局三胜、七局四胜制。乒乓球为圆球状，重 2.53 ~ 2.70 克，白色或橙色，是以高分子聚合物为原料的新型塑料球。

一、乒乓球运动的起源

"乒乓球"一词起源于 1900 年，因其打击时发出"Ping Pong"的声音而得名，由室内网球演变而来，也称桌上网球。1926 年，在英国伦敦举行了国际乒乓球邀请赛，后被追认为第一届世界乒乓球锦标赛。

乒乓球竞赛项目分为团体赛和单项比赛两大类。团体赛有男子团体和女子团体两项。单项比赛有男子单打、女子单打、男子双打、女子双打和男女混合双打五项。1913 年乒乓球运动传入我国,并在 20 世纪 60 年代乒乓球运动迅速崛起,出现了直板快攻打法,先后有 100 多人登上世界乒坛最高奖台,创造了国际乒坛历史上的奇迹。乒乓球运动在我国开展得非常广泛,深得广大青少年和群众的喜爱,各级学校普遍将乒乓球运动列为体育课的教学内容之一。

二、乒乓球运动的特点

(一)易于开展和普及

乒乓球运动的基本技术易学,没有身体接触,比赛规则容易掌握,而且器材设备简单经济,在室内外都可以进行,运动量应根据个人乒乓球技术水平的高低来掌握,不受年龄、性别和身体条件的限制,因此具有广泛的适用性和群众性。

(二)易于激发兴趣

乒乓球具有开放性、多样性、精细性三大特征,是智能、技能、体能三者兼容、斗智斗能的项目,也是速度快、变化多、击球技巧性强、兴趣易于激发的运动项目。

三、乒乓球运动的价值

(一)培养顽强的拼搏精神

激烈的乒乓球比赛,既是比技术、比战术,更是比意志品质和拼搏精神,“人生能有几回搏”就是拼搏精神的写照。胜不骄败不馁、永不言败、敢为人先、自强不息是一个民族的灵魂,对于个人来说更是一种优秀的人格品质。

(二)促进身心健康

乒乓球运动的特点是:球小,速度快,变化多。经常参加乒乓球运动能提高人的中枢神经系统的灵活性,使人反应灵敏;提高呼吸系统、血液循环系统的机能和耐久力,对调节改善人的情绪,培养良好的心理素质大有益处。

(三)促进人际的交流

“以球会友”“小球转动了大球——地球”,乒乓外交就是通过中美两国运动员间切磋球艺,增进了解与沟通,促进了国与国之间、运动员与运动员之间的交往与交流,增进了友谊,加强了联系,改善了中美关系。另外,乒乓球运动对大众健康和积极的生活方式起到了推动作用。

第二节　乒乓球基本技术

一、握拍法

握拍法是指运动员手握乒乓球拍的方法,有直板握拍和横板握拍两种。选用何种握法因人而异,可根据个人身体条件、兴趣爱好、技术特点选择一种适合自己的握拍法。

(一)直板握拍法

拍前,以食指第二指关节和拇指第一指关节扣拍;拍后,三指自然弯曲贴于拍的1/3上端这种握法称中钳式(图13-1)。直板握拍的特点是手腕灵活,处理台内球容易。

图13-1　直板握拍法

(二)横板握拍法

中指、无名指、小指自然弯曲握住拍柄,拇指压在球拍正面,食指自然伸直放于球拍的背面,虎口贴于拍肩(图13-2)。此握拍法适用于快攻型、弧圈型或攻削结合型打法。

图13-2　横板握拍法

二、站位、基本姿势与步法

打乒乓球时的基本站位应根据不同类型的打法、个人技术特点和身体特点来选定。一般情况如下(以右手握拍为例):

(一)左推右攻打法的基本站位

在近台偏左,距球台30~40厘米;两面攻打法的基本站位:在近台中间偏左,距球台40~50厘米;弧圈球打法的基本站位:在中台偏左,距球台50厘米左右;两面拉弧圈球的基本站位:在中间略偏左;攻削结合型打法的基本站位:在中远台。

(二)击球前身体的基本姿势

两脚开立,比肩稍宽,保持身体平稳,脚跟稍提起,前脚掌着地,两膝微屈,上体略前倾,重心置于两脚之间。下颌稍内下收，两眼注视来球，持拍手自然弯曲，置于身体右侧，手腕适当放松。

（三）步法

1. 单步

以一脚为轴，另一只脚向前或向后、左、右移动，常在打定点球、还击追身球或近网球时采用。

2. 跨步

以一只脚向前、后、左、右的不同方向跨出一大步。身体重心随即移到摆动腿上，而另一脚再迅速跟着移动，常在扑救险球时，或正手打回头球时采用。

3. 跳步

以来球方向的异侧脚蹬地为主，两脚发力同时离地，异侧脚先落地，另一脚随即着地即挥拍击球，一般在来球离身体较远较急时采用。

4. 交叉步

双脚同时向来球方向侧蹬，以来球方向的异侧脚发力为主，并迅速向来球方向提摆跨出一大步，两脚交叉，然后同侧脚迅速跟上还原成准备姿势，挥拍击球。

5. 侧身步

这是左推右攻运动员常用的打法。击球时以左脚为轴，右脚向左后方移动微收腹，侧身让出空隙来击球。在来球追身时，侧身应较大，开始右脚蹬地发力，左脚向球台外跨出一步，然后右脚靠腰部扭动后跟上。

三、推挡

推挡是我国直拍快攻打法的基本技术之一，是乒乓球初学者首先应该学习的技术，具有站位近、动作小、速度快、变化多等特点。

（一）推挡的类型

1. 快推

击球前，上臂靠近身体适当后撤引拍，拍基本与台面垂直，球拍略高于来球或与球同高。击球时，手臂迅速前迎，在来球的上升期触球，前臂手腕用力向前将球推出，触球的中上部，食指用力压拍（图 13-3）。

图 13-3　快推

2. **加力推**

幅度比快推大，当球弹至上升后期或高点期，利用伸髋和转腰动作加大手臂向前的推击力，并用中指顶住球拍（图 13-4）。

图 13-4　加力推

3. **减力挡**

击球前不用撤臂引拍，可稍屈前臂调整球拍后位置，当球弹起时，手臂身体前移迎球，触球瞬间控制好拍型，不要向前用力撞球，甚至还略有后缩动作，借来球力将球反弹回去（图 13-5）。

图 13-5　减力挡

（二）练习方法

（1）徒手做推挡模仿动作，体会动作要点。

（2）在台上两人互推斜线或直线，待熟练后逐渐增加力量和速度。

（3）一人攻球，另一人推挡。定点定线，两人轮换。

四、发球

发球是乒乓球比赛中每一分的开始，是乒乓球技术中唯一不受对方制约和限制的技术，在规则允许的范围内，可以最大限度地施展自己的战术意图。发球的种类很多，根据旋转可分为转与不转和侧旋发球等。

（一）正手发下旋转与不转球

（1）持球手将球抛起后，持拍手向后上方引拍，拍呈横状。

（2）发下旋球时，拍面稍后仰，手臂向前下方挥摆，用球拍下部靠左的位置摩擦球的底部，触球瞬间手腕有一定爆发力。

（3）发不转球时，动作的轮廓与发下旋球时一致，只是减小拍面后仰角度，用球拍中下部偏右的位置触球的中下部，触球瞬间用拍推球（图 13-6）。

图 13-6　正手发下旋转与不转球

（二）练习方法

（1）徒手做抛球接发球的模仿动作。

（2）两人一个发球，一个接球，只进行发、接球练习，要求定点、定线。

（3）结合规则对发球的要求进行练习。

（4）发球结合抢攻，提高发抢意识。

五、攻球

攻球具有力量大、速度快等特点，是比赛中争取主动、克敌制胜的重要手段。攻球技术分为正手攻球和反手攻球。

（一）正手攻球

基本姿势：击球前身体稍向右转，腰带臂横摆（忌大臂后拉牵肘）引扣至身体右侧，重心落于右脚，体臂夹角为 35° ~40°，前臂自然弯曲约 120°，球拍略前倾，手腕自然放松。击球时，右脚稍用力蹬地，腰向左转带动手臂向球上方挥动迎球，触球瞬间，前臂用力收缩，触球的中上部，手腕辅以发力，身体重心由右脚移到左脚，球拍因惯性顺势挥至头左侧。球击出后，迅速还原，手臂放松，准备下一板击球（图 13-7、图 13-8）。

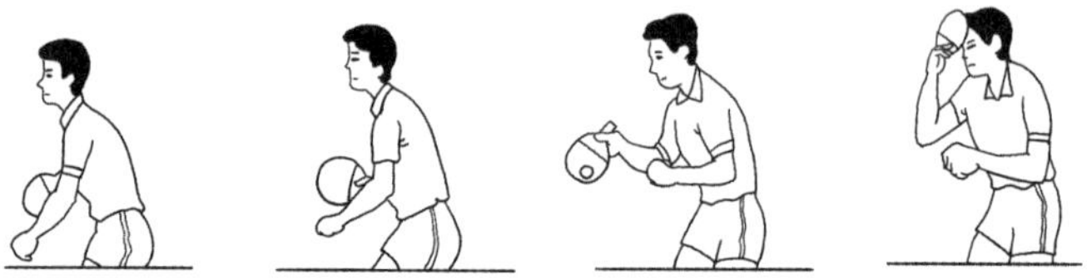

图 13-7　直拍正手攻球

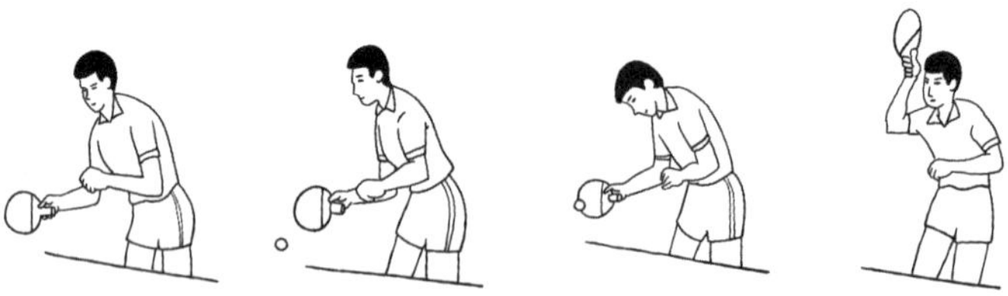

图 13-8　横拍正手攻球

（二）直拍反手攻球

两脚平行开立或右脚稍前，上体稍左转，前臂后摆，引拍至腹前左侧。击球时，前臂向右前上方挥动，肘部内收，食指控制好拍型，击球的中上部，手腕辅助发力（图 13-9）。

（三）横拍反手攻球

两脚平行开立，腰、髋略向左转的同时，带动前臂向后引拍，手腕稍后屈，肘部略前出，击球的前臂手腕向球右方发力，触球的中上部，前臂和手背部的运行方向决定击球方向（图 13-10）。

图 13-9　直拍反手攻球

图 13-10　横拍反手攻球

（四）练习方法

（1）原地徒手及持拍模仿动作，注意身体重心的移动和腰、臂协调一致地用力。

（2）结合步法，在移动中进行攻球模仿动作。

（3）一人发平击球，另一人练习攻球。打一板后再重新发球。

（4）两人的一推一攻练习。要求固定落点和线路，先轻打力求板数，随着技术提高再增加力量。

（5）两人对攻，斜线、直线力量由轻到重，多打板数，体会触球时的肌肉感觉。

（6）一点对两点或多点的连续攻，要求陪练方用推挡推至对方两点或多点，主练者攻到对方的一点。

六、搓球

搓球是一项过渡性技术，用它对付下旋来球比较稳健，常为进攻创造条件。根据击球方位的不同可分为正手搓球和反手搓球。

（一）正手搓球

击球前，身体稍向右转，向左上方引拍；击球时，前臂和手腕向左前下方用力，将球击出（图 13-11）。

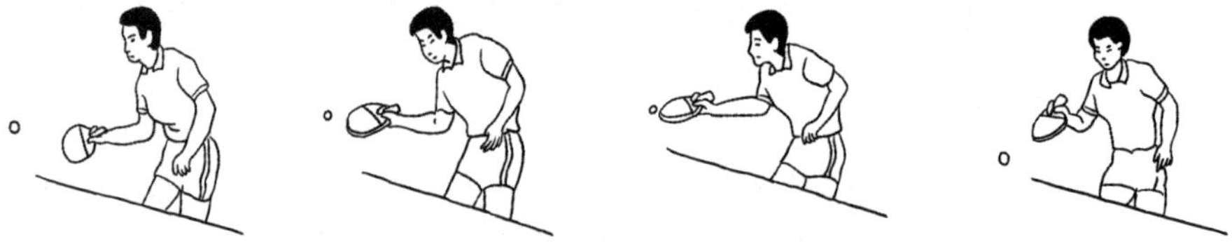

图 13-11　正手搓球

(二)反手搓球

近台站位,击球时,拍面后仰,屈臂后引,以前臂向前用力为主,配合手腕动作,根据来球旋转的程度调节拍面角度和用力方向(图 13-12、图 13-13)。来球下旋强,拍触球的底部,向前用力大些;来球下旋弱,拍触球的中下部,向下用力大些。

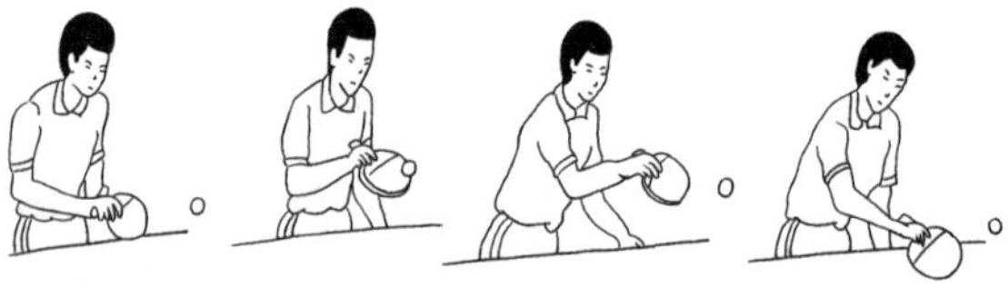

图 13-12　直拍反手搓球

图 13-13　横拍反手搓球

(三)练习方法

(1)徒手模仿动作,注意前臂、手腕的发力方法。

(2)自抛球在台上,弹起后,将球搓过网,反复体会前臂、手腕发力摩擦球的动作。

(3)搓接固定旋转、落点的发球。

(4)斜线或直线对搓,在熟练的基础上结合各种搓球。

七、削球

削球是一种防御性技术,具有稳健性好、冒险性小的特点。通过旋转和落点的变化,调动对手,伺机反攻削球,使对手被动,甚至失误。

(一)正手削球

右脚稍后,身体略右转,双膝微屈,拍型近似垂直,引拍至肩高附近。在来球的下降期,前臂在上臂的带动下,随着身体重心的移动向下、向前、向左挥动,触球的中下部,手腕控制好拍型并有一摩擦球的动作。

（二）反手削球

左脚稍后，体略左转，拍型竖立，引拍至肩高。前臂在上臂带动下，随身体重心的移动向下、向前、向右挥，在球下降前期触球中下部，手腕控制好拍型并有一摩擦球的动作。

（三）练习方法

（1）徒手模仿动作，做好引拍、挥拍等动作。

（2）用正手或反手削对方发来的平击球。

（3）斜线对斜线或直线对直线。用正手或反手削对方拉过来的球。

（4）一点削多点或多点削一点，从有规律到无规律。

八、弧圈球

弧圈球是一种上旋力非常强的进攻技术，它与攻球相比，在对付强烈的下旋球及低于网的来球时更加稳健，因此被广泛使用。这里仅介绍正手弧圈球。

动作要点：左脚在前，右脚稍后，身体略向右扭转，腹微收，髋稍向右后方压转，左肩略高于右肩。击球时，右脚掌内侧蹬地，以腰髋的扭转带动手臂向左上方挥动，击球瞬间，快速收缩前臂，直拍的中指（横拍的食指）应加速手腕在触球瞬间的甩动。

（一）加转弧圈

手臂在腰的带动下向后下方引拍，球拍低于来球，在来球的下降前期，摩擦球的中部或中上部，向上发力为主，略带向前（图 13-14、图 13-15）。

图 13-14　直拍加转弧圈

图 13-15　横拍加转弧圈

（二）前冲弧圈

重心稍高于拉加转弧圈，手臂自然向后引拍，球拍与来球同高或稍低于来球，在来球的高点期或下降前期，摩擦球的中上部或中部，向前发力为主，略带向上（图 13-16、图 13-17）。

图 13-16　直拍前冲弧圈

图 13-17　横拍前冲弧圈

（三）练习方法

（1）徒手做模仿动作，认真体会动作要领。

（2）自抛自拉练习。体会腰、臂的协调用力。

（3）一人发平击球或下旋球至某一点，一人练习拉。体会正确的击球点和触球瞬间的摩擦动作。

（4）一人推挡，一人拉。定点定线。要求先轻，随着提高再增加力量和旋转。

（5）两点或三点对一点连续拉。要求拉者在左右移动中进行练习，范围由小到大，落点从有规律到无规律。

九、乒乓球健身方法

（一）乒乓球运动专项身体训练方法

1. 发展专项力量的练习方法

（1）手持哑铃做各种击球动作。

（2）手持铁拍或其他金属拍做各种击球动作。

（3）正握哑铃屈臂，同时做外旋动作。

（4）反握哑铃屈臂，同时做内旋动作。

（5）双手持哑铃于体侧，做前臂绕环动作（向内或向外）。

（6）双手持哑铃于肩上，做前臂绕环动作（向内或向外）。

（7）手持哑铃上下屈伸手腕。

（8）手持哑铃内旋、外旋。

（9）手持杠铃（右手正握、反手反握），右臂内旋做逆时针转动，使杠铃由体前横握转为体前垂直竖握。

（10）手持哑铃前臂画“8”字。

（11）用一根绳索把壶铃悬垂挂在铁杠上，两手紧抓铁杠，交替向前或向后扭转手腕，把悬垂的壶铃卷上来。

(12)肩负杠铃做各种步法练习。

(13)腿绑沙袋做各种步法练习。

(14)腿绑沙袋做推挡侧身扑正手练习。

(15)腿绑沙袋做左右两脚步法移动练习。

(16)腿绑沙袋做侧身跳步或滑步练习。

(17)腿绑沙袋做前后步法移动练习。

(18)腿绑沙袋做高抬腿或小碎步跑。

(19)肩负杠铃转体。

(20)收腹跳。

2. 发展专项速度、灵敏度的练习方法

(1)快速朝一个方向向前跑和退后跑“∞”字(在5米之内)。

(2)侧步跑“∞”字(在5米之内)。

(3)小碎步原地跑,听哨声侧身后扑正手球。

(4)小碎步原地跑,听哨声退后削突击球。

(5)小碎步原地跑,听哨声跨步正手打回头球。

(6)小碎步原地跑,听哨声上前接短球。

(7)面对墙距离3米左右站立,教练员在背后用多球对墙拍出不同旋转、不同速度的球,练习接从墙上反弹过来的球。

(8)两人相距3~5米,甲方用球打乙方身体中部,乙方努力转腰侧步躲闪。

(9)两人一对一紧逼和摆脱跑。

(10)双脚原地前后移动,听教练员节拍步子由小到大,速度由慢到快。

(11)双脚左右交叉移动,听教练员节拍步子由小到大,速度由慢到快。

(12)双脚开立与肩同宽,一脚悬内,一脚悬外,来回移动活动腕关节,听节拍由慢速、中速到快速。

(13)上身直立,右腿抬高越过左髋,然后左腿抬高越过右髋,反复交替,听节拍由慢速、中速到快速。

(14)沿球台接力变向跑一周,要求始终朝一个方向移动(向前跑—侧身跑—退后跑—侧向跑)。

(15)竖排放10个球框架子(或标杆),间距半步,分两组托球绕球架接力赛(要求回来时退后绕行)。

十、乒乓球基本战术

1. 发球抢攻战术

发球抢攻是我国直板快攻打法的“杀手锏”,是力争主动、先发制人的主要战术。各种类型打法的运动员都普遍采用发球抢攻来抢占每个回合的上风。发球战术运用的效果主要取决于发球的质量和第三板进攻的能力。发球抢攻战术因打法的类型不同而有所差异,但常用的发球抢攻战术主要有以下几种：

(1)正手发转与不转。

(2)侧身正手(高抛或低抛)发左侧上(下)旋球。

(3)反手发右侧上(下)旋球。

(4)反手发急球或急下旋球。

(5)下蹲式发球。

2. 接发球战术

接发球战术与发球抢攻战术同样重要，在某种意义上讲，接发球水平的高低可以反映运动员的实战能力以及各项基本技术的应用程度。事实上，接发球者只是暂时处在被控制状态，如果你破坏了发球者的抢攻意图或者为他制造了障碍，减弱了对方抢攻的质量，也就意味着已经脱离被控制状态，变被动为主动了。控制与反控制是辩证统一的。常用的接发球战术有以下几种：

(1)稳健保守法。

(2)接发球抢攻。

(3)盯住对方的弱点处，寻找突破口。

(4)控制接发球的落点。

(5)正手侧身接发球。

3. 搓攻战术

搓攻战术是进攻型打法的辅助战术之一，主要利用搓球旋转的变化和落点的变化为抢攻创造机会。这一战术在基层比赛中被普遍采用。搓攻战术也是削球型打法争取主动的主要战术之一。常用的搓球战术有以下几种：

(1)慢搓与快搓结合。

(2)转与不转结合。

(3)搓球变线。

(4)搓球控制落点。

(5)搓中突击。

(6)搓中变推或抢攻。

4. 对攻战术

对攻战术是进攻型打法在相持阶段常用的一项重要战术。快攻型打法主要依靠反手推挡(或反手攻球)和正手攻球(或正手拉弧圈球)的技术，充分发挥快速多变的特点来调动对方。常用的对攻战术有以下几种：

(1)紧逼对方反手，伺机抢攻或侧身抢攻、抢拉。

(2)压左突右。

(3)调右压左。

(4)攻两大角。

(5)攻追身球。

(6)变化击球节奏，加力推和减力挡结合，发力攻、拉与轻打轻拉结合，也可造成对手的被动局面。

(7)改变球的旋转性质,如加力推后、推下旋:正手攻球后,退至中远台削板对方往往来不及反应,可直接得分或创造机会球。

5. 拉攻战术

拉攻战术是以攻为主的选手对付削球的主要战术。为了发挥拉攻的战术效果,首先要具备连续拉的能力,并有线路、落点、旋转、轻重等变化,其次要有拉中突击和连续扣杀的能力。常用的拉攻战术主要有:

(1)拉反手后,侧身突击斜线或中路追身球。

(2)拉中路杀两角或拉两角杀中路。

(3)拉一角或杀另一角。

(4)拉吊结合, 伺机突击。

(5)拉搓结合。

(6)稳拉为主, 伺机突击。

6. 削中反攻战术

削中反攻战术主要靠稳健的削球,限制对方的进攻能力,为自己的反攻创造有利条件。它不仅增强了削球技术的生命力,也促进了攻防之间的积极转化,常用的削中反攻战术主要有:

(1)削转与不转球,伺机反攻。

(2)削长短球,伺机反攻。

(3)逼两大角,伺机反攻。

(4)交叉削两大角, 突击对方弱点。

(5)削、挡、攻结合,伺机强攻。

7. 弧圈球战术

由于弧圈球战术把速度和旋转有效地结合起来,稳健性好,适应性强,许多运动员已用它去替代攻球或扣杀,常用的战术如下:

(1)发球抢攻。

(2)接发球果断上手

(3)相持中的战术运用。

十一、乒乓球竞赛规则简介

(一)乒乓球比赛场地

乒乓球的比赛场地为长方形,其长度不得小于 14 米,宽不得小于 7 米,天花板高度不得低于 4 米。在正式比赛中,场地周围不能有明亮的光源,且场地的地面不能呈白色,以免影响运动员的视线。理想的乒乓球比赛场地是用弹性的木材拼接而成(只要不是把小木块竖着拼接即可)。国际比赛已采用化学合成材料作为可移动的塑胶球场。不论是采用木板地面还是合成材料地面,都必须保证运动员在比赛中不感到太滑或太粘,并有一定的弹性。但要注意地面平整，以防出现伤害事故。赛区应用75厘米高的深色挡板围起，与相邻的比赛场地及观众隔开。挡板宽为1.4米，应轻便稳妥，在运动员冲撞挡板时不至于受伤。比赛场地仅限于室内，风速不宜大于0.2米/秒。

（二）比赛器材规格

1. 球台

球台的上层表面叫作比赛台面，应为与水平面平行的长方形，长2.74米、宽1.525米，离地面的高度为0.76米。台面应包括球台上面的边缘，不包括上面边缘以下的侧面。台面可用任何材料制成，但应具有一定的弹性；当标准球从离台30厘米的高处落下时，弹起高度约为23厘米。台面一律为均匀的暗色，无光泽，沿2.74米长的边线边缘及1.525米长的端线边缘应有一条2厘米宽的白线。比赛台面由一个垂直的球网划分为两个相等的台区，并且在各区和整个面积应被看作是一个整体。球网与端线平行。双打则是各台区由一条3毫米宽的白色中线划分为两个相等的半区，此线与边线平行，称为中线（图13-18）。

图13-18　乒乓球球台

2. 球网

球网包括网、悬挂网绳及将它们固定在球台上的夹钳部分或支架。球网应悬挂在一根绳上，绳子两端系在高15.25厘米的直立网柱上，网柱外缘离开边线外缘15.25厘米。整个球网的顶端距台面15.25厘米。球网的底边应尽量贴近网柱。

3. 球

应为圆形，直径40毫米，重2.5克。球的材料为赛璐珞或类似材料，呈黄色或白色，无光泽。

4. 球拍

球拍的大小、形状和重量不限，但球拍底板应平整、坚硬。底板厚度至少应有85%的天然木料。底板的黏合层可以用加强纤维材料，诸如石炭纤维、玻璃纤维、可压缩纸，但每层黏合层不超过底板总厚度的7.5%或是0.35毫米，不管哪种算法，取其数小的一种。用来接球的拍面应用一层普通的、颗粒向外的颗粒胶覆盖，连同黏合剂总厚度不得超过2毫米，用颗粒向内或向外的海绵覆盖，连同黏合剂总厚度不超过4毫米。

(三)定义

1. 重发球

不予判分的回合。

2. 击球

用握在手中的球拍或执拍手手腕以下部分触球。

3. 端线

球台的端线,包括端线两端的无限延长线。

4. 阻挡

对方击球后,处于比赛状态的球尚未触及本方台区也未超过比赛台面或其端线,即触及本方运动员或其穿戴的任何物品。

(四)合法发球

(1)发球时,手掌张开伸平,球应是静止状态。在发球方的端线之后和比赛台面的水平面之上。

(2)发球员须用手将球几乎垂直地向上抛起,不得使球旋转,并使球离开手掌之后上升不少于16厘米。

(3)当球从抛起的最高点下降时,发球员方可击球。

(五)合法还击

对方发球或击球后,本方必须击球,使球直接越过或绕过球网装置,或触及球网装置后再触及对方台区。

(六)发球、接发球和方位的选择

(1)选择发球、接发球和这一方、那一方的权利应由抽签来决定。中签者可以选择先发球或选择先在某一方。

(2)当一方运动员选择了先发球或选择了先在某一方后,另一方运动员应有另一个选择的权利。

(七)一局和一场比赛

(1)比赛中先得11分的一方为胜一局。如打到10分平后,先得2分的一方为胜此局。

(2)团体赛一般采用五局三胜制,单项比赛常采用七局四胜或九局五胜制。

十二、乒乓球国际大赛

(一)世界乒乓球锦标赛

世界乒乓球锦标赛(简称"世乒赛")是国际乒联最早主办、影响最大和水平最高的比赛，每年举行一次（单年单项赛，双年团体赛）。目前世乒赛共设7个项目，分别是：

男子团体：斯韦思林杯
女子团体：考比伦杯
男子单打：勃莱德杯
女子单打：盖斯特杯
男子双打：伊朗杯
女子双打：波普杯
男女混双：赫杜塞克杯

（二）世界杯乒乓球赛

国际乒联主办的又一重要赛事，1980年5月由中国香港乒乓球总会举办了第一届世界杯男子单打比赛，从此以后每年举办一届。

（三）奥运会乒乓球赛

1988年第24届奥运会上乒乓球被列为比赛项目。奥运会的乒乓球比赛现在共设5个项目：混合双打、男子单打、女子单打、男子团体和女子团体。

（四）亚洲乒乓球锦标赛和亚洲杯乒乓球锦标赛

亚洲两个最重要的比赛。亚锦赛每两年举行一次，亚洲杯每年举行一次。

作业与思考题

1. 肘关节在乒乓球各项技术中主要发挥什么作用？
2. 乒乓球各项技术动作结构主要包含哪些部分？
3. 在以速度和旋转为主要特征的乒乓球运动中，球拍的撞击与摩擦各起什么作用？
4. 你是否已经养成了勤练徒手动作的习惯？
5. 你如何看待技术与战术之间的辩证关系？

第十四章　妙趣横生——羽毛球

知识目标

学习羽毛球运动的起源、发展、基本技术、基本战术及比赛规则。

技能目标

通过学习使学生掌握羽毛球的步伐。握拍、接发球(正反手)、接发高远球等基本技术及科学健身方法,培养学生学习羽毛球的兴趣及为终身体育锻炼打好基础。

情感目标

1. 培养学生勇敢顽强、拼搏进取的精神。
2. 培养学生遵守规则、尊重裁判,增进责任感和团结协作的精神。
3. 培养学生的个性发展以及良好的心理素质。
4. 培养学生吃苦耐劳、坚韧不拔的精神。
5. 培养学生胜不骄败不馁的体育精神。

第一节　羽毛球运动概述

一、羽毛球运动起源

羽毛球运动是一项大众性体育活动,设备简单、老少皆宜、充满乐趣又能强身健体,同时它也是一项竞技性比赛项目,比赛紧张激烈、技术性强,对身体素质和智力水平要求较高。

现代羽毛球运动起源于印度,形成于英国。1870 年,英国出现了用羽毛、软木做的球和穿弦的球拍。1873 年,在英国格拉斯哥郡的伯明顿镇有一位叫鲍弗特的公爵,一次在家中宴请宾客,恰逢下雨,客人只得聚在客厅,时间一长,大家都感到乏味,当时,有位从印度退役的英国军官将其在印度孟买见到的"普那"向大家作了介绍,用球拍和球(香槟酒的软木瓶塞插上鹅羽毛)隔着宴会桌对击。因这项活动极富趣味性,很快就风靡起来。由于这项活动诞生在伯明顿,有人就提议以这个庄园的名称命名这项运动,所以,英语中羽毛球叫作"badminton"。原来鲍弗特公爵的庄园现在也改名为"羽毛球馆"以示纪念,并陈列着 19 世纪中叶最初的羽毛球拍和球。那时的活动场地是葫芦形,两头宽中间窄,窄处挂网,直至1901年才改作长方形。

1893年,英国创立了羽毛球协会,并于1899年举行了第一届全英羽毛球锦标赛。此后羽毛球运动从欧洲传到美洲、大洋洲、亚洲和非洲。1934年,国际羽毛球联合会(简称"国际羽联")成立,并通过了第一部羽毛球竞赛规则。

二、羽毛球运动发展

1893年,在英国成立了世界上第一个羽毛球协会。

1899年,该协会举办了第一界"全英羽毛球锦标赛"。

1934年,成立了国际羽毛球联合会,总部设在伦敦。

1939年,国际羽毛球联合会通过了各会员国共同遵守的《羽毛球竞赛规则》。

1978年,13个来自亚洲和6个来自非洲的成员国在香港成立世界羽毛球联合会。

1981年5月,国际羽毛球联合会与世界羽毛球联合会合并,并维持原有名称。

2006年9月24日,国际羽毛球联合会正式改名为现时的羽毛球世界联合会(Badminton World Federation,BWF),总部设在马来西亚吉隆坡。

三、羽毛球场地器材的发展

最早的羽毛球室内场地呈葫芦状,人们在场地中间拉了一根绳子代替网,每局比赛只能有两人参加,有一定的分数限制。

现在的羽毛球场为一长方形场地,长13.40米,双打场地宽6.10米,单打场地宽5.18米。球场上各条线宽均为4厘米,球场界限最好用白色、黄色或其他易于识别的颜色画出(图14-1)。

(a)古

(b)今

图14-1　场地

起初的羽毛器以绒线编织成球形,上插羽毛或在香槟的软木塞上插上鹅羽毛当球,且没有质量规定,羽毛长度也不一致。

现在的羽毛球是由16根羽毛固定在球托部,羽毛长64~70毫米,但每一个球的羽毛从托面到羽毛尖的长度应一致。羽毛顶端围成圆形,直径为58~68毫米,球托直径25~28毫米,底部为圆形,羽毛球重4.6~5.5克(图14-2)。

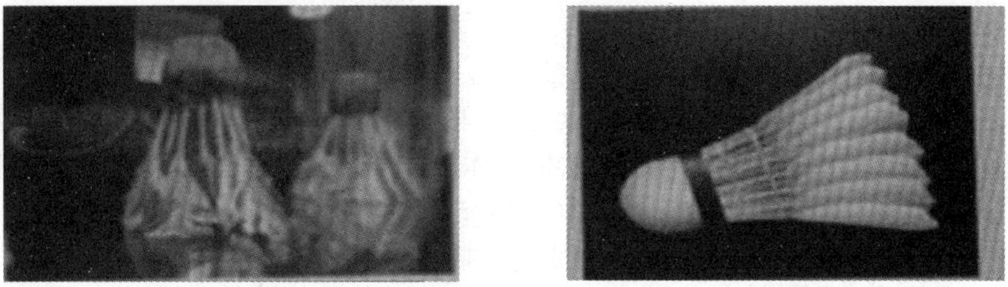

(a)古　　(b)今

图 14-2　球

最初的羽毛球拍有木拍、网拍、木质框架球拍。

现在的羽毛球拍一般由拍头、拍杆、拍柄及拍框与拍杆的接头构成。一支球拍的长度不超过68 厘米,其中球拍柄与球拍杆长度不超过42 厘米,拍框长度不超过25 厘米,宽为20 厘米。随着科学技术的发展,球拍的发展向着质量越来越轻、拍框越来越硬、拍杆弹性越来越好、空气阻力越来越小的方向发展(图 14-3)。

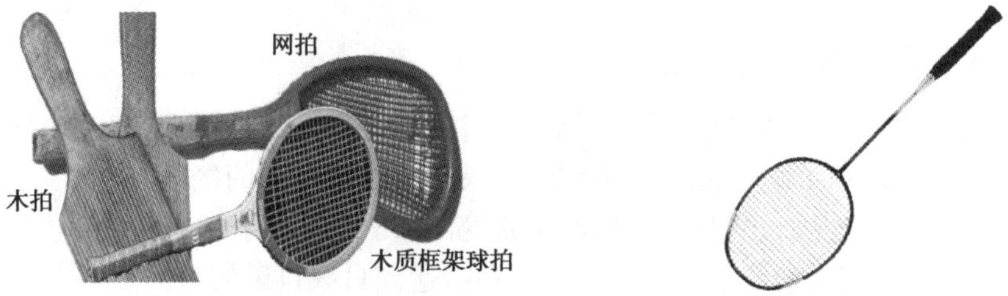

(a)古　　(b)今

图 14-3　羽毛球拍

四、羽毛球运动的特点

(一)全身锻炼效果好

羽毛球项目无论是进行有规则的比赛或是作为一般性的健身活动,打球时都要在场地上不停地进行脚步移动、跳跃、挥拍、转体,合理地运用各种击球动作和步法将球击到对方场区,从而增大了上、下肢和腰部肌肉的力量,加快全身血液循环,增强心血管系统和呼吸系统的功能。此外,羽毛球运动要求练习者在短时间对瞬息万变的球路做出判断,果断地进行反击,因此,它能提高人体神经系统的灵敏性和协调性。

(二)老少皆宜球龄长

羽毛球运动适合男女老少,可持续运动且球龄长,这一独特现象在其他运动项目是难以比拟的。羽毛球运动量的多少可调节,可根据个人年龄、体质、运动水平和场地环境的特点而定。青少年可将该项运动作为促进生长发育、提高身体机能的有效手段进行锻炼,运动量宜为中强度,活动时间以 40 ~ 50 分钟为宜,适量的羽毛球运动能促进青少年增长身高,能培养青少年自信、勇敢、果断等优良的心理素质。

（三）运动安全有保障

运动损伤是制约运动寿命的主要因素之一，羽毛球运动属于隔网对抗项目，场地中间横竖一网，分隔成对抗双方的场区，没有直接的身体对抗和身体碰撞，与其他运动项目相比，其运动安全系数更高，只要注意做好运动前的准备活动，掌握正确的动作要领，一般在该项运动中就可以避免受伤。早期羽毛球运动被认为是一项绅士运动、贵族运动，是高雅的运动项目。

五、羽毛球运动的价值

羽毛球运动不仅是一项重要的体育比赛项目，也是深受广大群众喜爱的健身运动项目。它之所以受到人们的喜爱，是因为羽毛球运动具有十分重要的意义和作用。它老少皆宜，可以自娱自乐；能全面地锻炼身体，增强体质，培养顽强的毅力和良好的道德风尚；其优美的运动形式具有观赏价值。

（一）自娱自乐的作用

在羽毛球运动中，人们通过球拍的挥动，击过有一定高度的球网，击球时多回合、多落点和对击球力度、速度的控制，充分展示击球者的灵活、机智、潇洒的气质，并引起浓厚的兴趣。猛虎下山似的扑杀、蛟龙出水似的起跳、鲤鱼跃龙门似的扑救、闪电般的跨步救险等，人们用种种美妙的身体语言，尽情地挥洒自己、表现自我，达到自娱自乐的目的。

（二）增强体质的作用

如前场、后场的快速移动，中场的起跳扣杀，跨步救球，网前的轻吊，双打时的配合换位等，都需要击球者有较好的力量、速度、灵敏、柔韧等素质。掌握和熟悉种种技术的过程，就是提高身体素质的过程。这一过程使各个部位的肌肉、关节的活动能力得到提高，神经系统得到调节，呼吸系统和循环系统的功能得到改善，有氧代谢和无氧代谢的能力得到提高，从而全面增强了体质。

（三）培养意志的作用

在羽毛球运动中，特别是在比赛中，在双方势均力敌的情况下，对于运动员来说正是大量消耗体力的过程，也是培养意志品质的过程。有时双方都有可能出现“极点”现象，即出现“喘不过气、身体无力、眼睛发黑”等现象。在这关键时刻，谁的意志坚强，谁就能获得最后的胜利。就一般羽毛球爱好者来说，运动量应适当控制，量力而行。这种顽强意志的培养，有助于人们提高战胜困难的勇气。

（四）培养心理素质的作用

在羽毛球运动中，人们通过进攻与防守、控制与反控制，不仅要斗勇，更要斗智，这对个人的心理素质也是一种锤炼和考验。尤其是在比赛中，要充分发挥技术水平，还要加强思维活动能力，揣摩对方的战术意图，选择适宜的策略，抓住战机，一决胜负。通过紧张激烈的竞争,使人思维敏捷,提高进取精神和心理素质。

(五)观赏的作用

双方在羽毛球运动中所表现的坚强斗志、潇洒作风和优美的造型,极具观赏作用。特别在比赛中,凌厉的攻势,严密的防守,高潮迭起,扣人心弦,更使观众赞叹不已,并获得阵阵掌声。至于身如满弓般的扣杀,犀牛望月似的海底捞月,无一不是在展示力与美,人们像在吟诵一首动人的诗,浏览一幅悦目的画,不禁令人心旷神怡,流连忘返。

六、国际重大的羽毛球赛事

(1)全英羽毛球锦标赛。
(2)汤姆斯杯赛。
(3)尤伯杯赛。
(4)世界羽毛球单项锦标赛。
(5)苏迪曼杯赛(混合团体)。
(6)奥运会羽毛球比赛。

第二节　羽毛球基本技术

一、步法

根据上网时脚步移动方法的区别,上网步法可分为跨步(也称交叉步)上网、垫步上网和蹬跳步上网。

(一)跨步上网步法

站位于球场中心稍靠后,两脚左右开立,右脚略前,上体稍前倾,两眼注视对方击球。当对方吊网前球时,在对方击球瞬间,脚跟提起轻跳并迅速调整重心至后脚以协助快速起动。左脚迈一小步,用脚掌内侧蹬起,右脚向前跨大步,以脚跟和脚掌外侧着地滑步缓冲,脚尖外斜,右脚屈膝呈弓箭步,左脚随即向前拖动,以协助右脚回蹬。击球后用并步或交叉步退回中心位置。如果对方来球较近时,可用左脚蹬地随即右脚跨一大步上网。

(二)后退步法

1. 侧身并步后退步法

在对方击球前刹那间,脚跟提起轻跳,迅速调整重心至右脚。接着右脚蹬地快速向右后撤一小步,上体右转侧身对网,紧接着左脚并步靠近右脚,右脚再向后移至来球位置,在移动中做好手部动作准备,待来球在右肩上方下落时做正手底线原地击球或跳起击球,击球后并步或小步跑回中心位置。

2. **交叉步后退步法**

右脚后撤一小步,左脚从体后交叉后退一步,右脚再后移至来球位置。

(三)练习方法

(1)进行垫步、并步、蹬步、交叉步、跨步等单个步法的反复练习。

(2)上网步法。中心位置—上右网前—回中心位置—上左网前—回中心位置。

(3)正手后退右后场步法练习。从起动开始,右脚向右后侧移动,髋部带动身体转向右后场,以并步或交叉步向后移动到接近底线的位置,然后起跳(单、双脚均可)击球。完成击球后回中心位置再多次重复练习。

(4)后退左后场区正手绕头顶击球步法练习。从起动开始,右脚向左后方移动,髋部带动身体转向左后方,以并步或交叉步移动到位。右脚起跳,随即左侧髋部迅速转向左后方,带动左腿后摆到身后落地,缓冲并支撑身体重心。当右脚落地时,身体前倾,重心移向右脚,左脚开始回动。回中心位置后再多次重复练习。

二、握拍法

羽毛球运动是以运动员手握球拍往返击球的方式进行的,所以握拍法就成了初学者首先要掌握的羽毛球基本技术之一。学会正确的握拍方法是掌握合理、准确、全面的击球技术的前提条件,不正确的握拍方法会妨碍各种击球技术的掌握和技术的进步与提高。因此,初学者从一开始就应学会正确的握拍方法,而专业运动员在实践中也应不断改进和完善自己的握拍法。

(一)握拍法的类型

握拍法可分为正手握拍法和反手握拍法两种。

1. **正手握拍法**

用握拍手手掌同一个朝向的拍面击球叫正手击球,正手击球时的握拍方法为正手握拍法(图14-4)。

方法:握拍时,先用左手拿住拍颈,使拍面与地面垂直,再张开右手,使手的小鱼际肌靠在拍柄底托处,虎口对准拍柄的内侧小棱边,然后小指、无名指和中指并拢握住拍柄,小指和无名指在拍柄的末端应稍紧,负责不使球拍脱手,食指与中指稍微分开,用食指和拇指轻松地环扣住拍柄。

2. **反手握拍法**

用握拍手手背同一个朝向的拍面击球叫反手击球,反手击球时的握拍方法为反手握拍法(图14-5)。

方法:在正手握拍法的基础上,拍柄稍向外转,食指收回,拇指第二指节顶贴在拍柄内侧的宽面上,其余四指并拢握住拍柄,手心与拍柄之间应有一个明显的空洞。

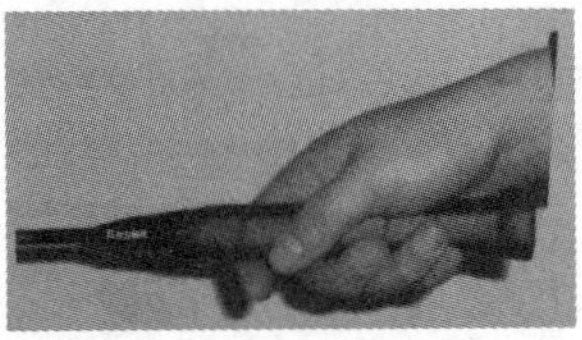

图 14-4　正手握拍法

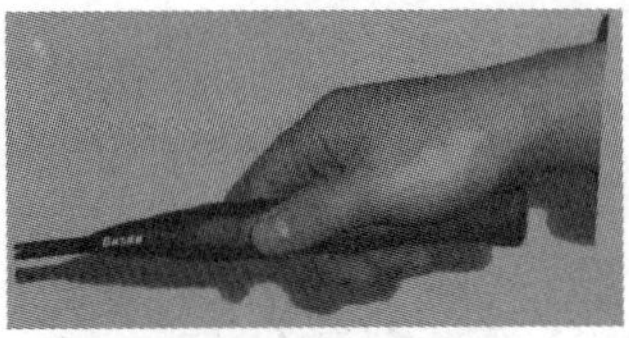

图 14-5　反手握拍法

（二）握拍法常见的错误

1. 拳握法

五指并拢死劲一把抓住拍柄（图 14-6）。这种握法使手臂的肌肉僵硬，影响手腕的灵活性。

2. 苍蝇拍握法

虎口对准拍面抓住拍柄（图 14-7）。这种握法使屈腕发生困难，妨碍对拍面角度的自由控制。

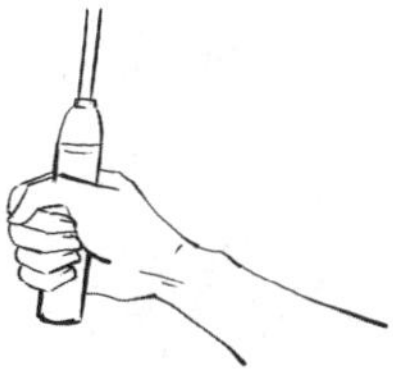

图 14-6　拳握法

图 14-7　苍蝇拍握法

三、发球

（一）发球的基本姿势

按发球时的基本姿势不同，发球可分为正手发球和反手发球两种。

1. 正手发球

站位：单打时，一般站在发球区内离前发球线 1 米左右的中线附近。双打时可站前一些。

姿势：左脚在前（脚尖对网），右脚在后（脚尖斜向侧方），两脚距离与肩同宽，上身自然伸直，身体重心放在右脚上，成左肩斜对球网之势。右手握拍向右后侧举起，肘部稍屈。左手用拇指、食指、中指夹持羽毛球的中间部位，举在身前。两眼注视对方准备接球的动向（图 14-8、图 14-9）。

正手发球可以用来发任何一种飞行弧线的球，在单、双打中都普遍采用。

图 14-8　正手持球方法

图 14-9　正手发球基本姿势

2. 反手发球

站位：站在发球区内较靠近前发球线的位置上。

姿势：右脚在前，左脚在后，上身自然伸直，重心放在右脚上，右脚尖面对球网。左手以拇指、食指和中指捏住羽毛球置于腹前腰下。右手反手握拍，肘部略抬起使拍框下垂于左腰侧，两眼注视对方准备接球的动向。反手发球主要靠挥动前臂和伸腕闪动发力，动作小，力量也较小，但速度较快，动作一致性好。可以发除高远球之外的其他各种飞行弧线的球，主要用于双打比赛中（图 14-10、图 14-11）。

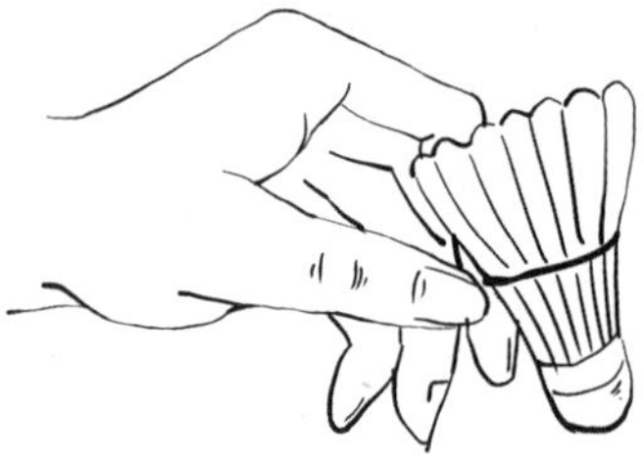

图 14-10　反手持球方法

图 14-11　反手发球基本姿势

（二）发球技术

按发出的球在空中飞行的弧线不同，发球可分为发高远球、发平高球、发平快球和发网前球。

1. 发高远球

把球发得既高又远，使球近乎垂直落在对方后发球线附近的发球区内，称为发高远球。发高远球可以迫使对方退到端线接发球从而减小进攻力，是单打的主要发球手段，也是学习发球技术最基础的练习。初学发球要从发高远球开始。

方法：准备姿势见前述。发球时，左手撒手放球。紧接着以转体和上臂的挥动带动前臂，形成臂在前、球拍随后的姿势。当球拍与球快要接触前，前臂挥动速度加快，并带动手腕向前上方闪动，由原来伸腕姿势经前臂内旋至屈腕。造成击球瞬间的爆发力，在拍面后仰（拍面与地面形成的仰角一般大于 135°）的情况下将球向前上方击出。击球点应在右侧前下方。在球击出后，球拍随着惯性往左侧前上方挥摆。随着挥拍的过程，身体重心也由右脚移到左脚，右脚跟稍提起，保持住身体的平衡（图 14-12）。

图 14-12　发高远球

发高远球的关键是球拍击到球时要控制好拍面的角度，由原来的伸腕经前臂内旋至屈腕击球应有强劲的、向前上方的爆发力。

2. 发网前球

发出的球贴网而过，落在对方前发球线附近的发球区内，称为发网前球。发网前球技术要求较高，如果球飞行弧线过低，会不过网；若球飞行弧线过高，易遭扑击，所以要更讲究发球技术。发高质量的网前球，可以避免对方接发球时往下压球，从而限制了对方作进攻性的回击。它是双打发球的主要手段。

(1)正手发网前球的方法：准备姿势见前述。挥拍幅度较小，主要靠前臂和手腕带动挥拍，上臂动作并不明显。球击出后，应控制拍子挥动。挥拍的加速不明显，甚至可以缓慢地挥动。击球的力量较小，拍触球时，握拍仍然较放松，利用腕和手指的力量从右向左横切推送，使球贴网而过，正好落在前发球线附近的发球区内(图 14-13)。

图 14-13　正手发网前球

(2)反手发网前球的方法：准备姿势见前述。站位靠近前发球线，左脚或右脚在前均可，身体重心在前脚，上体前倾，后脚跟提起。右手反握在拍柄稍前部位，肘关节提起，手腕稍前屈，球拍低于腰部和肘关节，斜放在小腹前；左手持球在球拍面前方。发球时，球拍由后向前推送击球，使球的最高弧线略高于网顶，球过网而下落在对方前发球线附近(图 14-14)。

图 14-14　反手发网前球

发网前球的关键在于严格控制击球力量和掌握好用力的方向。击球时，球拍面略后仰(拍面与地面形成的仰角一般在 120°左右)，在不过腰、不过手的限度内尽可能提高击球点，使球过网时的弧线尽可能低一些。

3. 发球常见的错误及纠正方法

发球常见的错误各不相同，不宜一概而论。这里仅以正手发高远球常见的错误为例加以说明。

(1)挥拍路线不是自右后经右前下方,再向左上方画弧,而是横扫,致使出球弧线太低。或击球后,球拍不是往左上方挥去,而是往右上方挥动,造成动作不协调、发力不充分。

纠正方法:多做按正确挥拍路线的慢动作挥拍练习,逐渐过渡到正常速度的挥拍练习。在右侧对墙,离墙壁约50厘米处做好发球准备姿势,做发高远球挥拍练习,可以纠正横扫球拍的错误。

(2)挥拍时,手臂僵直,而不是以肩为轴,由上臂带动前臂、前臂带动手腕做协调的挥拍击球。

纠正方法:讲明身体各部分协调发力的顺序,多做放松协调的发球练习(开始时不强调用爆发力击球)。

(3)放球与挥拍配合不好,造成击球不准。

纠正方法:反复练习放准球落点固定在身前,保持球托往下下落。发球时,可以眼睛看球。

(4)脚移动、过腰等违例。

纠正方法:讲清规则要求。发球时,结合发球裁判实习,及时、准确判罚。

四、接发球技术

(一)单打站位

通常站位是在离前发球线1.5米、靠近中线的位置。左脚在前,右脚在后,双膝微屈,身体重心放在前脚上。后脚跟稍抬起,身体半侧向球网,球拍举在身前,两眼注视对方(图14-15)。

(二)双打站位

双打发球区比单打发球区短0.76米,发高远球易被对方扣杀,所以双打发球多以发网前球为主。接发球时要站在靠近发球线的地方。双打接发球准备姿势和单打接发球准备姿势基本相同,略有区别的是身体前倾较大,身体重心可以随意放在任何一脚,争取主动。但要注意右场区对方发平快球突袭反手部位。

图14-15 单打站位

五、羽毛球健身方法

(一)发展专项力量练习方法

1. 上肢专项力量练习

(1)挥拍练习:挥网球拍,重点进行前臂、腕、指的各种击球动作以发展击球爆发力。

(2)挪垒球练习:对墙挪垒球,以发展击球时的挥臂速度和手腕的闪动爆发力。

(3)稳腕练习:手持哑铃于体前或体侧作绕“8”字练习,以发展手腕的动作幅度和灵活性。

(4)转臂练习:手持哑铃于体侧作旋内、旋外练习,以发展臂的灵活性。

(5)杠铃练习:负重10~20千克杠铃做快速挺举、伸屈前臂、伸屈腕练习,以发展上臂小肌群力量。

2. 躯干专项力量练习

(1)仰卧起坐,左右体侧起,以发展腰腹肌力量。

(2)俯卧挺身练习:俯卧于垫上,两手相握放于背后,头部和上体反复做后仰动作,以发展背部力量。

(3)屈伸负重练习:负重20~30千克杠铃分腿站立做屈伸练习,以发展腹背肌肉力量。

(4)负重转体练习:肩负20~30千克杠铃分腿站立,身体向左右旋转,以发展躯干两侧肌肉力量。

(5)抛实心球练习:两手持实心球背对投掷方向,两腿分开站立,用力向后抛出,以发展腹部力量。

3. 下肢专项力量练习

(1)负重跨步走:肩负30千克左右杠铃,做跨步练习,以发展跨步的步幅和大腿力量。

(2)负重半蹲提踵:肩负50千克左右杠铃,两腿分开稍比肩宽,做半蹲提踵动作,以发展踝关节和小腿肌肉力量。

(3)负重半蹲跳:肩负20千克左右杠铃,做半蹲跳动作,以发展下肢爆发力。

(4)负重深蹲起:肩负70千克左右杠铃,做下蹲动作,腰立住,两腿分开稍比肩宽,慢下,快起,以发展大腿肌肉力量。

(5)原地纵跳、单足跳、蛙跳:以发展下肢爆发力。

(6)跳台阶练习:以发展下肢的弹跳力。

(7)跳绳练习:单腿跳、双腿跳、单摇、双摇,以发展踝关节、小腿肌肉力量及下肢的灵活性。

(二)发展速度素质练习方法

1. 反应速度练习

(1)听口令,看信号做各种起跑:如站立、蹲式、高抬腿、背向跳,跳起后马上起动。

(2)听哨音变速跑:快速冲跑10~15米。

(3)听口令变向跑:在快速移动中听信号后突然变向冲跑10米。

(4)听口令快速转身跑:反复几次。

(5)看手势向前后、左右各方向起动。

(6)听、看信号后突然做出相应的动作:如教师喊1、2、3、4中某个数字时,学生及时做出事先规定的相应动作。

2. 动作速度练习

(1)按慢—快—最快—快—慢的速度节奏进行5秒、3秒、5秒、3秒、5秒小步跑,高抬腿跑。

(2)高频率跑楼梯台阶。
(3)快速挥羽毛球拍动作。
(4)快速立卧撑。
(5)高频率跨越障碍物,障碍设置可用10个羽毛球一字排开,两球间距为1.2~1.5米。
(6)单、双摇跳绳,两脚交替跳绳。

3. 移动速度练习

(1)各种距离(30米、50米、60米、100米、200米)的快速跑。
(2)10~15米往返折回跑(要求快速转身)。
(3)羽毛球场步法移动(要求速度快)。
(4)前后跑:向前跑8米、后退跑8米。
(5)四角跑:边长约6米,要求在拐角处变换方向。
(6)接力跑。

第三节　羽毛球比赛规则

一、场地、器材

(一)场地

羽毛球球场中央网高1.524米,双打边线处网高1.55米,羽毛球网柱高1.55米(图14-16)。

(二)羽毛球

羽毛球由16根精选鹅毛用线和胶水编排黏合而成,羽毛的根部围插在球托上,整个球的高度是8.7厘米,重4.74~5.5克。

(三)球拍

羽毛球球拍长度不超过68厘米,其中球拍柄与球拍杆长度不超过40厘米,拍框长28厘米、宽23厘米。

二、比赛方法

羽毛球比赛分为男、女单打,男、女双打,混合双打和男、女团体7个项目。团体赛多采用五盘三胜制,单打和双打每场比赛采用三局两胜制,不受时间限制。

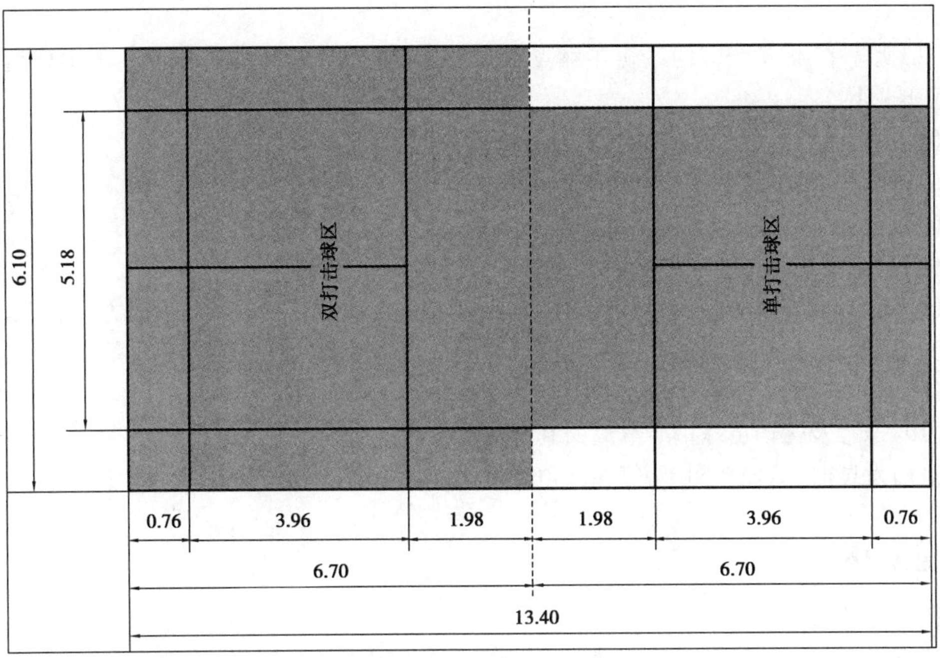

图 14-16 羽毛球场地布局(单位:米)

三、计分方法

除非另有商定,一场比赛应以三局两胜定胜负。率先得到 21 分的一方赢得当局比赛;如果双方比分打成 20:20,获胜一方需超过对手 2 分才算取胜;如果双方比分打成 29:29,则率先得到第 30 分的一方取胜。首局获胜一方在接下来的一局比赛中先发球。

四、交换场区

(1)在第一局结束和第三局开始前。

(2)在第三局或只进行一局的比赛中,领先的一方达到 11 分时。

五、发球

(1)发球员和接发球员应站在斜对角的发球区内,脚不触及发球区和接发球区的界线。

(2)从发球开始到球发出之前,发球员和接发球员的两脚必须都有一部分与球场地面接触,不得移动。

(3)发球员的球拍应首先击中球托。

(4)在发球员球拍击中球的瞬间,整个球应低于发球员的腰部。

(5)在击球瞬间,发球员的拍杆应指向下方,使整个拍头明显低于发球员的握拍手部。

六、违例

(1)球从网孔或网下穿过,球不过网,球触及运动员的身体和衣服,球触及球场外其他物体或人。

(2)比赛中,球拍与球的最初接触点不在击球者网的这一边(击球者在击中球后,球拍可以随球过网)。

(3)击球时,球停滞在球拍上,紧接着被拖带抛出。

(4)同一运动员两次挥拍,连续两次击中球。

(5)比赛时,运动员的球拍、身体或衣服触及球网或球网的支撑物。

(6)运动员的球拍或身体从网上侵入对方场区。

(7)运动员的球拍或身体从网下侵入对方场区,导致妨碍对方或分散对方注意力。

(8)比赛时,运动员故意分散对方注意力的任何举动,如喊叫、故作姿态等。

(9)同方两名运动员连续击中球。

(10)球触及运动员球拍后继续向其后场飞行。

(11)发球时,球挂在网上,停在网顶或过网后挂在网上。

七、重发球

(1)遇不能预见或意外的情况,应重发球。

(2)除发球外,球过网后挂在网上或停在网顶,应重发球。

(3)发球时,发球员和接发球员同时违例,应重发球。

(4)发球员在接发球员未做好准备时发球,应重发球。

(5)比赛中,球托与球的其他部分完全分离,应重发球。

(6)司线员未看清,裁判员不能做出裁决时,应重发球。

(7)重发球时,最后一次发球无效,原发球员重新发球。

八、死球

(1)球撞网并挂在网上,停顿在网顶。

(2)球撞网或网柱后开始向击球者网的这一方地面落下。

(3)球触及地面。

(4)宣报违例或重发球。

九、发球区和接发球区

每局开始首先接发球的运动员,在该局本方得分为0或双数时,都必须在右发球区发球或接发球;得分为单数时,则应在左发球区发球或接发球。

作业与思考题

1. 简述羽毛球运动的特点及其锻炼价值。
2. 简述羽毛球正手发高远球的技术要领。
3. 简述羽毛球反手发网前球的技术要领。

第十五章 贵族运动——网球运动

知识目标

学习网球运动的起源、发展、基本技术、基本战术及比赛规则。

技能目标

通过学习使学生掌握网球的步伐、握拍方法、发球正反手击球、接发球等基本技术及科学健身方法,培养学生学习网球的兴趣及为终身体育锻炼打好基础。

情感目标

1. 培养学生勇敢顽强、拼搏进取的精神。
2. 培养学生遵守规则、尊重裁判,增进责任感和团结协作的精神。
3. 培养学生的个性发展以及良好的心理素质。
4. 培养学生胜不骄败不馁的体育精神。

第一节 网球运动概述

一、网球运动简介

作为隔网击球项目之一,网球运动的历史比乒乓球、羽毛球要早得多,具有浓郁宫廷氛围的网球一直以来被人们冠以“贵族运动”的美誉。早在中世纪,法国的僧侣为调剂单调的生活,常常在教堂的回廊里玩用手掌击球的游戏,方法是在空地上两人隔一条绳子,用手掌将用布包着头发制成的球打来打去。当时这种游戏法语叫作 Tenez,英语叫作“Take it! Play”(抓住!丢过去),今天“网球”(tennis)一语即来源于此。由于这种游戏的趣味性和流传的广泛性,渐渐地传入法国宫廷,并很快成为当时贵族的一种娱乐游戏。14 世纪 30 年代,法国宫廷网球传入英国,并很快受到英国王室成员的喜好。当时的宫廷、教堂和皇家园林都建有网球场,贵族、僧侣们也热衷于此道。15 世纪,这种游戏由手掌击球改为用拍板打球,并很快出现了一种用羊皮制作拍面的椭圆形球拍。同时,场地中央的绳子也改成了网。此后,球拍中央的羊皮纸也改成了穿弦线。16—17 世纪是这种活动的兴旺时期,逐渐形成了一种比赛。

近代网球运动的创始人是英国的少校军官沃尔特·克洛普顿·温菲尔德。1873 年,他将早期的网球打法加以改进成为夏天在草坪上进行的一种体育活动,最初称为“斯菲尔里斯戴克”,后改名为“草地网球”,这被认为是现代网球运动的里程碑。同年,为宣传和推广这项运动,他还出版了第一本网球书——《草地网球》。此后,网球便成为一项室内、户外都能进行的体育项目。

1878 年以来,草地网球由美国的移民、商人或驻军等传至全球,如加拿大、斯里兰卡、瑞典、印度、日本、澳大利亚、南非。当时,爱好网球的人士绝大多数是富裕的资产阶级。他们有条件在自家的草坪上设置网球场,作为他们社交活动的场所。19 世纪 90 年代中期,网球进入了初步发展阶段,许多国家和地区组织了网球协会,并定期举行比赛。1896 年,网球作为唯一的球类比赛项目出现在首届现代奥林匹克运动会上。当时只有男选手参加,项目有单打和双打。

1911 年,当时草地网球正在世界上迅速发展,一些设有网球协会的国家迫切需要一个国际机构来负责协调和组织国际性比赛。1913 年 3 月 1 日,国际网球联合会(ITF)成立,总部设在伦敦。在各国网协的大力推动下,网球运动有了飞速的发展,从而形成了世界网坛最负盛名的四大赛事,现通常把这四大赛事统称为大满贯赛。

二、中国网球的发展

19 世纪中叶,我国在鸦片战争中陆续开放了一些沿海通商口岸,西方的官员、商人、传教士和驻军络绎而至,网球运动由他们带进中国。约在 20 世纪 20 年代,网球逐渐在天津、上海、广州、北京等大城市传播开来,但一直无法普及。

中华人民共和国成立后,网球运动在起点低、基础差、交往少的情况下逐渐发展。1953 年,中国网球协会于北京成立。1981 年 7 月,中国网球协会被国际网球联合会接纳为会员。在过去的 20 多年里,我国网球虽然在亚洲一直处于领先位置,但与世界网球强国相比,网球水平仍有较大的差距。2004 年,李婷和孙甜甜在雅典举行的第 28 届奥运会上赢得了女子网球双打冠军,取得历史性的突破;2006 年,郑洁和晏紫先后获得澳网和温网的女双冠军;2008 年 7 月,郑洁杀进温网四强;2011 年,李娜获得法网冠军。我国网球正成为世界网坛一支不容小觑的力量。

网球运动的锻炼价值较高,它既是一种消遣和增进健康的手段,也是一种艺术追求和享受,还是一种扣人心弦的竞赛项目。经常参加网球运动,不仅能发展力量、速度、耐力和灵敏性等运动素质,提高内脏器官和神经系统的功能,还有利于培养勇敢、机智、坚毅、果断等优良品质,在娱乐中达到身心健康的目的。

第二节　网球运动的基本技术

一、网球运动的基本技术

（一）握拍法

网球握拍有多种不同的方法，不同的握拍法可产生不同的击球效果和打法。确定采用何种握拍方法对发挥自己的优势非常重要。初学时，可使用最顺手的握拍法，在技术渐渐提高的过程中逐步改进握拍的方式。根据虎口对准球拍握柄端口的不同位置，可划分为不同的握拍法（图 15-1）。

1. 大陆式握拍法

握拍时，虎口对准上平面与右上斜面的交界线处，用手掌根贴住拍柄上平面，食指与其余三指稍微分开，食指上关节紧贴在右上斜面上，拇指直伸压住拍柄上平面。大陆式握拍法适合在发球、高压球、截击球、反手击球时使用（图 15-2）。

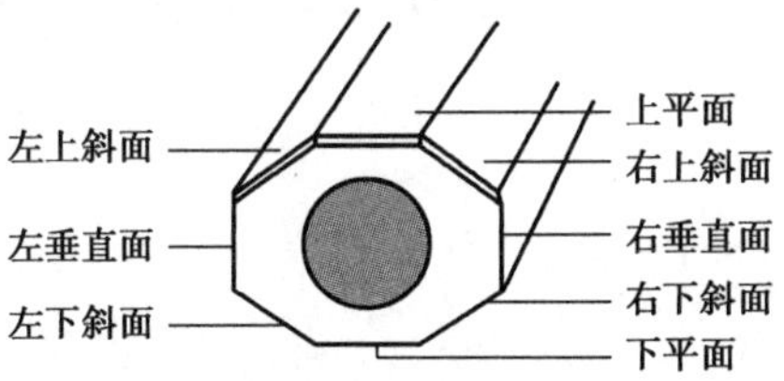

图 15-1　网球拍柄端位置

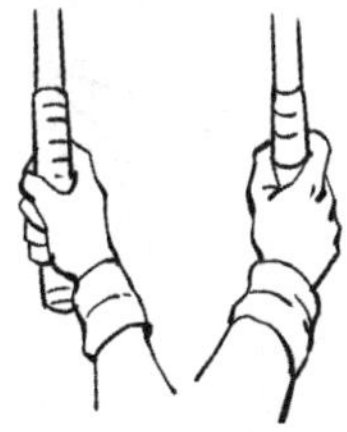

图 15-2　大陆式握拍法

2. 东方式握拍法

（1）东方式正手握拍法。东方式正手握拍法如同我们生活中的握手姿势一样，把手平贴在拍面上，保持手掌与拍面平行，手顺着拍面下滑至拍柄，手握紧拍柄（图 15-3）。

（2）东方式反手握拍法。在正手握拍的基础上向左移动 1/4，使虎口对准拍柄左上斜面，拇指末节贴住左下斜面，食指第三指节压在右上斜面（图 15-4）。

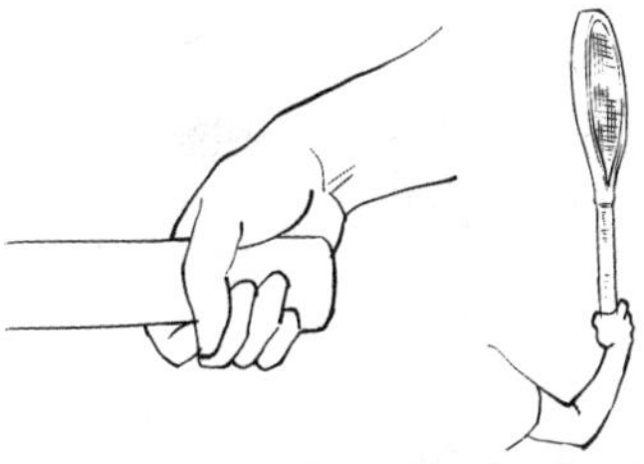

图 15-3　东方式正手握拍法

图 15-4　东方式反手握拍法

3. **西方式握拍法**

虎口对准右垂直面和右下斜面交界线处,手掌从上面握住拍柄,食指底部关节压住拍柄的右下斜面(图 15-5)。

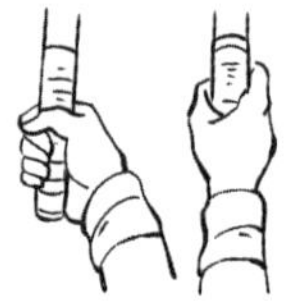

图 15-5 西方式握拍法

4. **半西方式握拍法**

虎口对准右上斜面和右垂直面交界线处,拇指直伸压住拍柄上平面,食指第三指节贴住右上斜面。这种握法可击打快速省力的平击球和一些带有旋转的上旋球,还可进行高空截击,击打底线和中场较低的球。

(二)正手击球

正手击球是网球运动中最基本,同时也是最重要的击球方式之一(图 15-6)。正手击球击球有力、速度快,动作由准备姿势、后摆引拍、挥拍击球和随挥动作组成。

图 15-6 正手击球

1. **准备姿势**

面对球网,双脚自然开立,与肩同宽。双膝微屈,重心略前移,落在前脚掌上。右手握拍,左手扶住拍颈,拍面垂直于地面,拍头指向前方。两眼目视前方,做好击球准备。

2. **后摆引拍**

当判断来球需用正拍回击时,向右转肩,转髋带动右手向后摆动引拍。引拍时肘部弯曲、自然下垂,拍头的高度在同侧髋关节处,左手伸向前方以保持身体平衡,后摆引拍时身体重心移向右脚,左肩对着击球方向,手腕固定,挥拍转动约 180°,拍头指向后挡网。

3. **挥拍击球**

击球时紧握球拍,手腕后伸、固定,两脚用力蹬地,转肩、转髋,带动身体向前挥拍。击球点在身体的右前方,高度不超过腰部。挥拍击球时拍头由后向前、自下而上自然挥动,使球略带上旋。

4. **随挥动作**

在球离开球拍后,继续将球拍向前、向上挥出,使右臂自然接触下巴,拍头挥至左前上方,并用左手扶住拍颈。右脚尖要停留在地面上,鞋底面正对后挡网,重心充分停留在前脚,并站稳身体。

(三)反手击球

反手击球是网球运动中与正手同样重要的基本技术动作(图15-7)。反手可分为单反手和双反手,这两种击球方法各有特色。单反手更加灵活,控制范围大,击球线路变化大,隐蔽性强。双反手力量更大,稳定性更强,上手较快,适合初学者。下面以双反手击球为例介绍反手击球技术。

图15-7　反手击球

反手击球同正手击球一样,也由准备姿势、后摆引拍、挥拍击球和随挥动作组成。

1. 准备姿势

同正手击球姿势。

2. 后摆引拍

手臂随转体自然地向后拉拍,引拍幅度要小,并尽可能保持两只手臂贴近身体。拍头位置稍低于来球,但不要低于手腕。保持拍柄的底部正对来球。边回撤球拍,边接近击球点,将击球点确立在最适宜肘部伸展的地方。

3. 挥拍击球

球拍由后向前上方挥出,前挥时手臂保持弯曲,直到随挥动作结束才伸直。击球的瞬间,握拍手保持稳定,挥拍对准来球并把球打在前点上。拍触球时手腕绷紧,拍面与地面垂直,用转体和转肩的力量使重心前移到右脚上。

4. 随挥动作

击球后,球拍沿着球的飞行方向向前、向上送,重心前移落在右脚上,挥拍在右肩上方结束,身体转向球网至准备姿势。

(四)发球

发球是网球的基本技术之一,也是唯一由自己掌握,不受对方影响的技术(图15-8)。发球技术一般分为平击发球、切削发球和上旋发球三种。发球技术由发球姿势、抛球与后摆、击球及随挥动作组成。

1. 发球姿势

全身放松,站在底线后离中心点各50厘米处。两脚分开,与肩同宽,面朝对手。两腿膝部微屈,重心放在后脚上。左手持球轻托球拍在腰部,拍头指向前方。

图 15-8 发球

2. **抛球与后摆**

抛球手拇指、食指和中指三指轻轻拖住球，掌心向上。当球拍向下向后引拍时，抛球手同时下降至右腿处，紧接着球拍从身后向头上方做大弧度摆动，转体、屈膝、展肩，持球手柔和地在身前左脚前上举，直至伸直并高过头顶。球送至最高点再离开手指顺势到空中，此时右肘向后外展约同肩宽，拍头指向天空，左侧腰、胯呈弓形，身体重心随着抛球开始先移向右脚，然后平稳地开始前移。

3. **击球动作**

发球时要绷直双腿，并向上将拍子举直，身体充分伸展，握拍的手臂向上伸直，用拍的高点击球。击球后，抛球的手臂自然下落。

4. **随挥动作**

将球发出后，身体向场内前倾，保持连续的完整向前上方伸展的随挥动作。球拍挥至身体的左侧，重心移至前方，做到完全自然地跟进并保持身体平衡。

（五）接发球

接发球是网球的基本技术之一。接发球的好坏往往决定着比赛的方向。接发球的动作技术有握拍与站位、引拍、击球、随挥四个环节。

1. **握拍与站位**

双脚自然开立，与肩同宽，双膝微屈。重心前倾，拍头约与腰同高并指向对方。右手采用大陆式或东方正手式握拍法，左手扶拍颈。判断来球准备接球时，迎上一两步，如正手接，握拍不变；如反手接，及时换东方反手式握拍。接一发一般站发球区中间偏右底线外（准备打正手），接二发一般站中间偏左（准备打反手或侧身正手）底线内。

2. **引拍动作**

判定来球决定正、反手接球，如对方发球不在左侧，则侧身对网，将球引入右侧前方，将拍引至侧身，转体同时或直线或斜线击球，引拍幅度控制不要太大，高不过肩，对方球速越快，转身引拍越快，幅度就越小。

3. **击球动作**

身体下蹲，重心迅速前移，击球瞬间拍面垂直于地面，手腕绷紧，保证在身前击球，后脚不要离地，保持身体稳定。

4. **随挥动作**

击球后持球手臂顺势向左前方挥动，动作不要太大。双脚随即跟上，以准备下一个击球。

（六）截击球

截击球是指来球落地前被凌空拦截的球。无论在单打还是双打中，截击球都是一种主动进攻得分的重要技术。截击球是一种网前攻击性很强的击球方法，一般在近网处使用，也可在场内任何地方截击空中来球。截击球分为正手截击球和反手截击球。下面以正手截击球为例介绍其动作方法：当判断对方来球方向后，立即转肩，以转肩带动球拍后摆。左脚朝来球方向跨出，拍头高于握拍手，握紧球拍，绷紧手腕，在身体的前面迎击球。击球后有一个幅度较小的随挥动作，拍子挥向球击出的方向，并恢复成准备姿势（图 15-9、图 15-10）。

图 15-9　正手截击球

图 15-10　反手截击球

（七）高压球

高压球也称杀球，是在头顶上用扣杀动作还击球的一种击球技术，被称为击球中的一枚“重炮”，是迅速直接得分的锐利武器。高压球与截击球一样，属于上网击球技术。根据对方挑起球的高低程度和落点不同，高压球可分为原地高压球、跳起高压球和后退高压球等（图 15-11）。

图 15-11　高压球

1. **握拍与引拍**

采用东方式正手握拍或大陆式握拍法，调整身体位置，左手向上方伸出，指向来球。引拍结束时，屈肘，拍头置于头部的后上方，指向天空。

2. 移动与后撤

如果球很高,要用交叉步快速向前后左右移动。先大步,后碎步调整,迅速接近目标。如果球越头顶,不要匆忙起跳,先迅速向后撤两步,并屈膝准备起跳。移动要快,左肘对准来球,眼睛盯球。

3. 击球动作

开始引拍击球时,球拍在身体的后上方。转肩,头保持稳定。后脚向上起跳,用力击球。击球时手腕下勾加力,拍头高于手腕,击球点在身体前上方,充分伸展身体。

4. 随挥动作

击球后顺势下挥,上体随球的方向前屈在身体落地的瞬间,重心随着持拍一侧的腿前移,随挥球拍到腰的另一侧。

二、网球健身方法

(一)网球学习的方法

1. 传统的技术学习方法

依赖于分析结果,分解优秀运动员的各个动作环节,把优秀运动员的技术动作作为理想的和标准的动作样板,然后让其他选手模仿和学习他们的动作。但由于解剖学和生理学上的个体差异,这种技术动作难以适合每一名运动员。

2. 现代网球的技术学习方法

以使用为目的来分析动作,采取了与以上截然不同的手段,包含着按照体育科学理论,通过技术动作的形成和运用过程,对一个技术动作的不同部分进行评估。然后根据这些相关的数据来确定理想技术动作的模式。最后才是分析优秀运动员的技术动作与这种理想技术动作模式的相关性。这种学习方法的最大优点是既可观又能兼顾个体差异。

3. 观察影像法

可以利用 DV 设备拍摄,观察和分析自己的动作。同时,观察和分析职业运动员影像的慢动作并进行比较,找出自己需要改进的地方。

(二)网球学习的原则

(1)所有的击球动作应被当作一个整体来学习(发球除外)。

(2)开始向后的引拍动作要小并用较轻的球拍,只有当击球成功率提高后再增加难度。

(3)所有的底线击球技术都应同时学习。

(4)从一开始击球动作就应做到完整,动作要协调,身体要转动。

(三)网球球感的练习方法

1. 单手练习

各种手抛接球、拍抛接球、对墙击球等。例如,在距离网球 3 ~ 5 米处,正手持拍以中等力量将球击向墙体，等球反弹回来后用非持拍手接住，再进行下一次练习，待球感稍有提高后可适当增加难度，球反弹回来后不用手接球，而是直接用球拍连续击球。这项练习主要是让练习者体会球拍对球的控制。

2. 双人练习

往前对截，一发一接，由近至远的正反拍对打等。

3. 找点发球或击球练习

练习时画一个 1 米直径的圈或设立一标杆，甚至以更小的范围为目标，圈或标杆要划区域。例如，对圈击球，在墙上适当高度画一直径 80 厘米的圆或更小的圆，对圈击球练习；发球时发球线的两角，或发球线的中间处；击球时击底线二角处等。

（四）网球技术的场外练习

利用场地外的条件进行练习，以达到掌握技术、提高技术的目的。提高网球技术，最好是在场上和同伴一起训练。但是如果没有场地，或者因其他客观原因，导致无法在场上进行调练时，可以用以下几项简单的场外练习方法来提高自己的技术。

1. 徒手模仿正确动作，进行挥空拍的练习

（1）方法：徒手做模仿各种击球动作，进行挥空拍的练习。

（2）目的：通过徒手挥拍动作的练习，达到掌握各种击球动作的目的。

（3）要求：用意念的方法，在大脑默念各种正确的击球动作，按照动作的要求，边默念边做动作。在挥击时，设想确有其球，保持正确的位置和准确的击球点；由慢到快反复做徒手挥空拍的练习，直到动作熟练、自如地掌握，形成动作定型；最好是一个一个动作来做，比如学习正手击球就做正手击球的徒手模仿练习。

2. 对着镜子来检查动作质量

（1）方法：持拍站在能够看到自己全身的一面大镜子前做各种击球动作。

（2）目的：通过镜子检查动作是否正确，姿势是否舒展、大方、美观。

（3）要求：在镜前要慢做引拍、挥拍击球和随挥的完整动作，看其动作质量、击球姿势如何；观察镜子里自己的动作，纠正那些不正确的动作；按正确的动作概念自行调整，并继续在镜子前练习，直到掌握正确的姿势。

3. 对墙练习，使去球动作定型

（1）方法：对墙进行正反手发球、截击球、高压球、挑高球、反弹球等单个击球技术练习；对墙进行几个技术的组合，反复练习。

（2）目的：通过对墙练习打球来促使正确击球动作的形成。

（3）要求：为使动作定型，可自抛自打一个动作一个动作地做，也可由别人来跑送球；不可猛打、急打，要有控制力度地、有条不紊地进行练习；可一人对墙打或两人、三人对墙打。

对墙练习是基本功练习较好的方法之一，墙是理想的陪打者，不但初学者可进行对墙练习，就连职业选手也常进行对墙练习，以达到“学而时习之”的目的。对墙练习更能集中精力，几乎所有击球技术都能对着墙练习，对墙练习可帮助练习者规范击球的动作，也可以帮助你掌握击球稳定性和节奏性，以及脚步移动等多方面技术。

（五）趣味加技巧的练习

运用记分、限定条件等方法，调动运动员练习的兴奋性、趣味性和积极性，从而提高运用各项技术的能力。

1.“三击球”练习

（1）方法：练习底线球对抗的一种方法。

（2）目的：提高底线击球的稳定性和持久能力。

（3）要求：打落地球；在球过网三次（即打三个来回）后开始记分，当球第四次过网后一方赢了才算得一分，如此在底线对打练习直到一方赢得 11 分；要连续对打，少失误，认真打好每一个球。

2. 短促练习

（1）方法：双方都只在发球区内击球。

（2）目的：训练、提高控制球和技巧性击球的能力。

（3）要求：人站在发球区内，球落点也必须在发球区内；用轻打或打角球或截击空中球得分；采用 21 分或 31 分制。

3. 长球练习

（1）方法：用上面介绍的“三击球”的方法进行底线长球对打练习。

（2）目的：训练和提高打深区球的能力。

（3）要求：不准把球打到发球区内，否则算失一分；积极努力打出深区的球，根据实际情况运用和处理好各种球；采用 21 分或 31 分制。

也可安排底线对角斜线或底线直线球的方法进行底线球的练习。另外，网前的截击练习、底线破网与截击练习、挑高球与高压球等均可以参考上面的方法进行。

第三节　网球运动基本战术

网球比赛的战术分为单打战术和双打战术两大类。

一、单打战术

在网球的单打比赛中，根据自己的技战术特点和比赛过程的具体情况，将各种技术有机地结合起来运用。现代网球运动的单打比赛战术，可归结为上网型打法、底线型打法和综合型打法三种。

1. 上网型打法

上网型打法战术的指导思想就是利用网前进攻为主要得分手段。上网型打法战术可分为发球上网、接发球上网、随球上网、偷袭上网、伺机上网及放轻球上网等战术。

2. 底线型打法

底线型打法是以底线正、反手抽击球为基础组织的战术。其指导思想是用速度、旋转、落点的变化来创造进攻机会。底线型打法战术在比赛中往往起到过渡、稳定战局和以守为攻的作用。底线型打法的主要战术有对攻、拉攻、侧身攻、紧逼攻和防守反攻等。

3. 综合型打法

综合型打法是以基本功扎实、技术全面为基础,可根据不同的对手和不同的技战术掌握情况、场地特点与战术需要灵活地变换战术打法。综合型打法攻守平衡,符合积极主动、机动灵活的战术原则。这种打法是上网战术和底线战术的混合使用。

二、双打战术

1. 基本站位

站位是双打中非常重要的一个环节。双打时除发球和接发球队员在端线附近外,一般都站在网前位置。发球的队员站在规定发球区的网前,接发球队员则站在规定发球区另一侧的网前。有时发球的同伴也可站在端线附近,位于发球队员的另一侧。后场队员的基本站位:发球队员站在规定的发球位置,接发球队员站在端线附近,准备接发球。有时接发球同伴不直接站在网前,而是站在发球线附近,当对手打球后再向左前或右前扑截球。

2. 发球

双打发球落点要深,如果发球有足够深度,就能控制对手冲到网前截击。第一个发球应采用大力发球,发球后随球上网,这时动作要迅速,先冲前三四步,然后停下来,准备进行第一次截击。

3. 接发球

对方发球时,接发球的同伴一般站在发球线附近,接发球队员回球的情况将直接影响同伴的动作。如果接球队员能有效地接过发球,并且能够上网,这时两个人都应同时上网;如果接发球回击的球力量较弱,这时接球队员的同伴就应立即退到端线附近,不要停在原地。对发过来的球不能做有力的回击,需要到端线附近加以防御。如果两人同在后场站位时,应保持使球落在中间地带,以减小对手回球的角度。

4. 及时补位

在双打比赛中,两个人及时补位很重要,可补救场上出现的薄弱区域。例如,发球队员的同伴由于截抢冲力过大而冲过中线,这时发球队员就应及时向空当补位。如果遇到两个对手同时上网时,同伴向中路回球较低,被对手截击,这时处在截击队员对面的网前队员应及时截抢。如果接球队员将球打给网前队员,这时接球队员的同伴应迅速后退到中场。

5. 双上网和双底线

优秀运动员双打时,采用的理想阵势是两人在前或是两人在后,如果两个人是处于双上网的位置,而同时对方也是双上网,在这种情况下双方都会向有球的一侧移动。很多球是在中场来回击打,因此球场另一部分就会出现一个很大的空区。这一空区往往是对手进攻偷袭的区域，比赛中应当有意识地加以防守。如果两个人是处于双底线位置，那么回击时就应当使球多落在中间场区，以减小对方回球的角度。另外，双打比赛应随时重视防御中间地带，因这一地带是被攻击的主要目标，所以要求两人配合默契。

第四节　网球运动的主要规则

(一)网球场地、器材

1. 场地

网球场地是一个长方形场地，长 23.77 米、宽 8.23 米，球网(网的中央高度为 91.47 厘米，两端高度为 107 厘米)把全场隔成相对的两个半场，接近球网两边的 4 块相等的区域是发球区，双打场地的两边较单打场地宽 1.37 米。全场除端线可宽至 10.7 厘米外，其他各线的宽度均不得超过 5 厘米，也不得少于 2.5 厘米。全场各区域的丈量，除中线外都从各线的外沿计算。网球场地分为草地、土地、硬地和塑胶场地等。

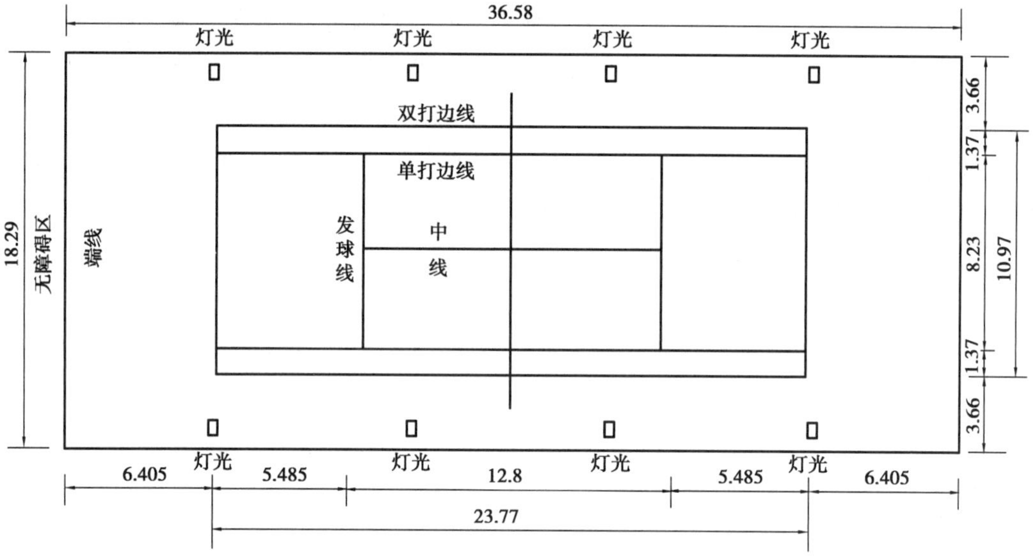

图 15-12　网球场地(单位:米)

端线长:单打为 8.23 米;双打为 10.97 米。

发球线:至端线的距离为 5.485 米，至球网为 6.405 米。

发球区:每半场有左右两个发球区，长 6.405 米、宽 4.115 米。

端线外至少有 6.405 米，边线外至少要有 3.66 米的空地。

2. 器材

网球器材包括网球、球网、网柱、中心带及单打支柱。球为白或黄色，直径为 6.35 ~ 6.67 厘米，质量为 56.7 ~ 58.5 克;从 2.54 米的高处自由落下时，能弹起 1.35 ~ 1.47 米;网柱高 1.07 米，直径不超过 15 厘米;球网单打长 10.06 米，双打长 12.80 米，网高 91.4 厘米(以网子中央标志带处为准）。

3. 球拍

网球拍一般由木质、铝合金、碳素等材质制成，各种材质的球拍都有其优缺点。目前，普遍选择的是铝合金和碳素网球球拍。球拍有轻型（L）、中型（M）、重型（H）等型号，分别代表球拍的质量。

（二）比赛方法

网球比赛有单打和双打两种形式，正式比赛项目有男子团体，男、女单打，男、女双打，混合双打七项，每场比赛一般采用三盘两胜制。网球计分的最小单位是分，然后是局，最后是盘。比赛时运动员每胜一球得一分，呼报15，再得一分，呼报30，得第三分呼报40，先得四分者胜一局，如遇双方各得三分时，则为平分，平分后，一方先得一分时，为该运动员占先，占先后再得一分，才算胜一局；如一方占先后，对方又得一分，则仍然为平分，依此类推，直至一方在平分后净胜两分结束该局。先胜六局者为胜一盘，如遇双方各得五局时，一方必须净胜两局才算胜一盘。为了控制比赛时间，近10年普遍采用平局决胜制，即当局数6∶6时，则再打一局来决胜负，先赢得七局者为胜方。

网球比赛时，发球方先从右区端线后抛球，将球发至对方的右发球区方为有效。每一分有两次发球机会，第一次发球发进区域的话，比赛继续进行，未进区域时，则重新发球。连续两次失误为双误，失一分。第二分换在左区发球，第三分再回到右区。如此轮换，直至本局结束。下一局改由对方发球。接发球者必须在发来的球落地弹起后再接球，如击落地2次的球，为对方得分。

（三）发球

1. 发球前的规定

发球员在发球前应先站在端线后、中点和边线的假定延长线之间的区域里，用手将球向空中任何方向抛起，在球接触地面以前，用球拍击球（仅能用一只手的运动员，可用球拍将球抛起）。球拍与球接触时，就算完成球的发送。

2. 发球时的规定

发球员在整个发球动作中，不得通过行走或跑动改变原站立位置，两脚只准站在规定位置，不得触及其他区域。

3. 发球员的位置

（1）每局开始，先从右区端线后发球，得或失一分后，应换到左区发球。

（2）发出的球应从网上越过，落到对角的对方发球区内，或其周围的线上。

4. 发球失误

未击中球；发出的球，在落地前触及固定物（球网、中心带和网边白布除外）；违反发球站位规定。发球员第一次发球失误后，应在原发球位置上进行第二次发球。

5. 发球无效

发球触网后，仍然落到对方发球区内；接球员未做好接球准备，均应重发球。

6. 交换发球

第一局比赛终了,接球员成为发球员,发球员成为接球员。以后每局终了,均依次互相交换,直至比赛结束。

(四)交换场地

双方应在每盘第一、三、五等单数局结束后交换场地;以后每盘结束双方局数之和为单数交换场地。

(五)失分

发生下列任何一种情况,均判失分:
(1)在球第二次着地前,未能还击过网。
(2)还击的球触及对方场区界线以外的地面、固定物或其他物件。
(3)还击空中球失败。
(4)故意用球拍触球超过一次。
(5)运动员的身体、球拍,在发球期间触及球网。
(6)过网击球。
(7)抛拍击球。

(六)压线球

比赛中,落在线上的球都算界内球。

(七)双打还击

接发球后,双方应轮流由任何一名队员还击,如运动员在其同伴击球后,再以球拍触球,则判对方得分。

(八)双打

1. 双打发球次序

每盘第一局开始时,由发球方决定由何人首先发球,对方则同样地在第 2 局开始时,决定由何人首先发球。第 3 局由第 1 局发球方的另一球员发球。第 4 局由第 2 局发球方的另一球员发球。以下各局均按此秩序发球。

2. 双打接球次序

先接球的一方,应在第 1 局开始时,决定何人先接发球,并在这盘单数局,继续先接发球。双方同样应在第 2 局开始时,决定何人接发球,并在这盘双数局继续先接发球。他们的同伴应在每局中轮流接发球。

3. 双打还击

接发球后,双方应轮流由其中任何一名队员还击。如运动员在其同队队员击球后,再以球拍触球,则判对方得分。

作业与思考题

1. 为什么网球深受人们的喜爱？它有哪些特点？
2. 网球有哪些基本技术？
3. 简述网球正手击球的技术要领。
4. 简述网球反手击球的技术要领。

★★知识窗

名人堂:李娜

李娜,中国著名女子网球运动员,毕业于华中科技大学新闻系。1982 年生于湖北武汉,6 岁开始练习网球,1999 年转为职业选手,从网球低级别赛事一路打到四大满贯。第一个获得巡回赛单打冠军的中国人,2008 年北京奥运会四强。2011 年获得法国网球公开赛女单冠军,成为中国乃至亚洲在网球四大满贯赛事上夺得单打冠军的第一人。2013 年 1 月 26 日,澳大利亚网球公开赛女单决赛,李娜在领先的情况下,因伤 1:2憾负阿扎伦卡,第二次获得澳网亚军。

第十六章　健美操与形体健身教育

知识目标

了解健美操、形体训练的特点、锻炼的价值、基本功法的理论知识及比赛规则。

技能目标

学习健美操、形体锻炼的柔韧、力量的方法，学习创编健美操的原则、步骤等能力。

情感目标

1. 培养学生追求美感的意识。
2. 培养学生勤奋刻苦的学习态度。
3. 培养学生的个性发展。
4. 培养学生胜不骄败不馁的体育精神。

第一节　健美操运动

一、健美操运动简介

近几十年来，健美操已经风靡世界。早在19世纪，在欧洲一些国家开始出现了以身体活动和音乐伴奏相结合的韵律体操，并开办培养音乐体操教师的学校，将音乐体操作为体育教育的手段逐步传播。20世纪80年代初，美、英、法及欧洲一些国家的健美操得到很快推广，电视节目中健美操形成热点，学校的体育教学大纲也将此列入其中。

现代健美操在我国发展的历史并不长，但发展速度却非常快。早在1937年就由康健书局出版了马约翰等人所著的《女子健美体操集》一书。书中以“貌美与体美”“妇女健康的运动”“中年妇女的美容操”“增加内体美的五分钟美容操”“女子健康柔韧操”等5个标题，阐述了人体美的价值、重要性和要求，介绍了徒手操的动作，其内容与现代女子健美操有诸多相似之处。随后，又出版了《男子健美操集》，这两本书以“增美之奇方”在我国流传。

20世纪70年代末，健美操热再次传到我国。目前，健美操已成为我国各级各类学校体育课或课外活动中一项深受师生欢迎的教学内容和锻炼方式。1992年，国务院颁布了《全民健身计划实施纲要》,健美操成为全民健身的重要项目之一。1992 年 9 月,中国健美操协会在北京成立。1992 年 2 月,中国大学生体协健美操、艺术体操分会在北京成立,这些都标志着我国健美操运动已进入一个崭新的发展阶段。

二、健美操运动的特点

健美操是在音乐伴奏下,以操化动作的方式,融入体操、舞蹈、武术等内容,组成单个动作或成套动作,通过参与者的身体练习,达到健身效果,追求完美体型的一项新颖运动项目。其特点大致可归纳为以下几个方面:

(一)锻炼的目的性

健美操的目的是在健身的基础上把形体美、姿态美、动作美和精神美有机地结合起来表现,也是健美操区别于其他健身操、卫生操的重要标志。

(二)编操的针对性和科学性

健美操的编操是以对象的性别、年龄、职业、身体状况等具体情况为依据,以人体生理学、解剖学、营养学、心理学、人体造型学、体育美学等多学科科学理论为指导进行的。每套操的动作结构、数量、顺序、时间、身体各关节的作用、形体、心率、氧代谢等诸多因素都经过科学的测定和分析,因而具有明确的针对性和严密的科学性。

(三)动作的整体性

健美操的动作来源于体操中的徒手动作和队列队形,舞蹈中的现代舞、古典芭蕾和民族舞的基本动作等。但这些动作已不再是单纯的体操和舞蹈动作,而是按照健美操的特点,经过再创造形成健美操的特有动作,使之具有讲求实效、简单易行、造型美观、活泼多变、富有弹性、小关节对称活动等多重特点。这些动作通过科学有序的排列组合和重复,成为具有特定功能的动作整体。

(四)音乐的和谐性

音乐与健美操有着十分密切的关系,是健美操不可缺少的内容;与动作协调一致,具有鲜明的节奏,能够产生振奋人心的效果,使练习者进入意境,充分发挥自己的想象力,达到调节情绪、缓解疲劳、恢复精力、陶冶情操的目的。

三、健美操基本功

健美操的基本功包括基本动作和基本步法。

(一)健美操的基本动作

基本动作是健美操练习和进行群众性健身锻炼的基础。通过基本动作练习,可以掌握正确的动作技术,加大动作幅度,培养良好的动作形态。基本动作练习是按人体生理解剖结构分部位进行的，是一项专门性的练习，练习者可根据需要加以选择。

1. 健美操的常用手型

健美操中手型有多种，它是从爵士舞、芭蕾舞、西班牙舞、迪斯科、武术等手型中吸收和发展起来的。手型是手臂动作的延伸和表现，手型的变化不仅可以使手臂的动作更加丰富多彩、生动活泼，表现出美感，而且有助于加强动作的力量性。常用健美操手型有以下几种，其训练规范如下：

(1)掌

①并掌：大拇指指关节弯曲内扣，其余四指并拢伸直。手腕伸直，使手臂呈一条直线。腕关节与掌指关节适度紧张。

②开掌：五指用力分开，并伸直。

③立掌：手掌用力上屈，五指自然弯曲(图 16-1)。

并掌　　开掌　　立掌

图 16-1　掌

(2)拳

①实心拳：四指卷握，大拇指末关节压住食指、中指的第二关节。

②空心拳：四指卷曲，大拇指末关节压住食指、中指的末关节，拳成空心状(图 16-2)。

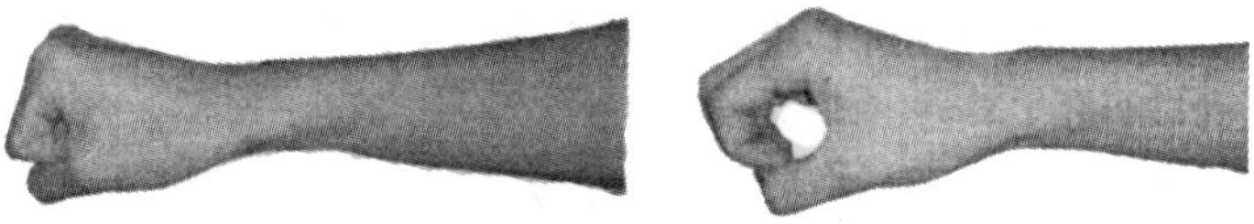

实心拳　　空心拳

图 16-2　拳

(3)其他手型

①西班牙舞手型：五指分开，小指内旋，拇指稍内收。

②剑指：食指和中指并拢伸直，拇指、无名指、小指内收。

③V 指：拇指与小指、无名指弯曲，食指与中指伸直并尽力分开。

④响指：无名指与小指屈握，拇指与中指、食指摩擦后，中指击打大鱼际处产生响声(图 16-3)。

2. 头颈动作

(1)形式：屈、转、平移、绕及绕环。

(2)方向：向前的、向后的、向左的、向右的屈和平移；向左的、向右的转和绕、绕环。

(3)要求：做各种形式的头颈动作时，节奏一定要慢，上体保持正直。

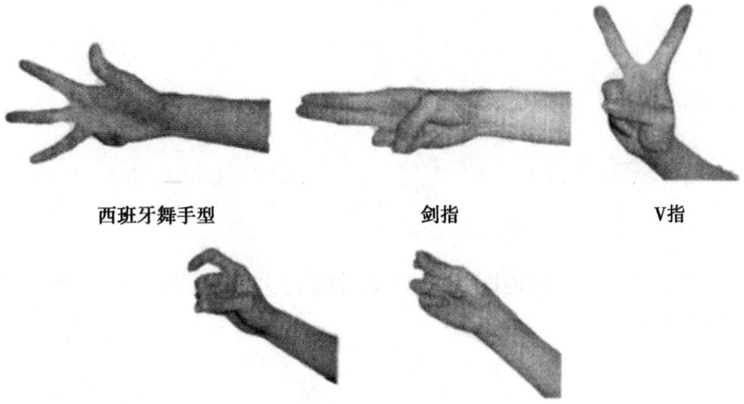

西班牙舞手型　剑指　V指

响指

图 16-3　其他手型

3. **肩部动作**

(1)形式:单肩的、双肩的提肩和沉肩;收肩和展肩;单肩的、双肩的绕和绕环;振肩。

(2)方向:向前的、向后的绕及绕环。

(3)要求:

①提肩、沉肩时,两肩在同一额状面上尽量上下运动。

②收肩、展肩的幅度要大,肩部要平。

③振肩动作要有速度、力度和弹性。

4. **上肢动作**

(1)形式:由举、屈伸、绕、绕环、振、旋等动作组成。

(2)举:指以肩关节为轴,臂的活动范围不超过 180°而停止在某一部位的动作,包括双臂和单臂的前、后、侧、侧上、侧下举。

(3)屈伸:指肘关节产生一定的弯曲角度,包括胸前屈、胸前单屈、肩侧屈、肩上侧屈和前屈、头后屈。

(4)绕及绕环:指单臂和双臂向内、外、前、后做 180°以上、360°以下的弧形运动。

(5)振:指以肩为轴,臂用力摆至最大幅度,包括上举后振、下举后振、侧举后振。

(6)旋:以肩或肘为轴做臂旋内或旋外的动作。

(7)要求:

①上体保持正直,位置要准确,幅度要大,力达身体最远端。

②做臂的摆动、绕及绕环,肩拉开用力。

5. **胸部动作**

(1)形式:含胸、展胸、移胸。

(2)要求:练习时收腹、立腰。

6. **腰部动作**

(1)形式:腰的屈、转、绕和绕环。

(2)方向:有向前、向后、向左、向右。

(3)要求:

①腰前屈和转时,上体立直。

②腰绕和绕环时,速度放慢。

(二)健美操的基本步法

1. 踏步

大腿抬平,小腿自然下垂,落地时用前脚掌过渡到全脚掌,两臂屈肘前后自然摆动,身体保持正直,抬头挺胸。

2. 交叉步

有向前、向后、向侧的交叉步。一脚迈出,另一只脚在前或在后交叉,重心随之移动。

3. V 字步

可分为正 V 字步和倒 V 字步。一脚迈出,另一只脚随之迈出呈一条直线,两脚距离略比肩宽,两膝自然弯曲,然后依次收回。

4. 开合跳

跳起分开落地,髋部、脚尖外开,膝关节在同方向弯曲。蹬地还原时,脚跟并拢,膝缓冲。动作要有起伏、连贯、有弹性。

5. 弹踢腿跳

动力腿屈膝后摆,两膝之间要靠拢,前弹时不要过分用力,膝关节、髋关节运动伸展要有控制,脚尖绷直,然后换另一条腿做。

6. 后踢腿跳

一腿屈膝后摆,髋和膝在一条线上;跑跳过程中,膝、踝关节充分缓冲,手臂可自然摆动。

四、健美操的创编原则与步骤

(一)健美操的创编原则

1. 全面性原则

在编排成套动作时,要考虑到尽可能使人体参与的部位全面,成套动作选择的内容,应包括增强肌肉群力量、各关节的灵活性、柔韧性的不同类型的动作,使上肢、下肢和躯干等身体各部位进行上下、左右、前后不同方向的交替活动;要注意使每个动作的幅度、速度和角度等符合人体解剖学原理和生理特征。同时还要注意选编一些能增强心血管系统功能的走步和跳跃动作,使心血管系统得到充分刺激并产生新的适应。

2. 针对性原则

在具体创编健美操时,根据不同的任务、对象、场地、器材等情况和特点,创编切合实际的单个和成套动作。例如,以培养正确体态为主要任务时,应侧重于选择有利于培养良好基本姿态的动作;以提高体能、增强体质为主要任务时,应保证成套动作的时间、强度,并选择起伏大的动作;以愉悦身心为主要任务时,应选择新颖、趣味性强的动作,并讲究成套动作编排的艺术性和音乐选配的优美性。

不同年龄、性别、职业、身体状况、运动水平、文化层次的练习者对健身健美操的需求、爱好及接受能力都有所不同,因此在创编时要根据不同对象的生理、心理特点,在内容、风格、难度、速度及运动负荷等方面有所区别。例如,以女性为主要练习对象时,应选择一些刚柔相济、优美协调、流畅多变的动作;以男性为主要练习对象时,应选择一些刚劲有力、豪爽大方的动作;以中老年人为主要练习对象时,应注意柔和、用力均匀、幅度变化不大、速度快慢适中和简单大方的动作,同时加强身体远端关节如手指、踝和肩的活动;以青年人为主要练习对象时,应选择一些富有朝气、健美大方、节奏感强的动作。

3. 合理性原则

动作顺序设计与运动负荷安排的合理性是体现健身健美操的科学性,从而取得锻炼的一项重要原则。健身健美操动作顺序的设计,必须遵循人体活动能力的变化规律,使人体运动的生理负荷由低到高,波浪形地逐渐发展,再逐渐恢复。为此,一套健身健美操的动作结构一般分为三个部分:

(1)准备部分。任务是为成套操做好生理上和心理上的准备,逐步消除人体内脏器官的生理惰性,激发做操热情。可选择一些配合深呼吸的脊柱伸展,各种走步、小跑步等动作。

(2)主体部分。任务是全面锻炼人体的各部位。一般从人体远端开始,自头或足始,逐渐过渡到肩、胸、腰、髋,即整个上下肢和躯干运动。身体运动由局部到整体,由慢到快,由弱至强,高潮在跳跃运动。

(3)结束部分。任务是使心率逐渐恢复到做操前的安静状态。一般为全身放松和踏步调整,动作速度逐渐减慢,伴以深呼吸。

目前,国内外正流行一种有氧健身操,它的动作设计与一般健身操基本相同,只不过从头到尾是在不停地走、跑、跳中进行,采用重复递进的方式逐步增加练习内容,最后以身体的伸展、牵拉作为结束。

4. 艺术性原则

健美操既是一项锻炼身体的手段,又是一种形体艺术。因此,在单个动作设计上,要健美、大方,力求使体操动作艺术化,舞蹈动作体操化,在吸收一些现代舞、民族舞动作时,结合健美操的特点进行再创造,使动作活而不乱,美而不花,注意多方向、多角度、多层次地展开动作。在成套动作的处理上,要注意动作的大小搭配、左右回旋、上下起伏、快慢交替。另外,音乐是健美操的灵魂,它影响着操的风格、结构、速度、节奏。音乐选配得好容易激发练习者的锻炼激情,因此在选配音乐时,要注意音乐与操的风格统一。音乐的旋律要动听,力求新颖、富有变化、节奏鲜明、强劲、规整、速度适中。健身健美操的音乐一般是 26 拍/10 秒以下。

(二)健美操的创编步骤

1. 创编前的准备

创编前的准备包括:明确创编的目的、任务和要求;了解练习者多方面的情况(性别、年龄、职业、文化水平、身体状况、运动基础等);了解锻炼时间、场地、器材、设备等条件;学习有关健美操创编的文字和音像资料。

2. 制订总体方案

在了解多方面情况的基础上,确定所编操的类别(健身健美操中的哪一种)、风格(活泼或稳健、优美或刚劲)、难度(大、中、小)、长度(若干个 8 拍)、速度(×拍/10 秒)、操的结构顺序、主要动作类型(如头的屈、伸、转、绕、绕环)及高潮的安排等。在有了基本构思后,编操者构思补充、修改总体方案。最后,总体方案表可将总体构思归纳出来,以便从整体上检查总体构思的完备性和合理性,并以此为纲进行下一步的具体动作设计。

3. 编排与记录

遵循健身健美操创编的原则,按照总体方案逐节设计具体动作,并用速记或速写的方法记录。

4. 练习与调整

按设计好的动作进行练习。在练习过程中要进行多方面的检查,包括对活动量和强度的测试,对整套操结构顺序的合理性和艺术性的检查等,根据测试结果、练习者的反馈信息及创编者的观察研究,对操进行适当的修改调整。

5. 撰写文字说明与绘图

文字说明的格式可参照基本动作说明。图解可根据实际情况绘制成详图或单线条简图。

五、健美操竞赛规则简介

(一)健身健美操竞赛规则

(1)比赛的内容包括规定动作和自选动作。

(2)成套动作时间为 2 分 30 秒至 3 分钟。

(3)音乐速度为 10 秒钟 20 ~ 26 拍。

(4)比赛场地为 10 米 ×10 米的地板或地毯,标记带为 5 厘米的红色或黑色带,标记带是场地的一部分。

(5)服装与仪容:运动员可穿紧身健美服或适合运动的服装,服装上可有装饰(如花边、亮片等),但不许有悬垂物。比赛时,不许带任何首饰和手表(皮带和发卡除外),不许穿生活装、武术服装。中老年组可穿运动服装或适合运动的休闲服等。头饰要端庄大方,化淡妆。

(6)比赛程序通常分为预赛和决赛:凡参赛队均需参加预赛,预赛前 8 名者进入决赛,不足 8 名时递减一名录取。

(7)比赛的方法:比赛中得分高者名次列前。如遇得分相等,艺术分高者名次列前,再相等名次并列。

(8)裁判组的组成:裁判组是由裁判长 1 人、裁判若干人组成。

(9)计分方法:艺术裁判 3～5 人、完成裁判 3～5 人,视线裁判 2 人、辅助比赛采用公开示分方法,裁判员精确到 0.1 分,运动员得分精确到 0.01 分。

(10)成套动作的评分因素包括艺术分 10 分和完成分 10 分,总分为 20 分。评分时,去掉最高分与最低分,所剩分数或所剩分数的平均数为运动员的艺术分或完成分,两个分数相加为总分。从总分减去裁判长的分数为最后得分。

(二)健身健美操竞赛裁判方法

成套动作的评分包括艺术分、完成分、裁判长减分。

1. 艺术分

艺术分从 10 分起评,对每个错误减分;艺术裁判的评分因素为动作设计、音乐、队形与空间、表演。

(1)动作设计(5 分):

健身健美操的动作设计应符合下面四个原则:健身、娱乐原则;安全无损伤原则、全面发展身体的原则;符合年龄特点的原则。

(2)基本步伐、手臂动作及动作组合(2 分):

动作设计必须包括七个基本步伐:踏步、开合、吸腿、踢腿、弓步、弹踢腿跳、后踢腿跑,或类似形式。手臂动作要体现多样性及动作的不对称性。动作组合中应使身体的各部位(头、手、上臂、前臂、躯干、腿和脚)协调配合,共同参与的部位越多评价越高,同一动作组合允许出现一次对称动作。成套动作的设计要以操化动作为主,在融合现代舞蹈和传统武术等项目的动作时,必须符合健美操动作的特点。

成套动作中不允许出现任何清楚地显示其他项目特征的造型或静止动作(如芭蕾、健美、搏击等);成套动作中不鼓励出现难度动作,如出现类似动作,不予加分,对出现的错误仍予以减分。

开始和结束允许出现托举动作,但不允许出现违规动作。成套动作至少应出现两次运动员之间的交流配合动作。

(3)过渡与连接(2 分):

成套动作应合理、流畅地连接健美操基本步伐、动作组合;灵活和流畅的空中、地面的相互转换。运动员可以依次或分批做动作,但任何一名运动员不允许停顿 1×8 拍。

(4)强度(1 分):

动作的频率;动作的速度及幅度;完成动作的耐力;移动。

(5)音乐(1 分):

音乐的选择应完整并与成套动作的风格协调;量,必须和运动员成套动作相配合。音响效果应是高质量的。

(6)队形与空间的运用(2 分):

成套动作的队形变化应自然迅速、流畅、清晰、美观,成套动作的队形变化不少于 5 次;成套动作必须充分、合理、均衡地使用场地;运动员在比赛场地中必须移动至少 4 个方向(向前、向后、向侧及对角);成套动作中至少出现 2 次空间的变化(地上和腾空均可)。

(7)表演(2分):

运动员在完成动作时,充分显示出热情、活力、魅力,并传达给观众;运动员的动作必须与音乐的节拍相符,并与乐曲配合。

2. 完成评分

完成分从10分起评,对每个完成错误给予减分;完成裁判的评分因素包括技术技巧和一致性。

(1)技术技巧

在成套动作中准确完成动作,展示完美的姿态及身体各部分的正确位置。具体包括身体的正确姿态;技术规范、部位准确、方向清楚、控制完成;熟练、轻松、流畅;爆发力、力度和耐久力。

(2)一致性

完成动作的能力、运动范围的一致性。所有运动员应体现出一致与均衡的运动强度,应具有一致的表演技巧。

完成裁判对以上每类错误的减分标准如下:小错误,每次减0.1分(稍偏离正确完成);中错误,每次减0.2分(明显偏离正确完成);大错误,每次减0.3分(较严重偏离正确完成);严重错误,每次减0.4分(严重偏离正确完成);失误,每次减0.5分。

3. 裁判长减分

(1)裁判长的职责是记录评判整套动作并根据技术规则负责监控在场全体裁判的工作。

(2)裁判长负责如下减分:时间不足(指成套动作时间少于2分30秒),扣0.2分;时间超过(指成套动作时间多于3分钟),扣0.2分;参赛人数不足或超过均扣0.2分;音乐速度不符合要求,扣0.2分;运动员被叫到后20秒未出场,扣0.2分;运动员的着装仪容不符合规定,扣0.2分;运动员身体触及线外地面,每次扣0.1分;违例动作减分,每次扣0.5分。

第二节　形体训练

一、形体训练概述

(一)形体训练的概念和意义

形体是指人在先天遗传变异和后天获得的基础上所表现出的身体形态上的相对稳定的特征。先天遗传对形体起着决定性的作用,后天的训练起着改善的作用。女子的形体要求线条清晰、体态匀称、刚柔结合,具有曲线美、匀称美、协调美和弹性美。

1. 形体训练的定义

形体训练是以运动人体科学理论为基础,通过徒手或利用各种器械,运用专门动作的方式和方法,以改变人的形体的原始状态、提高灵活性,增强可塑性为目的的形体素质基本练习。同时也是以提高人的形体表现力为目的的形体技巧训练。

大学体育形体课是近年来教学改革的结果，是体育课实行必修选项课的产物，但它仍属于大学体育课的范畴。根据形体训练的定义，形体课是在有限的课时内，在遵循运动人体科学理论的同时，利用艺术体操、舞蹈和健美操的内容为练习内容，在音乐的伴奏下按一定的节奏进行练习的过程，其中改变人的形体的原始状态、提高灵活性和形体表现力是教学的最终目标。

2. 形体训练的意义与目的

我国在形体训练方面有着悠久的历史，并且积累了许多丰富的经验。在长沙马王堆三号墓出土的一卷绘有人体各种运动姿态的帛画中，就反映了当时人们为形体健美而锻炼的内容。东汉医学家华佗所创的"五禽戏"以模仿动物形象和动作来达到强身健美的作用。

今天，随着人们健康意识和生活质量的提高，越来越多的人开始寻求和寻找适合自身的科学健身方式。人们希望通过形体训练，在增强体质的同时，改变自己的体形、培养优美的姿态而达到体态美的目的。

通过训练，使学生了解形体美的相关知识，明确形体美的标准，掌握基本身体姿态的训练，培养学生良好的基本姿态。

（二）形体训练的价值

1. 增强体质

形体训练是一项全身的体育运动，它强调身体全面发展，使头部、躯干、四肢、身体各部分都得到锻炼。在形体练习中，虽然单个动作的运动负荷不算大，但是连续做几分钟、十几分钟甚至几十分钟，其运动量较大，对人体各器官和系统都有锻炼的作用。根据不同的对象目标选择和编排练习内容，能有效地促进正确的生长发育，促进健康，增强体质。

2. 塑造美体

这是指通过各种柔韧、力量等专门练习，按标准来改善三围；练习中强调伸展、加强伸肌的力量来展示女性的曲线；按照不同的音乐节奏进行练习，发展人的动作能力，最终完成美体塑造的目的。

（三）基本术语

术语是指说明该项动作、技术的专项用语。正确地运用术语，能够使教学、训练工作顺利进行，有助于正确表达、理解和快速掌握动作技术，有利于积累和交流经验。

由于形体练习兼有芭蕾、舞蹈和体操的特性，因此，这些项目中的一些徒手动作的术语都适用于形体练习。通过提炼和归纳，我们把以下动作术语作为形体练习的基本术语：

1. 举

指手臂或腿以肩关节或髋关节为轴，由低向高抬起，停止在一定位置的动作（其活动范围不超过180°），如左腿前举、两臂侧平举等。

2. 摆动

指以身体某一关节为轴，以相连的自由肢体为半径所作的钟摆式弧形动作。

3. **屈**

通过关节的弯曲运动使身体某部位形成一定角度的动作,如屈膝、体前屈等。

4. **伸**

指弯曲关节伸直的动作。例如伸臂和伸髋。

5. **绕**

身体某一部位移动范围在180°以上、360°以下的弧形动作,如两臂经前向上绕至后上举。

6. **绕环**

身体某一部位移动范围在360°或360°以上的圆形动作。

7. **弹动(性)**

身体某一部位的关节有节奏地连续完成屈和伸的动作,如腿部弹动和腰部弹动。

8. **波浪**

身体某部位各关节按顺序做依次、柔和、连贯的屈伸动作。波浪动作可分为手臂波浪和身体波浪。

9. **平衡**

指用单脚、单膝或臀部支撑在地上,身体保持某一静止的姿势,平衡动作有很多,如俯平衡、跪平衡、侧平衡等。

10. **转体**

指围绕身体纵轴转动的动作。转体动作的名称是由转体时的身体姿势决定的,如单腿站立转体、蹲转、坐转、平转等。

11. **跳跃**

指用单脚或双脚蹬离地面使身体腾空的动作。动作名称是由身体腾空时腿和躯干的姿势决定的,如向前大跨跳、挺身跳、向前屈膝交换腿跳等。根据跳的高度和空中动作幅度的不同,还可分为小跳、中跳和大跳。

12. **步法**

指有特有节奏的脚步移动的方法,包括各种走、跑及舞步等。

(四)实训条件

形体训练房、把杆、音响等。

二、形体训练基本动作

(一)基本站立姿

头正,稍抬,目视前方,两肩放松下沉,两臂自然伸直于体侧,挺胸,立腰,收腹,提胯,夹臀，两腿肌肉夹紧内收。

（二）手位和脚位

1. 手位

一位：两臂体前自然下垂，指尖相对，掌心稍向内，两手间距约为一拳。
二位：两臂保持一位姿态至前举，稍低于肩，掌心相对。
三位：两臂保持一位姿态至上举（略偏前），掌心向下。
四位：一臂前举，一臂上举。
五位：一臂侧举，一臂上举。
六位：一臂侧举，一臂前举。
七位：两臂侧举，稍低于肩，掌心向前下方。
要点：肩部放松，肘、腕自然微屈，手臂呈弧形（图 16-4）。

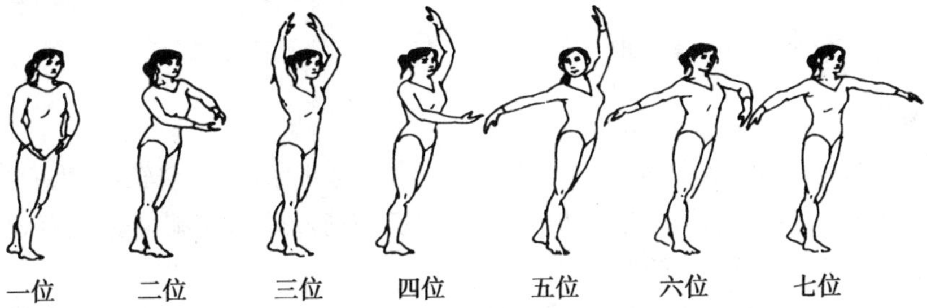

图 16-4　手位图

2. 脚位

一位：两脚跟靠拢，脚尖向两侧，两脚成一直线。
二位：两脚跟间距约一脚，脚尖向两侧，两脚成一直线。
三位：两脚跟在脚弓处相叠，脚尖向两侧，两脚平行横立。
四位：两脚前后平行站立，间距约一脚，脚尖向两侧。
五位：两脚前后平行相靠，脚尖向两侧。
要点：髋、膝关节充分向外打开，身体重心在两脚上（图 16-5）。

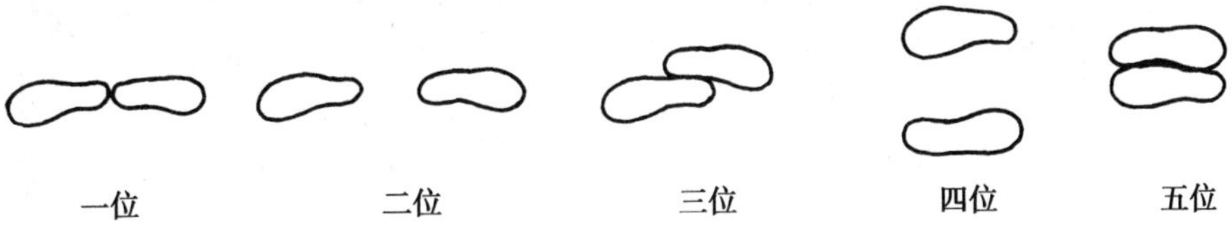

图 16-5　脚位图

（三）基本步法

1. 柔软步

从自然站立开始，左腿伸直向前下方伸出，脚面绷直向外，由脚尖过渡到全脚掌落地，重心前移，换右脚做，两腿交替进行，两臂前后自然摆动(图 16-6)。

要点：由脚尖过渡到全脚掌落地，重心前移，抬头挺胸，收腹立腰。

2. 足尖步

从并立提踵开始，左腿伸直向前下方伸出，脚面绷直向外，由脚尖过渡到前脚掌落地，重心前移，再换右脚做，两腿交替进行，两手叉腰(图 16-7)。

要点：步幅均匀，重心平稳，充分立踵。

图 16-6　柔软步

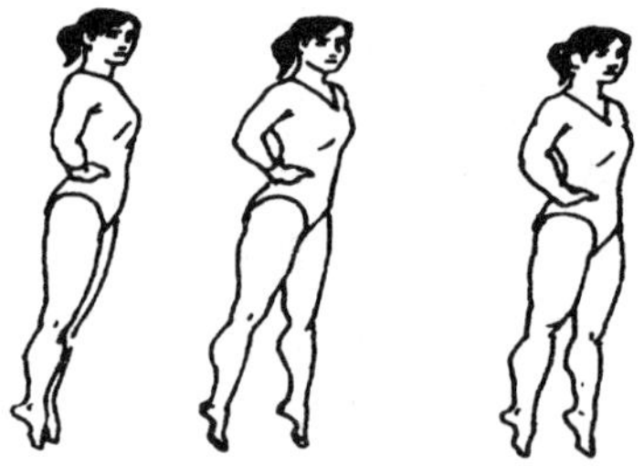

图 16-7　足尖步

3. 变换步

以普通变换步为例：从自然站立两臂侧举开始，右脚向前一步柔软步，重心移至右腿，两臂落至体前下举，左脚并右脚。右脚向前做柔软步，右脚站立，左腿伸直后点地。两臂由下摆至左臂前举，右臂侧举(图 16-8)。

要点：步幅均匀不宜太大，站立时两腿外开，上体正直，重心移动连贯(变换步还可以向后、向侧、举腿、屈膝做)。

4. 弹簧步

以普通弹簧步为例：从并立起踵、两手叉腰开始。左脚向前一步，同时稍屈膝半蹲，重心移至左腿。左腿伸直提踵，同时右腿向前下伸，膝与脚面绷直，然后，换右腿做(图 16-9)。

要点：出脚时由脚尖过渡到全脚掌柔和落地，有控制地依次弯曲踝、膝关节，接着依次充分伸直膝、踝，重心向上成提踵立。上体正直，收腹立腰，步幅不宜过大。

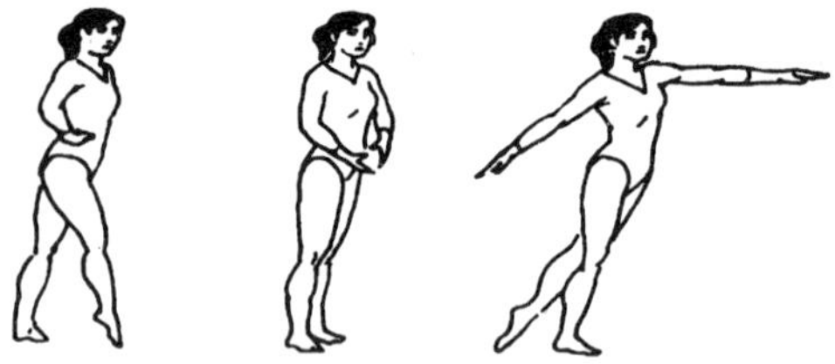

图 16-8　变换步

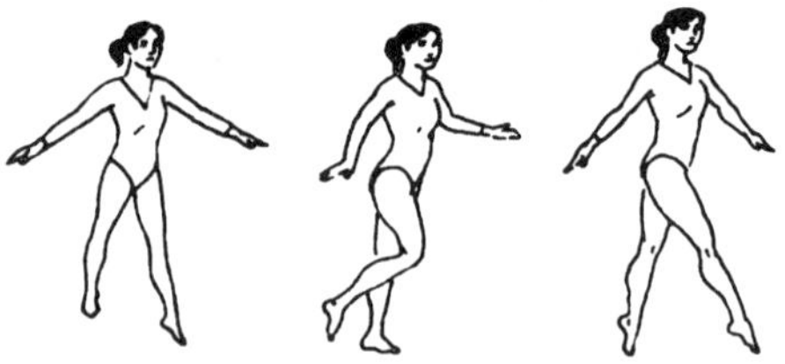

图 16-9　弹簧步

5. 华尔兹步

以向前华尔兹为例：从并立提踵，两臂侧举开始。左腿向前做一次柔软步，落地稍屈膝，重心随之前移，右腿左腿再先后做一次足尖步，左臂随之做一次波浪(图 16-10)。

要点：步幅均等，不宜过大。身体稍有起伏，上体随之稍向左右屈(华尔兹步还有向侧、向后、转体等动作形式)。

6. **跑跳步**

以向前跑跳步为例:节拍前,左脚蹬地跳起,同时右腿屈膝抬起低于 90°。第一拍上半拍,右脚向前落地,下半拍,右脚随即蹬地跳起,同时左腿屈膝抬起低于 90°。换另一脚做,两臂自然摆动(图 16-11)。

要点:屈膝腿小腿和脚背外展。动作过程中身体重心始终向上,不后坐。跑跳步还可以向后、侧、斜方向做。

图 16-10　华尔兹步

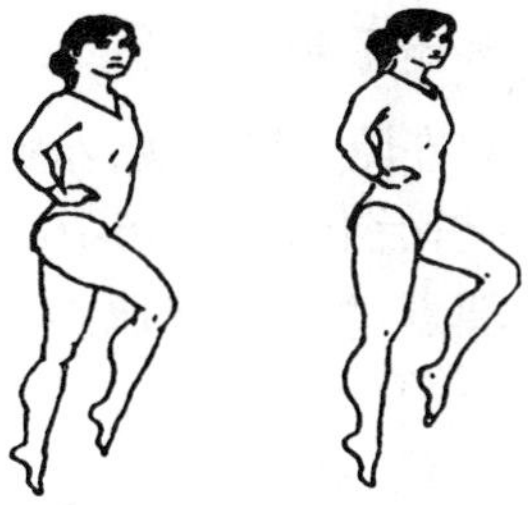

图 16-11　跑跳步

(四)转体

1. **双脚转体**

以双脚直腿 180°转体为例:右脚向左脚前交叉提踵,两臂侧举,向左转体 180°,成左脚在前的提踵立(图 16-12)。

要点:转体时重心上提,收腹立腰,摆臂领肩带动转体(双脚转体度数可大可小,还可从屈膝开始做)。

2. **单脚转体**

始左脚蹬地,右脚提踵立,左腿旁吸,向右转体 180°,两臂上举(图 16-13)。

要点:身体正直,收腹立腰,重心上提。右臂带动身体转动,转体时以主力腿前脚掌为轴(此动作转体度数可大可小,也可向后转体,或做前后举腿转体)。

图 16-12　双脚转体

图 16-13　单脚转体

(五)平衡

平衡动作是指身体某部分支撑于地上,控制身体重心,表现出某种动作姿态造型的静止动作。平衡动作很多,下面列举 3 种。

1. **跪撑平衡**

以右腿支撑为例:右腿屈膝跪撑,左腿向后上方用力伸直抬头,挺胸,塌腰,静止不动(图

16-14)。

要点:左腿充分伸直,并向后上方摆起,支撑时手臂伸直。

2. 屈膝前举腿平衡

以左腿支撑为例:左腿站立,右腿屈膝前举,膝关节高于髋部,大小腿成钝角,膝盖、脚面外展,两手臂五位,静止不动(图 16-15)。

要点:左腿充分伸直,重心在左脚,收腹立腰,上体正直。

3. 俯平衡

以左腿支撑为例:左腿站立,右腿伸直向后上方举起,同时上体前俯,抬头,挺胸,一臂前举,一臂后上举(图 16-16)。

要点:腰、背、腹肌协调用力,使身体重心的垂直投影线落在支撑面内。

图 16-14 跪撑平衡

图 16-15 屈膝前举腿平衡

图 16-16 俯平衡

(六)波浪

1. 手臂波浪

从自然站立,两臂侧举开始,肩部下沉,接着肘、腕、指关节依次弯曲再伸直还原为侧举(图 16-17)。

要点:由肩部开始发力,肘、腕、指依次屈伸,形成连贯的波浪形动作(此动作亦可前后做,两臂上下举时做)。

图 16-17 手臂波浪

2. 全身波浪

(1)向前波浪。由身体前屈开始,踝、膝、髋、腹、胸、颈依次向前上方挺伸,经上体后屈,伸直还原成直立,手臂经下向后绕至上举(图 16-18)。

要点:身体各部位依次屈、伸,波峰在体前由下向上推移。

(2)向后波浪。由身体后屈开始,依次屈髋、收腹、含胸、低头至上体前屈,两臂向后绕至上举(图 16-19)。

要点:身体各部位依次向后拱起,波峰在体后由下向上推移。

(3)向侧波浪。由上体左侧屈开始,右腿屈膝,经两腿屈膝向左顶髋,两腿依次蹬直,向左挺胸、抬头至上体右侧屈(图 16-20)。

要点:重心从右腿移至左腿,身体依次向右侧上方。

图 16-18　向前波浪

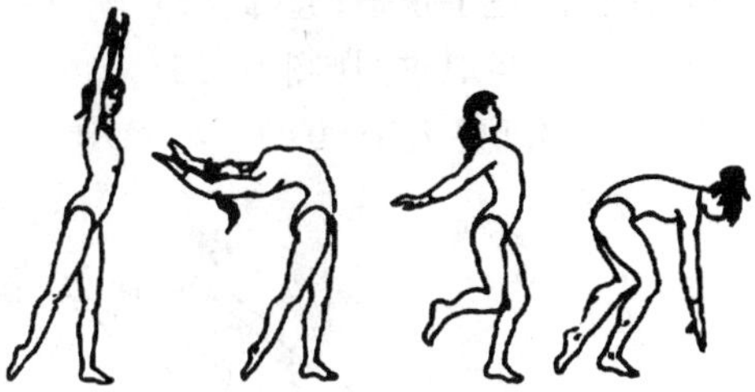

图 16-19　向后波浪

图 16-20　向侧波浪

(七)把杆练习

1. 压腿

(1)前压腿。预备时面对把杆站立,左腿绷直旋外放在把杆上,手臂上举成三位手。1—2 拍立腰向前屈髋,以腹、胸、下颚依次贴左腿,手臂伸向脚尖前方,3—4 拍还原成预备势(图 16-21)。

(2)侧压腿。预备时左侧对把杆,左腿伸直放于把杆上,脚面向上,两臂侧举成七位手。1—2 拍右臂向上成三位手,上体拉长向左侧屈,左肩对左膝,3—4 拍立腰还原。直手臂上举成三位手,挺胸抬头(图 16-22)。

(3)后压腿。预备时右侧对把杆,左腿后举,将脚背置于把杆上,两腿伸直,上体正直,手臂上举成三位手,挺胸抬头,1—2 拍上体后屈,同时支撑腿屈膝下蹲,3—4 拍还原成预备势。

要点:压腿时两腿绷直(后压腿支撑腿弯曲)外开,肩、胸、髋对正(图 16-23)。

图 16-21　前压腿

图 16-22　侧压腿

图 16-23　后压腿

2. 踢腿

(1)小踢腿。以右腿为例:预备时单(双)手扶把,右脚前五位站立。右腿绷直经擦地快速有力向前(侧、后)踢出至25°位置急停;右脚尖下落点地,经擦地收回五位(图 16-24)。

要点:踢出和收回时先要经过擦地过程;身体不能晃动,腿部保持伸直。

(2)大踢腿。预备时左侧对把杆,左手扶把,起踵立,右腿直膝擦地用力向前、侧、后上方踢起 135°以上,右腿轻落至点地,右脚擦地收回(图 16-25)。

要点:基本同小踢腿,但是踢腿幅度要大于 90°。

图 16-24　小踢腿

图 16-25　大踢腿

3. 擦地

以三位擦地、右脚为例:预备时双手(或单手)扶把,三位站立。右脚向侧擦出至脚尖点地;再擦地收回三位(图 16-26)。

图 16-26　擦地

要点:①擦地时支撑腿外开,伸直,立腰顶髋。重心在支撑腿上,身体正直。②向前、侧擦出时脚跟主动前顶,向后擦出时脚尖主动后伸,至点地位置时踝关节和脚面充分绷直。

4. 蹲

①半蹲。预备时两脚站立成一位(二位、五位)。屈膝下蹲至膝关节角度大于 90°,再用同样缓慢的速度起立至两腿伸直(图 16-27)。

②全蹲。在半蹲基础上继续下蹲,直至臀部触及被迫抬起的脚跟,膝关节弯曲小于 90°,再用同样的速度起立,直至两腿伸直(图 16-28)。

要点：①蹲、起时，注意脚位正确，膝盖、脚尖外开向侧；上体正直，重心始终在垂直部位。②速度缓慢、均衡，动作连贯、柔和。下蹲时被动屈膝，起立时主动伸腿。

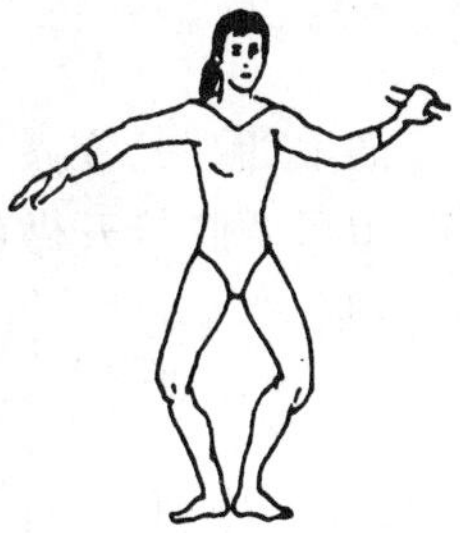

图 16-27　半蹲

图 16-28　全蹲

5. 划圈

以右腿为例：预备时左手扶把，右手七位，右脚前五位站立，直腿划圈时右脚向前擦地伸出至前点地；侧划至后点地：再向侧、向前划圈，经擦地收回五位。屈腿划圈时主力腿半蹲，同时右臂由七位至三位，最后一拍还原至一位。

要点：①上体保持正直，动作时身体不能晃动，重心在支撑腿上。②立腰开胯，两膝外展，划圈幅度大。

图 16-29　划圈

6. 开肩

(1)压肩：拉开，压至最大限度时，腰部振动一次，如此反复(图 16-30)。

要点：压肩时必须抬头、挺胸、塌腰，两臂伸直。

(2)下拉肩：背对把杆站立，距把杆约 30 厘米两手体后握把杆。1 拍手拉把杆上体向前倾，2 拍控制不动，3—4 拍重复 1—2 拍动作(图 16-31)。

要点：练习时下肢不动，上体前倾，抬头挺胸，充分拉开肩关节。

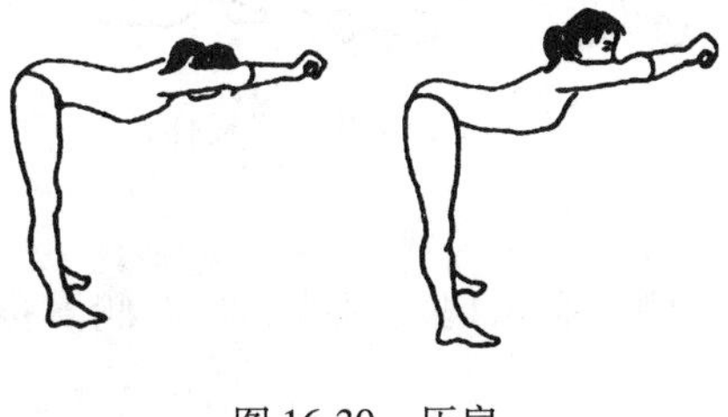

图 16-30　压肩

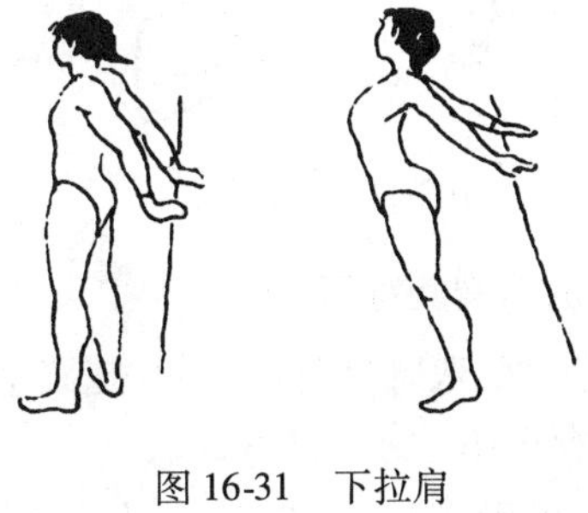

图 16-31　下拉肩

（八）垫上练习

1. 跪坐压脚背

预备时跪立，两腿两脚靠拢夹紧，脚面绷直贴于地面上，收腹，立腰，两手放在大腿两侧，接着臀部慢慢下坐至踝关节，同时用力压脚踩此动作，也可两膝打开做（图16-32）。

要点：脚面绷直，收腹，上、下压踝时动作柔和，有控制。

2. 跪坐半劈腿压腿

预备时左腿后伸，右腿大小腿折叠跪坐，上体正直，两手分别置于体侧，指尖扶地。两手臂带动上体后振，接着身体向前回呈低头含胸势，两手臂摆至体前（图16-33）。

要点：上体后振时保持抬头、挺胸、立腰、立背，后腿伸直。

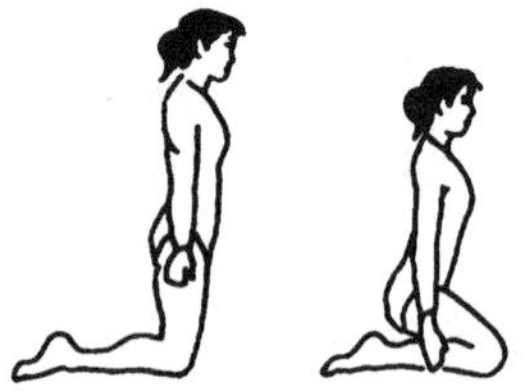

图16-32　跪坐压脚背

图16-33　跪坐半劈腿压腿

3. 开胯练习

两腿屈膝，脚心相对，俯撑于地面。提臀，收腹，拱背，含胸低头，然后压胯，塌腰，挺腹，抬头（图16-34）。

要点：做动作时，一直保持直臂支撑，向下压胯压膝时，臀部下沉，两脚心紧贴，大腿开度尽量大。

4. 坐姿伸背

挺胸，收腹，直背坐立于地，两手分别放在两侧地上，屈右膝右脚平踩在左腿旁地上。右手微屈置于体后，尽量靠近身体，左手放在右膝外侧。右膝慢慢向上体靠拢，头和上半身向右扭转至极限，换方向做（图16-35）。

要点：做动作时头部和脊椎保持一直线，头略抬。

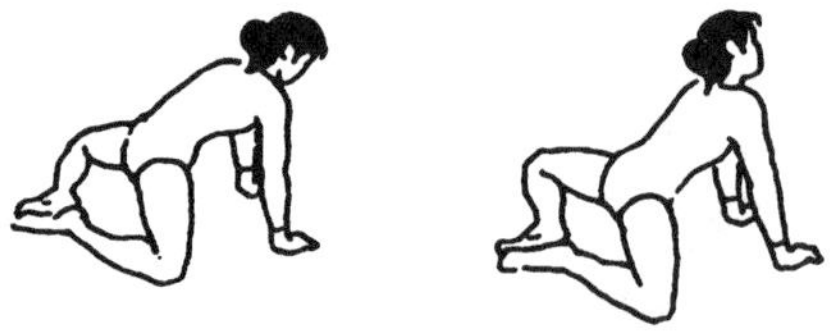

图16-34　开胯练习

图16-35　坐姿伸背

5. 向侧吊胸腰练习

上体正直，双臂呈三位手，并腿跪立。左腿向侧直膝点地，右腿跪立，向侧下腰，左手臂向侧伸展（图16-36）。换方向做。

要点：做动作时，髋部要正，不能前倾后仰，手臂伸展时，要尽量伸向远方。

图 16-36　向侧吊胸腰练习

三、形体训练组合动作

（一）基本姿态组合范例

预备：正对前方，自然站立，两臂自然下垂，目视左前方。

1. 第 1 个 8 拍

1—2 拍：右腿站立，左脚向前擦出，脚尖点地，两臂呈二位，头略左传，目视左前方。

3—4 拍：左腿向侧后划弧至脚尖点地，同时右腿屈膝呈右弓步，两手臂向两侧打开至左臂上举（掌心斜向后），右臂平举，头右转，眼看右前方。

5—6 拍：左腿向前摆至直腿脚尖前点地，右腿不动，重心后移，两手臂经侧向后向前绕至上举（掌心向下），带动身体做一次波浪。头略抬，眼视左前方。

7—8 拍：两腿直立提踵向后小碎步至右腿在前，两手臂向右斜上前做小波浪一次，头左转，眼视左前方（图 16-37）。

图 16-37　第 1 个 8 拍

2. 第 2 个 8 拍

动作同第 1 个 8 拍，方向相反，且第 8 拍的后半拍时呈立正势，两臂下摆置于体侧。

3. 第 3 个 8 拍

1—2 拍：左腿向右前方一步，屈膝半蹲，右腿在后屈膝点地，两臂向内摆至屈臂体前交叉掌心向后，头左转，眼看左前方。

3—4 拍：左腿向左侧点地一次，右腿跟着点地一次，成分腿直立，两臂向两侧打开至侧平举。

5—6 拍：左腿屈膝外展旁吸于右小腿旁，右腿提踵直立，左手置于腹前，右手上举，下旁腰，头左转。

7—8 拍:右腿向前迈步呈右弓步,左手前举,右手侧平举(图 16-38)。

图 16-38　第 3 个 8 拍

4. 第 4 个 8 拍

动作同第 3 个 8 拍,方向相反。

5. 第 5 个 8 拍

1—2 拍:右脚向左前上步,同时向前踢左腿,右臂前摆,左臂后摆。

3—4 拍:左腿落下屈膝支撑,右腿后踢,左臂斜前摆,右臂斜后摆。

5—6 拍:右脚向右后一步,同时右臂经体前向外绕环,左脚并右脚半蹲,两臂下垂。

7—8 拍:右脚侧出,身体向右做侧波浪一次,两臂侧下举(图 16-39)。

图 16-39　第 5 个 8 拍

6. 第 6 个 8 拍

动作同第 5 个 8 拍,方向相反。

7. 第 7 个 8 拍

1—2 拍:右腿向左腿收至两腿并立起踵,两臂经侧摆至上举,两掌心相对,头左转。

3—4 拍:左腿向左侧出一步,脚尖点地,两手臂小臂向内交叉绕环至左臂侧下举,右臂侧上举,向侧下旁腰。

5—8 拍:左腿向前迈步呈左弓步,右手臂向后、向前,左手臂向前、向后绕至右臂前举,左臂后举,抬头挺胸(图 16-40)。

图 16-40 第 7 个 8 拍

8. **第 8 个 8 拍**

动作同第 7 个 8 拍动作，方向相反。

9. **第 9 个 8 拍**

1—2 拍：左腿向右腿收至屈膝半蹲，左手搭右肩。

3—8 拍：两腿原地直膝小碎步向左转体 180°，左手臂缓缓打开至斜上举（掌心向外）（图 16-41）。

10. **第 10 个 8 拍**

动作同第 9 个 8 拍，方向相反。

11. **第 11 个 8 拍**

1—8 拍：右脚向左前上步，重心前移至右脚站立，左脚后点，同时左臂经体侧向前摆至前举，右臂置于体侧（图 16-42）。

图 16-41 第 9 个 8 拍

图 16-42 第 11 个 8 拍

（二）准备知识技能要求

了解形体训练时要注意的问题，身体的各部位名称，介绍人体常用方位的术语，头颈部的名称，头颈、躯干、上肢、下肢的名称。

四、形体塑身动作技术与练习方法

1. **小腿练习**

（1）贴着墙坐下，后背挺直，脚掌贴地。手持一根重 16 磅（约 7.26 千克）的健身棒放在大腿上，离膝盖约有 3 英寸（约 7.62 厘米）。

(2)脚跟离床向上抬,同时双手用力下压健身棒。

(3)重复该套动作25次。

2. 大腿练习

(1)直立,双脚分开与臀部同宽。右膝弯曲,上身下俯,十指指尖撑在地面上。左腿伸直,向后移动12英寸(约30.48厘米),左脚尖朝外。

(2)左腿尽力往上抬,在最高处停留5秒,然后放下左腿,换右腿做同样的动作。组动作做25次。

注意:脚尖一定要尽量外翻,不要扭动臀部,这样才能最大限度消除大腿赘肉。

3. 腰腹练习

(1)平躺在床上,双腿并拢,膝盖弯曲,但两只脚掌不能离地,双手置于脑后。

(2)利用腹部肌肉力量抬起上身,向左腿方向扭动。

(3)回到起始位置,上身贴向双腿。

(4)回到步骤(1),抬起上身,转向右腿方向。

(5)回到起始位置,按照左、中、右的顺序重复该套动作25次。

注意:如果手臂和脖子有疼痛感,说明你的动作有误。记住,一定要用腹肌带动身体。此外,当你躺下时,肩膀不要触地,否则就起不到锻炼腰腹的作用了。

4. 肩背练习

(1)直立,双脚分开略宽于臀部,微微屈膝。双眼直视前方,后背挺直。双手握住一个2磅(约0.91千克)重的球或其他等重物体,放在臀部。

(2)右手持球,双臂伸直上举,在头顶处将球传入左手。

(3)双臂下降,回到臀部,重新开始上下传球动作。双臂动作看起来就像转动的风车。

(4)重复传球动作20次。动作要慢,不要靠冲力来运动。

注意:不要靠活动手腕来传球,手臂、后背、脖子都要挺直,这样就能自然而然地传球而不是滚球。

作业与思考题

1. 简述健美操运动的特点。
2. 简述健美操创编原则及步骤。
3. 健美操成套动作评分包括哪几部分?
4. 形体训练基本步法有哪些?

第十七章　游泳运动

知识目标

了解不同游泳姿势的锻炼的理论知识、安全自救及防护方法。

技能目标

学习蛙泳、自由泳的技术动作；学习游泳的安全与救护。

情感目标

培养学生安全意识和救护能力。

第一节　游泳运动的基本技术

一、熟悉水性

熟悉水性是学习各种游泳姿势的一个重要练习，其目的是使初学者通过身体的感官感知水的浮力、压力和阻力等，逐步适应水的特性和环境，消除对水的恐惧，并掌握水中行走、呼吸、漂浮、滑行等的基本动作，为今后学习和掌握各种游泳技术打下良好的基础。熟悉水性练习中的呼吸和滑行是最为重要的两个方面。

（一）水中行走

一般在齐腰深的水中进行，做各种方向的行走、跳跃练习。开始时动作不宜过大，速度不宜过快，要保持身体协调，维持身体平衡，最好按练习方法依次进行。

水中行走可以使初学者了解水环境中的浮力、阻力等特性，以便在水中站立或行走时能维持身体平衡，消除对水的恐惧。

（二）水中呼吸

呼吸练习是游泳教学的难点，也是熟悉水性阶段的关键内容，应贯穿整个练习的始终。

该练习可使初学者基本掌握游泳的呼吸方法、呼吸过程、呼吸节奏，以适应头入水的刺激，消除怕水的心理。练习前深吸一口气，然后憋气，低头慢慢下蹲，将头部没入水中。停留片刻后抬起，同时用嘴和鼻子呼气后再吸气，这样就不易呛水。

在水中可以通过水中憋气、水中呼气和韵律呼吸等方式练习呼吸。

（三）水中漂浮

练习水中漂浮时，要尽量深吸气，在水中闭气的时间应尽量长，且保持身体放松。

1. 扶固定物团身漂浮练习

在水中两手扶住池边、水线或抓住同伴的手，先深吸一口气，然后把头没入水中憋气，同时团身，使身体尽量放松，自然地漂浮于水中；呼气后，站立用嘴吸气。在此基础上，两人或多人手拉手可同时做团身漂浮练习（图 17-1）。

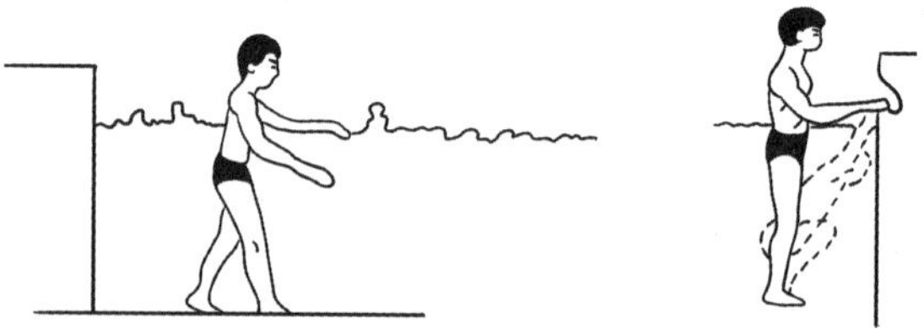

图 17-1　扶固定物团身漂浮练习

2. 扶固定物展体漂浮练习

在水中两手扶住池边、水线或同伴的手，先吸气后把头没入水中憋气，同时团身，全身放松，使身体自然漂浮于水上，然后展开身体；呼气后，站立用嘴吸气。在此基础上，两人或多人手拉手可同时做团身再展体漂浮练习。

3. 抱膝漂浮练习

站立水中，深吸气后，下蹲憋气低头抱膝，大腿尽量靠近胸部，成低头抱膝团身姿势，身体要尽量放松，自然地漂浮在水中；呼气后，两臂前伸向下按水并抬头，同时两腿伸直向下踩，成站立姿势（图 17-2）。

图 17-2　抱膝漂浮练习

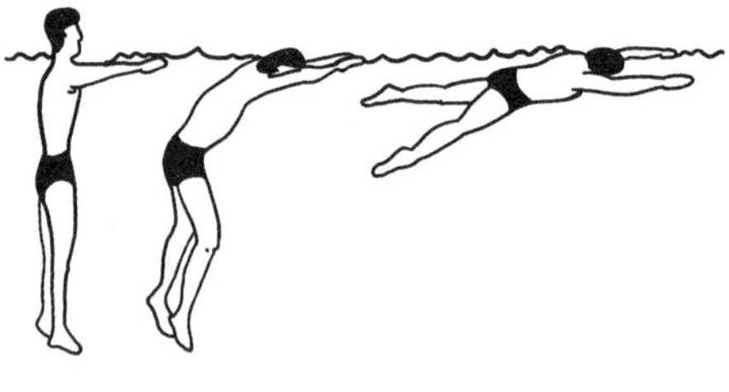

图 17-3　展体漂浮练习

4. 展体漂浮练习

站立水中，深吸气后，下蹲憋气低头抱膝，放松漂浮于水中后，展开身体或两臂放松向前伸直，深吸气后身体前倒并低头，两脚轻轻蹬离水底，成俯卧姿势漂浮于水面，臂、腿自然分开，全身放松，身体尽量展开。呼气后，两臂前伸向下按水并抬头，同时两腿伸直向下踩，成站立姿势（图 17-3）。

(四)水中滑行

在水中滑行时,臂和腿自然伸直,身体放松呈流线型,要尽量延长闭气时间和滑行距离。

1. 同伴扶手滑行练习

手臂放松扶住同伴的手,没入水中憋气,身体展开漂浮在水面上,全身放松,同伴拉着练习者的手倒退走,使其体会滑行动作。在此练习基础上,可松开练习者的手,使之滑行漂浮,但应注意保护(图 17-4)。

2. 蹬池壁滑行练习

背向池壁,双臂伸直并拢贴近双耳,或一手扶池边缘,一臂前伸,一脚站立,另一脚触抵池壁。深吸气后低头,上体前倾成俯卧,支撑腿迅速屈膝上提将脚贴在池壁上,臀部尽量提高并靠近池壁,双脚用力蹬壁,全身充分伸展、放松,成流线型向前滑行。在此基础上可做蹬池底滑行练习,体会在滑行中如何保持身体平衡(图 17-5)。

图 17-4　同伴扶手滑行练习

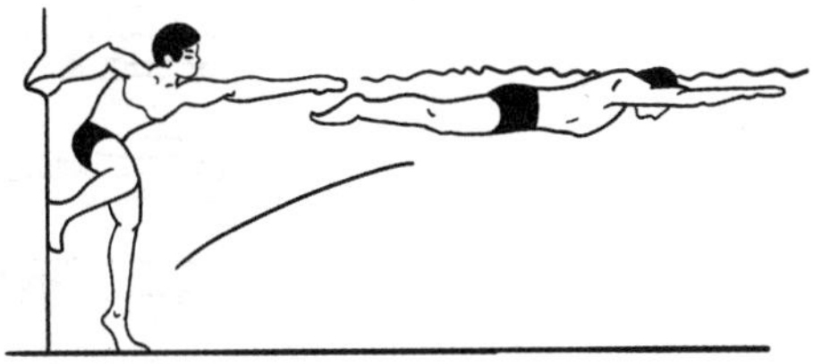

图 17-5　蹬池壁滑行练习

二、蛙泳

蛙泳技术由身体姿势、腿部动作、臂部动作、呼吸、动作配合 5 部分组成。

(一)身体姿势

身体基本是水平卧在水中,身体纵轴与前进方向成 5°~10°角,抬头时水齐下颏。

(二)腿部动作

腿部动作分收腿、翻脚、蹬夹水 3 个连续的动作。

1. 收腿和翻脚

在两腿完全伸直并稍沉时,屈髋和屈膝,同时两小腿向大腿后折叠与臀部靠拢,边分边收,两膝距离与肩同宽,大腿和躯干成 130°~140°角,当腿、脚跟接近臀部时,两膝稍向里扣,脚尖向两侧外翻做翻脚动作。

2. 蹬夹水

蹬夹水当腿后蹬时,边后蹬边内夹,以蹬为主。蹬夹动作先伸髋,使髋、膝和踝关节相继伸直。

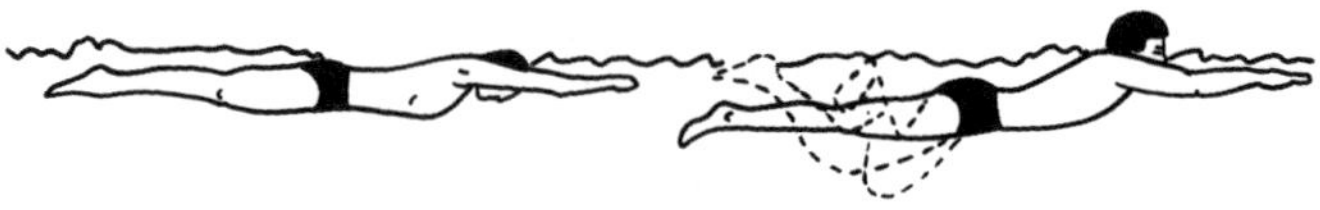

图 17-6　腿部动作

（三）臂部动作

1. 划水与抓水

开始时，手臂前伸内旋，掌心向外斜下方，两手分开向斜下方抓水。当手感到有压力时，便开始向侧、下、后内呈椭圆曲线划水。要求划水以肩为轴，动作连贯，肘部保持比手高的位置。

2. 收手与伸臂

划水结束，臂由内向前收，两手相对，最后掌心向下并臂前伸。当两手收至下颏前下方时，借收手弧形惯性向前伸肘，两手靠近，掌心向下。

图 17-7　臂部动作

（四）呼吸

呼吸要和臂的动作协调配合。划水结束时，抬头用鼻和口呼气，手臂划水时用口吸气，收手低头闭气，伸臂时徐徐呼气。

（五）动作配合

蛙泳在做动作周期时，一般采用一次呼吸、一次划水、一次蹬腿动作配合。臂划水时抬头吸气，收手前伸时，收腿并进行蹬夹水。

（六）游泳练习

1. 陆上模仿练习

分为坐姿蹬水和卧姿蹬水，两者相差不大，区别在于一个是坐着，一个是卧着（趴着）。坐姿蹬水是：坐在池边，上体稍后仰，两手后撑，做收（腿）、翻（脚）、蹬（夹）、停的动作。先按口令分解练习，再过渡到完整连贯的动作(图 17-8)。

2. 水中练习

手扶池槽仰卧和俯卧姿势，同伴抓其脚，帮助体会翻脚、蹬腿动作(图 17-9)。

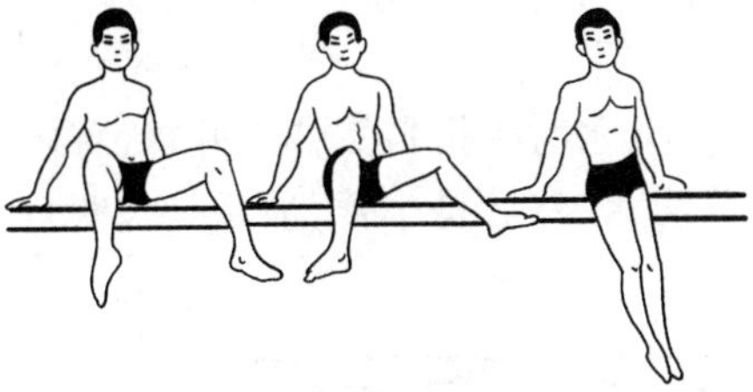

图 17-8　陆上模仿练习

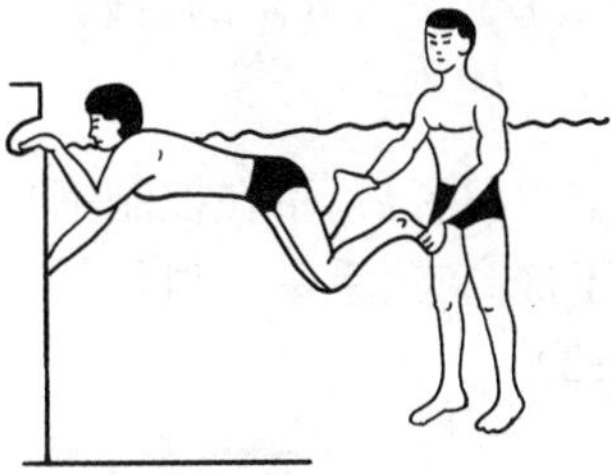

图 17-9　水中练习

三、自由泳

自由泳是俯卧在水中，两腿上下交替打水，两臂轮流划水使身体向前游进的一种泳姿，因其动作像爬行，故又称为爬泳。自由泳动作结构比较合理、省力、阻力小，是四种竞技游泳中速度最快的游泳姿势。

(一)身体姿势

身体平直俯卧水中，水齐前额，将头转向一侧吸气，游进中躯干围绕纵轴左右转动，身体纵轴与水平成 3°～5°角，头与身体的纵轴成 35°～45°角(图 17-10)。

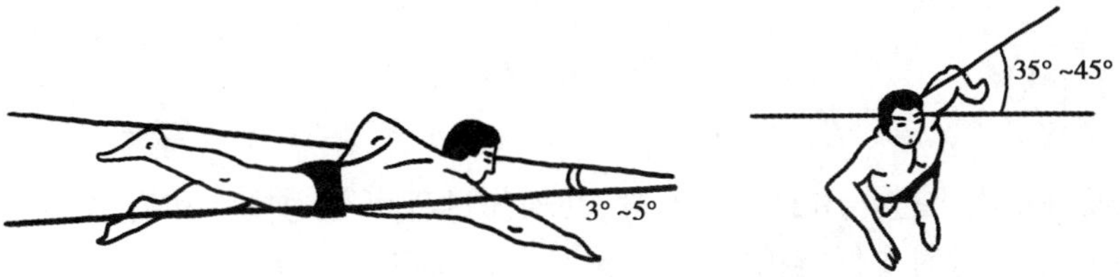

图 17-10　身体姿势

(二)腿部动作

两腿自然伸直并拢，以髋为轴，由大腿带小腿做上下打水动作，两脚尖上下幅度为 30～40 厘米，大、小腿屈 140°～160°(图 17-11)。

图 17-11　腿部动作

（三）臂部动作

自由泳的臂部动作是推动身体前进的主要动力。一个周期分为入水、抱水、划水、出水和空中移臂5个不可分割的阶段。

1. 入水

完成空中移臂后，手在控制下自然放松入水。入水时手指自然伸直并拢，臂内旋使肘关节抬高处于最高点，手掌向斜外下方，使手指首先触水，然后是小臂，最后是大臂自然插入水中（图17-12）。

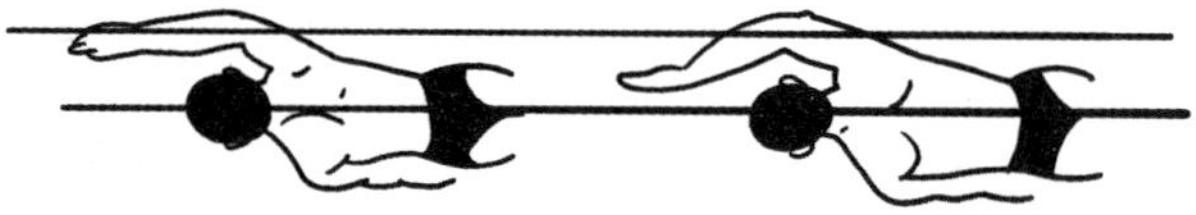

图17-12　入水

2. 抱水

臂入水后，在积极向下方插入的过程中，手掌从向斜外下方转向斜内后方并开始屈腕、屈肘，肘高于手，以便能迅速过渡到较好的划水位置。抱水结束，手掌已经接近水，肘关节屈至150°，整个手臂像抱着一个大圆球，为划水做准备（图17-13）。

图17-13　抱水

3. 划水

划水是发挥最大推进作用的主要阶段，其动作过程可分为拉水和推水两个部分。紧接抱水阶段进入拉水，这时要保持抬肘，并使大臂内旋，同时继续屈肘，使主要肌肉群在良好的工作条件下进入推水动作。拉水至肩的垂直平面后，即进入推水部分，这时肘的曲度约100°，大臂保持内旋姿势，带动小臂，用力向后推水，同时，使肩部后移，以加长有效的划水路线。向后推水有一个从屈臂到伸臂的加速过程，手掌从内向上、从下向上的动作路线，加速划至大腿旁。整个划水动作，手的轨迹始于肩前，继之到腹下，最后到大腿旁，呈S形。

4. 出水

划水结束时，掌心转向大腿，出水时小指向上，手臂放松，微屈肘。由上臂带动，肘部向外上方提拉，带前臂和手出水面，掌心转向后上方（图17-14）。出水动作必须迅速而不停顿，同时应柔和、放松。

5. 空中移臂

紧接出水不停顿地进入空中移臂，移臂时，肘高于手（图17-15）。

图 17-14　出水

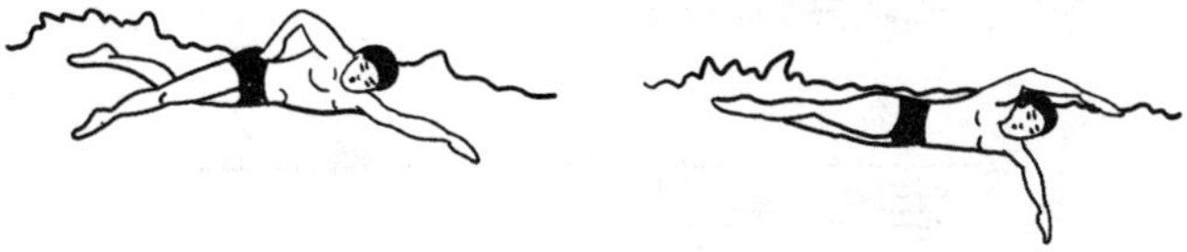

图 17-15　空中移臂

6. 两臂配合

自由泳时两臂划水发生的交叉位置有前交叉、中交叉和后交叉 3 种类型。前交叉是指一臂入水时，另一臂已前摆至肩前方与平面成 30°左右。前交叉有利于初学者掌握自由泳动作和呼吸。中交叉是指一臂入水时，另一臂处在向内划水阶段与水平面成 90°。后交叉是指一臂入水时，另一臂划至腹下，手与水平面成 150°左右。

(四)呼吸与动作配合(以头向右转为倒)

右臂入水后闭气，划水时呼气，推水快结束时头向右侧转将余气呼出，并趁嘴露出水面时，立即张嘴吸气，当右肘提出水面至肩部，吸气结束，继而转头复原。总之，一般是两臂各划水一次，做完一次呼吸。

(五)完整动作配合

一次完整的自由泳主要是腿、臂动作和呼吸的协调配合，一般采用两腿各打水 3 次(共 6 次)，两臂轮流各划 1 次水(共 2 次)，配合 1 次呼吸的完整动作，即 6∶2∶1的配合。

四、仰泳

(一)身体姿势

游仰泳时，身体要自然伸展，仰卧在水面，头和肩部稍高，腰部和腿部保持水平，身体纵轴在水平面上构成的迎角约 10°。

(二)腿部动作

仰泳的腿部动作是由下压动作和上踢动作组成的。打水时，以髋关节为支点，由大腿发力，带动小腿和脚向上后方做鞭打踢水。向上踢水时，膝关节微屈 135°～140°，踝关节伸展，脚向内转，动作有力。向下打水时，膝关节自然伸直，两脚跟上下最大距离为 40～50 厘米(图 17-16)。

(三)臂部动作

一个完整的手臂动作分为入水、抱水、划推水、出水和空中移臂等几个阶段(图 17-17)。

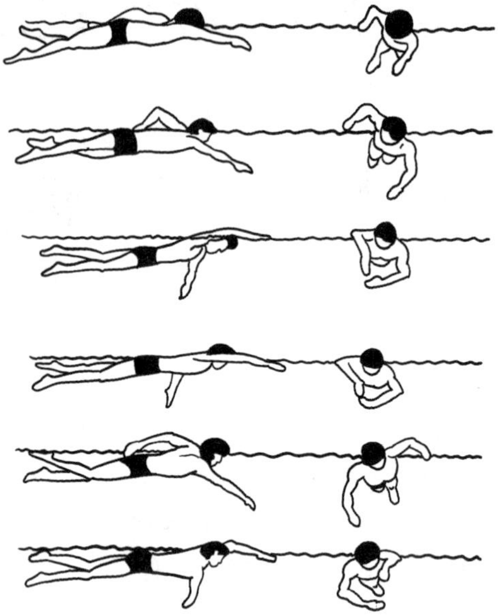

图 17-16　身体姿势

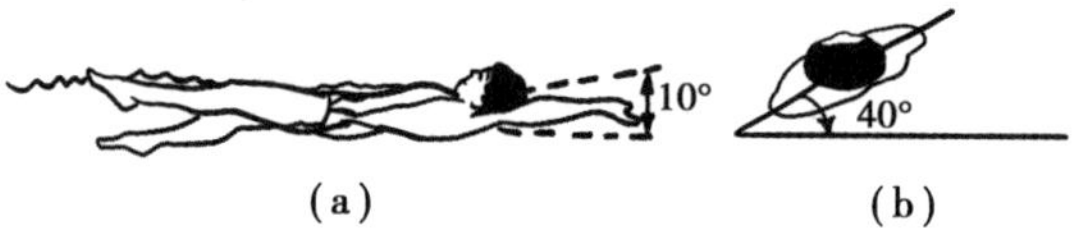

图 17-17　腿部动作

1. **入水**

臂入水时,臂部自然放松,入水点应在身体纵轴与肩的延长线之间,或在肩的延长线上。过宽和过窄都会影响速度。臂入水时应保持直臂,肘部不要弯曲,入水时小指向下,拇指向上,掌心向侧后方,手掌与小臂成 150°～160°(图 17-18)。

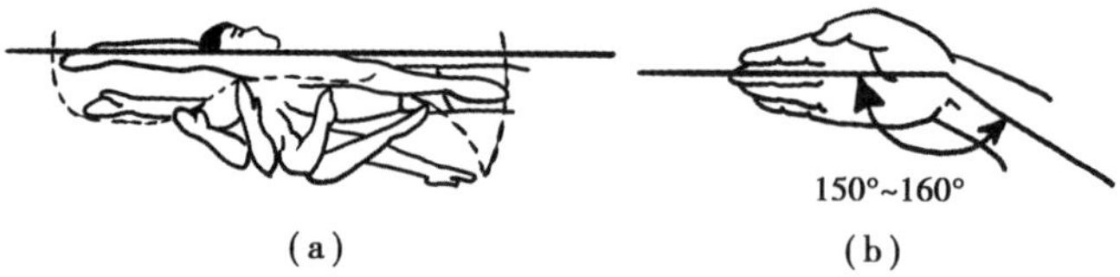

图 17-18　入水

2. **抱水**

臂入水后手掌向下、向侧移动,通过伸肩、屈肘、上臂内旋和屈腕的动作,配合身体的转动,使手掌和前臂对准水并有压力感。当完成抱水动作时,肘部微屈成 150°～160°,手掌距水面 30～40 m,肩保持较高的位置[图 17-19(a)]。

3. **划推水**

开始时前臂内旋,手掌上移,肘部下降,使屈肘程度加大,手掌和小臂要保持与前进方向垂直。当手掌划至肩侧时,屈臂程度最大,为 90°～100°,手掌接近水面[图 17-19(b)]。

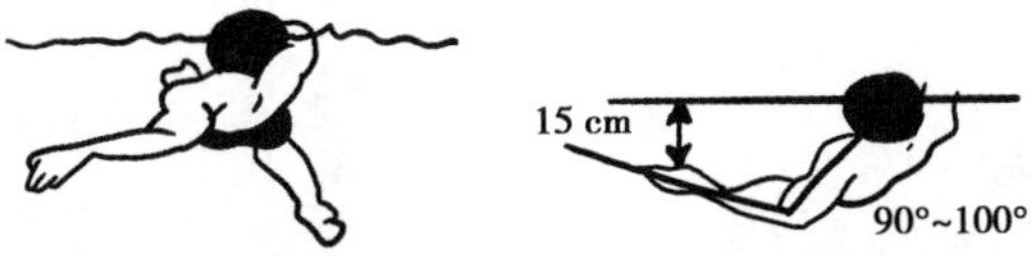

(a)抱水　　(b)划推水

图 17-19　臂部动作

推水时,肘关节和大臂应逐渐向身体靠近,同时用力向脚的方向推水。当推水即将结束时,小臂内旋做加速转腕下压的动作,掌心由向后转向向下。推水结束时,手臂要伸直,手掌在大腿侧下方。

4. 出水

推水结束后,借助于手掌压水的反弹力迅速提臂出水。出水时要先压水后提肩,肩部露出水面后,由肩带动大臂、小臂和手依次出水。

5. 空中移臂

提臂出水后,手应迅速从大腿外侧垂直于水面移至肩前,当手臂移至肩上方时,手掌要内旋,使掌心向外翻转。

(四)仰泳配合技术

仰泳两臂的配合是“连接式”的,即当一臂划水结束时,另一臂已入水并开始划水;一臂处于划水的中部,另一臂正处于移臂的一半。在整个臂的动作过程中,两臂几乎都处在完全相反的位置(图 17-20)。

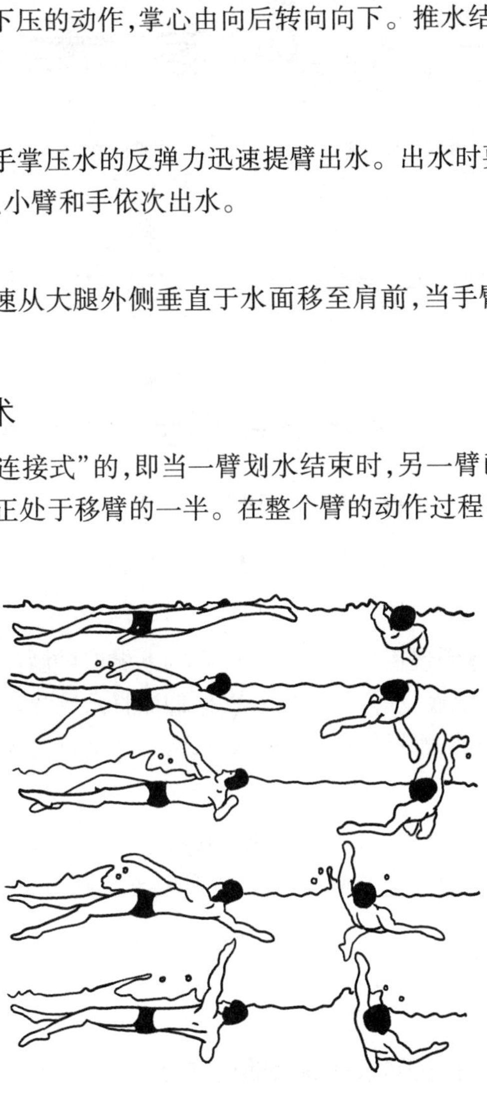

图 17-20　仰泳两臂的配合

仰泳的呼吸相对来说比较简单,一般是两次划水一次呼吸。即一臂移臂时开始吸气。其他时间都在慢慢地呼气。在高速游进时也有一次划水一次呼吸的技术,但是呼吸不能过于频繁,否则会引起呼吸不充分,造成动作紊乱。臂腿配合是否合理,将影响整个动作的平衡和协调自然。臂在划水过程中,腿的上踢、下压动作要避免身体的过分转动,以保持身体的平衡和协调。

(五)腿部动作练习

1. 陆上模仿学练方法

坐在池边、地上或凳上,做两腿的打水练习(图 17-21)。

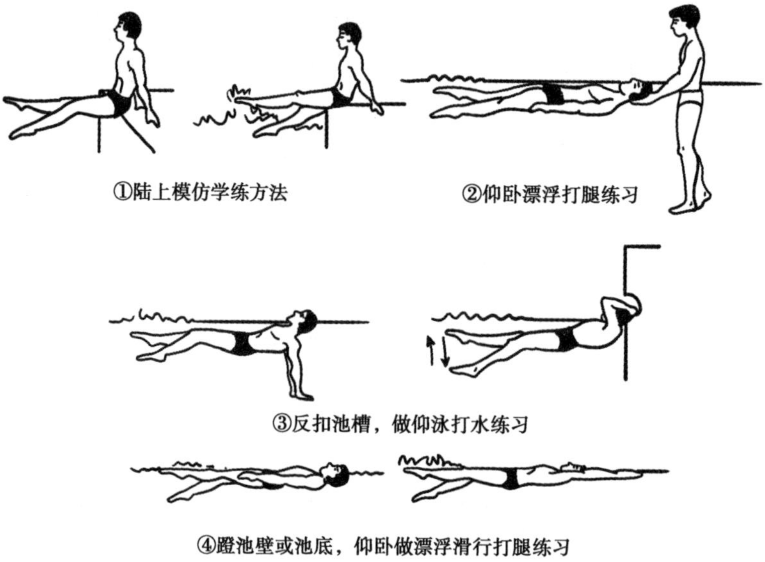

图 17-21　仰泳腿部动作练习

2. 水中练习

①深吸气后,头和上体慢慢后仰。在同伴的帮助下做仰卧漂浮打腿练习。

②两臂在池水较浅的池底支撑或反扣池槽,做仰泳打水练习。

③蹬池壁或池底。仰卧做漂浮滑行打腿练习,两臂逐渐可由体侧过渡到前伸。

3. 重点提示

①初学者可先练习直腿打水,过渡到屈腿鞭状打水。

②在练习仰卧滑行打水时,髋关节要展开,保持头部正常位置。

(六)手臂动作学练方法

1. 陆上模仿练习

原地站立或仰卧凳上,模仿仰泳臂划水动作练习。先做单臂,后两臂配合练习,先体会直臂动作,再逐渐过渡到屈臂动作。

2. 水中练习

①单手扶水线仰卧水中,另一臂划水。先直臂再屈臂,划水路线要长。

②由同伴抱着腿或腿夹着浮板仰卧水中做臂划水练习(图 17-22)。

③配合仰泳打水,做单臂划水练习,再过渡到两臂划水。

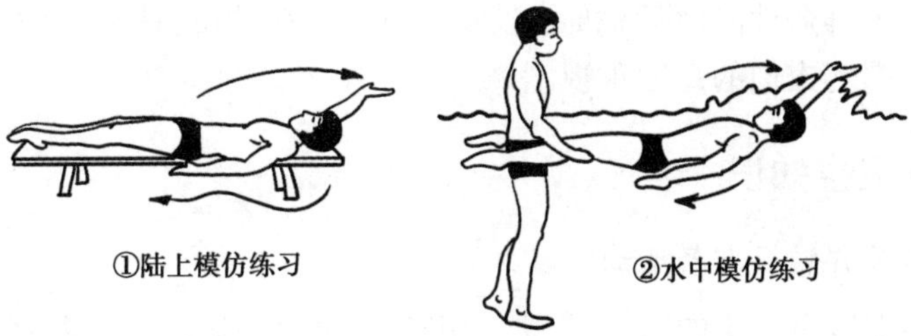

图 17-22 陆上、水中模仿练习

3. **重点提示**

①屈臂高肘高速划水是重点，两臂连接式是难点。

②练习时注意臂入水后的深抓水和屈臂抱水动作的正确完成，为屈臂划水创造条件，划水结束时臂不能在体侧停顿。

（七）完整配合学练方法

1. **陆上模仿练习**

仰卧在辅助台或凳上，做不停打腿动作与两臂交替划水配合的模仿练习。

2. **水中练习**

①仰卧滑行打腿，一臂放松体侧或肩前，另一臂做划水练习，打腿不要停。

②同上练习，加两臂划水练习。

③同上练习，加有节奏的呼吸配合练习。

④逐渐加长距离的改进技术的练习。

3. **重点提示**

①臂腿配合的节奏是重点，练习时要求臂划水，腿不要停，臂与呼吸要有节奏地配合。

②当脸部有水时，要用鼻均匀呼气，待脸部出水时再用口吸气，一定不要用鼻吸气。

第二节 游泳安全与救护

一、游泳运动的安全与卫生知识

游泳是在水这种特殊环境中运动，对游泳者来说，应加强安全第一的教育，了解游泳的安全卫生知识，掌握科学的锻炼方法，防止发生意外事故。

（一）游泳的安全措施

初学者怕呛水、怕淹水的恐惧心理占第一位，如果不熟悉水性，很容易呛水或手忙脚乱、失去平衡，以致出现溺水危及生命。也有的人虽然掌握了一定的游泳技术，但因准备活动不充分、身体不适、不熟悉水性等而出现各种意外事故，所以参加游泳的人一定要结伴而行。

进行游泳教学或开展群众性游泳活动时,必须把安全放在首位,认真考虑并落实安全措施,要经常讲,反复讲,引起人们的高度重视。

(二)游泳的卫生知识

1. 游泳前要重视并做好准备活动

因为人的内脏器官有一定的“惰性”,从安静状态过渡到运动状态需要一定的时间,游泳的时间过长或水温过低可引起抽筋、四肢无力、动作不协调、关节活动不灵活等现象,所以游泳前要认真做好准备活动,促进血液循环,提高神经系统的兴奋性,加大关节的活动范围,有利于身体适应游泳活动的需要,防止肌肉痉挛和挫伤。

2. 参加游泳活动的时间应放在饭后半小时进行

饱腹游泳时,受冷水刺激后,胃肠的蠕动受到限制,容易引起胃痉挛、腹痛或呕吐。相反,空腹也不宜下水游泳。空腹游泳时能量消耗大,人体内血糖降低,不能及时提供足够的能量和维持正常体温的需要,会产生头昏、四肢无力等症状,甚至会出现昏厥。因此,饱腹、空腹都不宜下水游泳。

3. 个人和公共卫生

在进行游泳锻炼时,必须强调个人卫生和公共卫生,养成良好的卫生习惯。在游泳运动前,要备好干净不透明的泳衣、泳裤、泳帽和泳镜。游泳时,要自觉维护公共卫生,不乱扔东西,不在池边或池中吃东西,不随处吐痰。上岸后应立即冲洗身体,注意清洗眼、耳和口腔。特别是在海滨游泳后,要用清洁的淡水洗净头发和全身。游泳后最好能用眼药水清洗眼睛,以防感染沙眼和结膜炎。

为了确保健康和安全,防止疾病传染,游泳者首先要进行身体检查。凡患有心脏病、高血压、肺炎、传染性肝炎、严重皮肤病、中耳炎、癫痫病以及有开放性伤口等病人,不宜参加游泳。因为参加游泳不仅容易加重病情,还容易发生意外,危及生命。此外,女性月经期间不适宜游泳。

二、自我保护与自救

(一)抽筋的原因和预防

1. 抽筋的原因

游泳时,抽筋的常见部位是小腿、手指、脚趾、大腿及胃部等。抽筋的原因主要是下水前没有做热身活动或热身活动不充分,身体各器官及肌肉组织没有活动开,下水后突然做剧烈的蹬水和划水动作。另外,由于水凉刺激肌肉突然收缩而出现抽筋。游泳时间长,过分疲劳及体力消耗过多,机体大量散热或精神紧张,游泳动作不协调等情况下也会出现抽筋现象。

2. 预防抽筋的方法

充分做好游泳前的热身活动,多活动容易抽筋的部位,也可以在大小腿、脚趾及腹部等部位进行适当的按摩与放松。

(二)解除抽筋的方法

解除方法主要是拉长抽筋的肌肉,使收缩的肌肉伸展和松弛。

1. 解除小腿和脚趾抽筋法

若水温过低或疲劳产生小腿或脚趾抽筋,则可使身体成伸浮姿势或坐在池边,用抽筋肢体对侧的手将抽筋肢体的脚趾用力朝身体方向拉,使抽筋腿伸直,同时用同侧手掌压住抽筋腿的膝盖,帮助抽筋腿伸直(图 17-23、图 17-24)。

图 17-23　解除小腿抽筋法

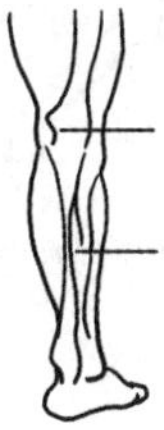

图 17-24　小腿抽筋按摩穴位

2. 解除手指抽筋法

手指抽筋时,应迅速握紧拳头,再用力伸直,反复多次,直至复原。

三、不小心呛水或喝水的处理

喝水、呛水是许多初学者常遇的现象。喝水的原因是水和空气同时进入鼻腔、咽管引起的一种刺激反应,也是初学者易犯的错误。不慎呛水时,必须镇静闭住气快速将头露出水面,及时调整呼吸,呛水很快就会得到缓解。避免喝水、呛水的方法是学会正确的呼吸方法:头在水面上时应以嘴用力吸,因为嘴张开后比鼻孔大 20 ~ 30 倍,能在短时间内吸进大量空气;如果用鼻吸气,不但吸气少,而且容易呛水。在水下则以嘴鼻同时呼,并且当嘴鼻离开水的一刹那要用力,加速呼气,在吐气张嘴的同时可发出"嗅"或"啪"的声音。

四、直接救护的基本方法

(一)接近溺水者

应从后面靠近溺水者,快速抓住其手,扭转其身体背向自己以便拖带。

(二)水中解脱

(1)被溺水者从后面抱住腰部,分别用左、右手抓住溺水者的手指,用力向两侧掰开;若两臂同时被抱住,则用力张臂,身体下沉,解脱后抓住溺水者进行拖带。

(2)被溺水者从后面抱住颈部时,一手抓住其手腕,另一手托其肘部向上推开,然后转体背对溺水者,再做拖带。

(3)被溺水者从后面抱住腰背部时,可一手托其下颏,另一手抱其头后扭转其头部,即可解脱,再做拖带。

(三)水中拖带

拖带溺水者宜采用侧泳或反蛙泳,并时刻注意使溺水者脸部露出水面。

1. 侧式拖带法

可托溺水者同侧肩腋部或托住溺水者后脑用侧泳拖带,也可一手斜抱溺水者上体拖带(图 17-25)。

托溺水者同侧肩液部　　托住溺水者后脑

图 17-25　侧式拖带法

2. 反蛙泳拖带法

用一手或两手扶住溺水者,腿做反蛙泳动作使身体前进(图 17-26)。

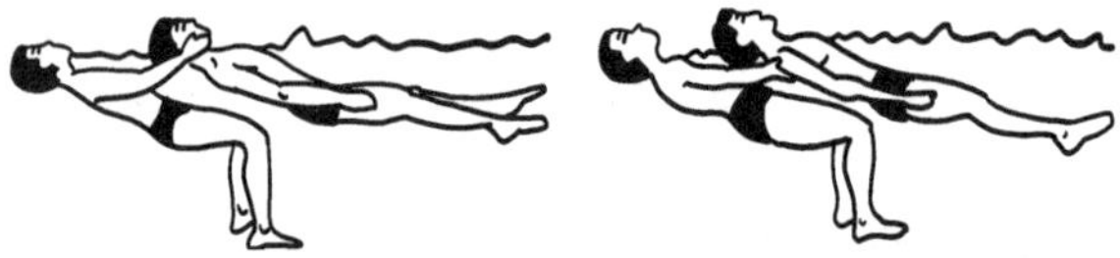

图 17-26　反蛙泳拖带法

五、耳朵进水的处理

游泳时,由于头部位置变化,耳朵有时进水属自然现象。清除耳内进水的方法有以下 4 种。

①侧跳法:上体和头偏向耳内有水的一侧,同时用手往下拉耳廓,把耳朵外听拉直,配合同侧腿单足跳和向同侧用力甩头,即可将水震出。

②压吸法:头和上体歪向耳朵有水的一侧,耳口朝下,同侧掌心压紧耳廓,再然松开,即可吸出耳内积水。

③引流法:上述方法无济于事时,则采用此法。将头和上体侧向无水耳朵的一侧,使有水耳朵的耳口向上,再将水灌进耳内,稍停,再用侧跳法或压吸法清除。

④吸引法:结束游泳后,用棉棒伸入耳洞,吸出水,勤换几次,效果也很好。游泳后应及时淋浴,因为游泳池水中的消毒剂留在身上对皮肤有刺激。此外,再漱口,清洁口腔。

六、岸上急救

(一)保持呼吸道通畅

立即清除口、鼻内的泥沙、呕吐物等。松解衣领、纽扣、内衣、腰带、背带等,注意保暖。必要时将舌头用手巾、纱布包裹拉出,保持呼吸道通畅。

(二)控水(倒水)

①急救者一腿跪地,另一腿屈膝,将溺水者腹部横放在其大腿上,使其头下垂接着按压溺水者背部,倒出胃内积水。

②急救者从后抱起溺水者的腰部,使其背向上,头向下,也能倒出水来。

③也可利用地面上的自然坡度,将头置于下坡处的位置,以及用小木凳、大石头、倒扣的铁锅等作垫高物来控水。

(三)对呼吸已停止的溺水者,应立即进行人工呼吸

将溺水者仰卧放置,抢救者一手捏住溺水者的鼻孔,一手掰开溺水者的嘴,深吸一口气,迅速口对口吹气,反复进行,直到恢复呼吸。人工呼吸频率每分钟17~20次。

(四)对呼吸心跳已停止的溺水者,应立即进行人工呼吸和胸外心脏按压

急救者将手掌根部置于胸骨中段进行心脏按压,下压要慢,放松时要快,每分钟80~100次,与人工呼吸互相协调操作,其与人工呼吸操作之比为5∶1,如一人施行,则心脏按压与人工呼吸之比为15∶2。溺水者经现场急救处理,在呼吸心跳恢复后,应立即送往附近医院,在途中仍需不停地对溺水者做人工呼吸和心脏按压,以便于医生抢救。

七、游泳前应做的准备活动

①头部活动:头部左右绕环、上下左右扭头。

②肩关节运动:双臂直臂绕环、屈臂绕环。

③护胸运动:双臂屈臂后振、直臂后振。

④体侧运动:一臂伸直于头上,另一臂叉腰,向体侧振动。

⑤体转运动:两脚分开站立,两臂胸前屈,向左右有节奏地扭动。

⑥髋关节绕环:双手叉腰,髋关节放松,做左右旋转运动。

⑦腹背下蹲:双脚并拢,屈体,双手向下触地,然后下蹲、站起。

⑧膝关节绕环:手扶膝盖,做膝关节左右转动。

⑨压腿运动:左右腿交替做弓箭步,向前向侧压腿。

⑩踢腿运动:双手叉腰,向上向侧做踢腿动作。

作业与思考题

1. 本章中主要介绍了哪几种游泳姿势?
2. 简述游泳抽筋的主要原因及预防方法。
3. 游泳时耳朵进水应如何处理?

下篇　传统与休闲运动项目

第十八章　民族瑰宝——传统运动项目

知识目标

了解太极拳、八段锦的相关知识，明确整套动作的演练方法。

能力目标

在正确的太极拳、八段锦等指导下积极、自觉地参与太极拳的学习和锻炼。

情感目标

1. 修身养性，陶冶情操，强身健体。
2. 培养沉着、耐久、坚毅、机智的品质。
3. 倡导太极拳、八段锦健康、和平、发展主体的精神，弘扬中国优秀传统文化。

第一节　太极拳

一、太极拳的起源与发展

（一）陈氏太极拳的创始人

陈氏始祖陈卜全家定居清风岭上的常阳村后，勤劳耕作，兴家立业，为了保卫桑梓不受地方匪盗危害，精通拳械的陈卜在村中设立武学社，传授子孙乡民习拳练武。

陈卜及其后代六世同堂，有二世陈刚、三世陈琳、四世陈景元、五世陈堂、六世陈宗儒（独子思贵）等人。到七世开始分家立业。其中一支为七世陈思贵、八世陈抚民、九世陈王廷和陈王前兄弟。陈王廷（1600—1680）又名陈奏庭，系明末文庠生、清初武庠生，文武双全，曾只身闯玉带山，劝阻登封武举李际遇叛乱，为清廷在山东平定盗匪立过战功，在河南、山东负有盛名却不被清廷重用。陈王廷报国无门，收心隐退，在耕作之余，依据自己祖传之一百单八式长拳，博采众家精华，结合易学上有关的阴阳五行之理，并参考传统中医学中有关经络学说及导引、吐纳之术，发明创造出了一套具有阴阳相合、刚柔相济的新型拳术，包括太极拳五路、炮捶一路、双人推手及刀、枪、棍、剑、锏、双人粘枪等器械套路。在刺枪术和八杆四杆术对练套路中还运用太极拳术的缠丝劲，开辟了长兵器阴阳变换、刚柔相济的先河。

太极拳自陈王廷创立之后，就在陈家沟陈氏家族中世代传承，绵延数百年而不绝。随着陈氏家族的人丁兴旺，家族中也涌现出了申如、恂如、敬伯、继夏、秉奇、秉壬、秉旺、公兆等很多位高手，用现在已知最早记载太极拳历史文献《太极拳小序》中李亦畲的话来说就是："神而明者，代不数人。"在此之后数百年间，历经陈氏子孙及其门徒的不断丰富和发展，太极拳已经成为我国传统的优秀拳种之一，并衍生发展出了杨、吴、武、孙、和五大流派。

（二）太极拳的发展

陈氏十四世陈长兴(1771—1853)，字云亭，著《太极拳十大要论》《太极拳用武要言》《太极拳战斗篇》等。他打破门规局限，将陈家累代家传之秘——陈氏太极拳传于河北永年县的杨福魁(露禅)，至此太极拳史上开始了第一次大发展大普及时期。当今太极拳能有如此大范围的传播与陈长兴当年破除家传绝艺不传外姓的习俗有着直接关系，其功永不可没。

陈氏第十四世陈有本(1780—1858)，字道生，受业其父，太极拳功炉火纯青。他除了完整保留并传下了祖传拳架外(后人称小架或小圈)，且不受其限，多有创新。当时精于太极拳者多出其门，著名的有陈仲甡、陈季甡、陈清萍等，陈长兴六子陈耕耘亦曾师之。

陈氏第十五世陈清萍(1795—1868)，居于温县陈家2.5千米处赵堡镇，他在祖传太极拳(小架)套路的基础上又进行了修改，形成了一套小巧紧凑，逐步加圈，由简到繁，不断提高拳艺技巧的练习套路。当地人称其所传太极拳为赵堡街架。

陈氏第十六世陈鑫(1849—1929)，字品三，幼承父命，文武兼习。他晚年时深感陈氏太极拳虽经历代口传亲授，然文字著作较少，不利广泛传播。为阐发祖传太极拳学说，遂闭门著述，费时12年，完成《陈氏太极拳图画讲义》四卷、《陈氏太极拳易象数》六卷，全面整理陈氏世代积累的练拳经验。其著以易理说拳理，掺以阴阳、经络学说，确立缠丝劲为核心，较为全面地阐述了陈氏太极拳的理论体系，为陈氏太极拳理论宝库中树立了一座引人瞩目的丰碑。他的作品还有《陈氏家乘》《三三六拳谱》等。

陈氏第十七世陈发科(1887—1957)，字福生，是近代陈氏太极拳的代表人物，对发展和传播陈氏太极拳做出了杰出贡献。在北京授拳期间(1929—1957)，陈发科以其高尚的武德、非凡的功力以及实战技击的精妙而著称于世，深受世人的广泛敬仰，在武林中威信颇高。陈发科教授徒弟很多，有顾留馨、洪均生、田秀臣、雷慕尼、冯志强、李经梧、肖庆林以及其子照旭、照奎、女豫霞等。

陈氏第十八世陈照丕(1893—1972)，字绩甫。1928年秋，应北平同仁堂东家乐佑申和乐善同兄弟二人之邀，在北平授拳。有同乡李敬庄(字庆林)在《北平晚报》(1928年10月)刊发文章宣扬其拳艺。并设立擂台7天，未有匹者，获全胜。后应南京市市长之邀在南京授拳，拳踪广布。著有《陈氏太极拳汇宗》《太极拳入门》《陈氏太极拳图解》《陈氏太极拳理论十三篇》等。所授弟子中王西安、朱天才、陈小旺、陈正雷功夫超群，被海内外赞誉为陈氏太极拳"四大金刚"。照丕先生恩泽后人、诲人不倦、武德高尚，是陈氏太极承前启后、继往开来的一代宗师。

陈家沟现在传习的拳械套路有：老架一、二路(炮捶)；新架一、二路(炮捶)；小架一、二路以及五种推手法、太极单刀、双刀、单剑、双剑、双锏、梨花枪、白猿棍、春秋大刀、四杆、八杆、十三杆等。

（三）太极拳的流派

目前，太极拳除陈氏太极拳外，主要有五大门派：河北广府（今永年县）杨福魁（露禅）跟陈长兴学习太极拳后，教拳于北京，将师传太极拳中的高难度动作逐步修改，后经其后代定型，成为杨氏太极拳。满族人全佑跟杨福魁之子杨班候学得杨氏小架太极拳后，传与其子鉴泉，将师承太极拳修改定型成另一家，因鉴泉后从汉姓吴，人称吴氏太极拳。武禹襄跟陈清萍学拳后，将陈氏、杨氏太极拳融合演变成武氏太极拳，因传拳于弟子郝为真，也称郝氏太极拳。孙堂禄跟郝为真学拳后，自成一派而成孙氏太极拳。另外，还有温县的和兆元创编的和氏太极拳和李景炎创编的太极忽雷架。

二、二十四式简化太极拳

二十四式简化太极拳的架式比较平衡舒展，动作柔和。1956 年国家体委组织部分专家在传统太极拳的基础上，按由简入繁、循序渐进、易学易记的原则，去其繁难和重复动作，选取了二十四式，编成《简化太极拳》，也称“二十四式太极拳”或“三段太极拳”，是初段位中最高一段的考评内容之一。太极始于无极，分两仪。由两仪分三才，由三才显四象，演变八卦。依据“易经”阴阳之理、中医经络学、道家导引、吐纳综合地创造了一套有阴阳性质、符合人体结构、大自然运转规律的一种拳术，古人称为“太极”。太极拳在技击上别具一格，特点鲜明。它要求避实就虚，借力发力，以静制动，以柔克刚，以静待动，以圆化直，以小胜大，以弱胜强，主张一切从客观出发，随人则活，由己则滞。为此，太极拳特别讲究“听劲”，即要准确地感觉判断对方来势，以作出反应。当对方未发动前，自己不要冒进，可先以招法诱发对方，试其虚实，术语称为“引手”。一旦对方发动，自己要迅速抢在前面，“彼未动，己先动”“后发先至”，将对手引进，使其失重落空，或者分散转移对方力量，乘虚而入，全力还击。太极拳的这种技击原则，体现在推手训练太极拳和套路动作要领中，不仅可以训练人的反应能力、力量和速度等身体素质，而且在攻防格斗训练中也有十分重要的意义。

太极拳技击法皆遵循阴阳之理，以“引化合发”为主要技击过程。技击中，由听劲感知对方来力大小及方向，“顺其势而改其路”，将来力引化掉，再借力发力。太极拳理论，直接源于道教思想，道教继承和发展老庄道家思想，在重生贵生、尊道贵德宗旨指导下，有一系列养生修身炼己、以求长生久视的锻炼功法，集中且精当地体现在太极拳功法拳理上。在太极拳中，借力打力，四两拨千斤，以柔克刚、以静制动，柔弱胜刚强，都源于老庄哲学，故太极拳被称为“国粹”。

（一）太极拳二十四式基本功特点

太极拳的运动特点：中正安舒、轻灵圆活、松柔慢匀、开合有序、刚柔相济，动如“行云流水，连绵不断”，这种运动既自然又高雅，可亲身体会到音乐的韵律，哲学的内涵，美的造型，诗的意境。在高级的享受中，使疾病消失，使身心健康。

1. 轻松柔和,意动身随

二十四式简化太极拳的架式比较平衡舒展,动作柔和,没有大幅度忽起忽落明显、变化和激烈的跳跃动作。在练拳时,要求用意识(指想象力)引导动作,把自己的意念、气息、用力点等融入动作之中,真正体会到太极的韵味。

2. 动作连贯,分清虚实

太极拳动作的整套动作中,从"起势"到"收势",每一个位置和方向的改变处处都贯穿着步法的变换和转移重心的活动,不论动作的虚实变化还是姿势的过渡转换都衔接紧密,并要求身法和手法的运用。由虚到实或由实到虚,既要分明,又要连贯一气,速度均匀,一气呵成,好像行云流水,绵绵不断。

3. 动作协调,上下相随

太极拳的动作不论是整个套路,还是单个动作姿势,要求上下相随,内(意含,呼吸)外(躯干,四肢动作)一体,身体各部分密切配合,习拳时必须以腰为轴,手、脚的许多动作都由躯干来带动,并互相响应,即全身"一动无有不动""由脚而腿而腰,总须完成一气"。

4. 圆弧均匀,呼吸自然

太极拳的动作中要求上肢动作处处带有弧形,这与人体各关节自然弯曲状态相吻合,通过这种弧形活动的锻炼,使动作圆活自然。练习者的呼吸也应按自己的习惯和当时的需要进行,动作和呼吸不要互相约束,可根据个人锻炼的体会程度毫不勉强地随着速度的快慢和动作幅度的大小进行。按照起吸呼落、开吸合呼的要求,使呼吸与动作自然配合。

(二)简化太极拳练习要点

1. 心静体松

所谓"心静",就是在练习太极拳时,思想上应排除一切杂念,不受外界干扰;所谓"体松",可不是全身松懈疲沓,而是指练拳时在保持身体姿势正确的基础上,有意识地让全身关节、肌肉以及内脏等达到最大限度地放松状态。

2. 圆活连贯

"心静体松"是对太极拳练习的基本要求,而是否做到"圆活连贯"才是衡量一个人功夫深浅的主要依据。太极拳练习所要求的"连贯"是指多方面的。其一是指肢体的连贯,即所谓的"节节贯穿"。肢体的连贯是以腰为枢纽的。在动作转换过程中,则要求:对下肢,是以腰带胯,以胯带膝,以膝带足;对上肢,是以腰带背,以背带肩,以肩带肘,以肘带手。其二是动作与动作之间的衔接,即"势势相连"——前一动作的结束就是下一动作的开始,势势之间没有间断和停顿。而"圆活"是在连贯基础上的进一步要求,意指活顺、自然。

3. 虚实分明

要做到"运动如抽丝,迈步似猫行",首先要注意虚实变换要适当,是肢体各部在运动中没有丝毫不稳定的现象。若不能维持平衡稳定,就根本谈不上什么"迈步如猫行"了。一般来说,下肢以主要支撑体重的腿为实,辅助支撑或移动换步的腿为虚;上肢以体现动作主要内容的手臂为实,辅助配合的手臂为虚。总之虚实不但要互相渗透,还需在意识指导下变化灵活。

4. 呼吸自然

太极拳练习的呼吸方法有自然呼吸、腹式顺呼吸、腹式逆呼吸和拳势呼吸。以上几种呼吸方法，不论采用哪一种，都应自然、匀细，徐徐吞吐，要与动作自然配合。初学者宜采用自然呼吸。

(三)二十四式简化太极拳动作名称

预备动作	1. 起势		
第一段	2. 左右野马分鬃	3. 白鹤亮翅	4. 左右搂膝拗步
	5. 手挥琵琶	6. 左右倒卷肱	
第二段	7. 左揽雀尾	8. 右揽雀尾	9. 单鞭
	10. 云手	11. 单鞭	
第三段	12. 高探马	13. 右蹬脚	14. 双峰贯耳
	15. 转身左蹬脚	16. 左下势独立	17. 右下势独立
第四段	18. 左右穿梭	19. 海底针	20. 闪通臂
	21. 转身搬拦捶	22. 如封似闭	23. 十字手
结束动作	24. 收式		

(四)二十四式简化太极拳动作图解说明

简化太极拳是国家体育运动委员会对已在群众中流行的太极拳进行改编、整理出来的。集中了原套路的主要结构和技术内容，共分 8 个组，24 个姿势动作。练习者可连贯演练，也可选择单式或分组练习。

预备势：身体自然站立，两脚并拢，两手垂于大腿外侧；头项正直，口闭齿扣，胸腹放松；眼平视前方。

1. 起势(图 18-1)

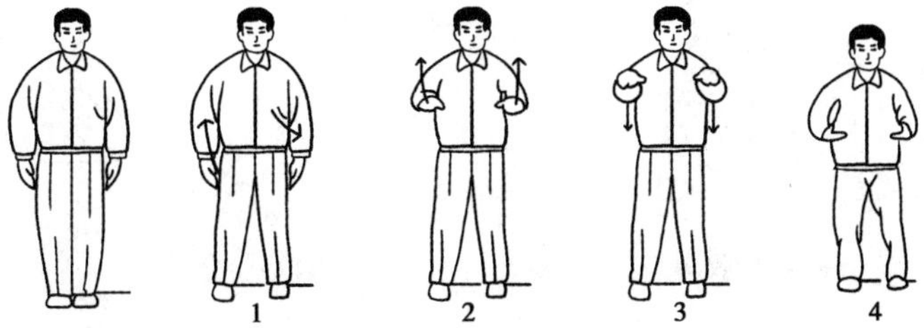

图 18-1　起势

(1)左脚开立:左脚向左分开,两脚平行同肩宽。

(2)两臂前举:两臂慢慢向前举,自然伸直,两手心向下。

(3)屈腿按掌:两腿慢慢屈膝半蹲,同时两掌轻轻下按至腹前。

学练要点:起脚时先提脚跟,高不过足踝,落脚时前脚掌先着地,要做到点起点落、轻起轻落。上举两臂时,不可耸肩,不要出现指尖朝下的"折腕"。屈膝时松腰敛臀,上体保持正直,两掌下按时沉肩垂肘。

2. 左右野马分鬃

(1)左野马分鬃

①抱球收脚:上体稍右转,右臂屈抱于右胸前,左臂屈抱于腹前,成右抱球;左脚收至右脚内侧成丁步[图 18-2(a)]。

②弓步分手:上体左转,左脚向左前方迈出一步,成左弓步;同时两掌前后分开,左手心斜向上,右手按至右胯旁,两臂微屈[图 18-2(b)]。

(a)抱球收脚　　(b)弓步分手

图 18-2　左野马分鬃

(2)右野马分鬃

①抱球收脚:重心稍向后移,左脚尖翘起外撇;上体稍左转,左手翻转在左胸前屈抱,右手翻转前摆,在腹前屈抱,成左抱球;重心移至左腿,右脚收至左脚内侧成丁步[图 18-3(a)]。

②弓步分手:同前弓步分手,唯左右相反[图 18-3(b)]。

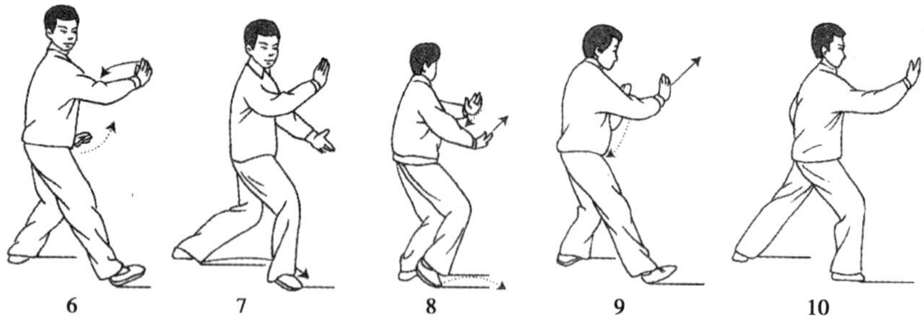

(a)抱球收脚　　(b)弓步分手

图 18-3　右野马分鬃

(3)左野马分鬃

左野马分鬃同前左野马分鬃(图 18-4)。

图 18-4　左野马分鬃

学练要点：弓步时，不可将重心过早前移，造成脚掌沉猛落地，后脚应有蹬碾动作。分手与弓步要协调同步。转体撇脚时，先屈后腿，腰后坐，同时两臂自旋。

3. **白鹤亮翅**

(1)跟步抱球

上体稍左转，右脚向前跟步，落于左脚后；同时两手在胸前屈臂抱球[图 18-5(a)]。

(2)虚步分手

上体后坐并向右转体，左脚稍向前移动，成左脚虚步；同时右手分至右额前，掌心向内，左手按至左腿旁，上体转正；眼平视前方[图 18-5(b)]。

图 18-5　白鹤亮翅

学练要点：抱球与跟步要同时，转身时身体侧转不超过 45°，左脚前移与分手同时完成。

4. **右搂膝拗步**

(1)左搂膝拗(图 18-6)

图 18-6　左搂膝拗步

①收脚托掌:上体右转,右手至头前下落,经右胯侧向后方上举,与头同高,手心向上,左手上摆,向右划弧落至右肩前;左脚收至右脚内侧成丁步;眼视右手。

②弓步搂推:上体左转,左脚向左前方迈出一步成左弓步;左手经膝前上方搂过,停在左腿外侧,掌心向下,指尖向前,右手经肩上,向前推出,右臂自然伸直。

(2)右搂膝拗步

①收脚托掌:重心稍后移,左脚尖翘起外撇,上体左转,右脚收至左脚内侧成丁步;右手经头前划弧摆至左前肩,掌心向下,左手向左上方划弧上举,与头同高,掌心向上;眼视左手[图 18-7(a)]。

②弓步搂推:同前弓步搂推,唯左右相反[图 18-7(b)]。

6　7　8　9　10

(a)收脚托掌　(b)虚步搂推

图 18-7　右搂膝拗步

(3)左搂膝拗步

动作与右搂膝拗步相同,唯左右相反(图 18-8)。

11　12　13　14　15

收脚托掌　虚步搂推

图 18-8　左搂膝拗步

学练要点:两手划弧时要以腰带动;推掌时要沉肩垂肘,坐腕舒掌。搂推协调,转身蹬地推掌。

5. 手挥琵琶

(1)跟步展臂

右脚向前收拢半步落于左脚后,右臂稍向前伸展[图 18-9(a)]。

(2)虚步合手

上体稍向左回转,左脚稍前移,脚跟着地,成左虚步;两臂屈肘合抱,右手与左肘相对,掌心向左[图 18-9(b)]。

1　2　3

(a)跟步展臂　(b)虚步合手

图 18-9　手挥琵琶

学练要点：两手摆掌时有上挑并向里合之意。合臂时腰下沉，两臂前伸，腋下虚空。

6. 左右倒卷肱

(1)右倒卷肱

①退步卷肱：上体稍右转，两手翻转向上，右手随转体向后上方划弧上举至肩上耳侧，左手停于体前；上体稍左转；左脚提起向后退一步，脚前掌轻轻落地；眼视左手[图 18-10(a)]。

②虚步推掌：上体继续左转，重心后移，成右虚步；右手推至体前，左手向后、向下划弧，收至左腰侧，手心向上；眼视右手[图 18-10(b)]。

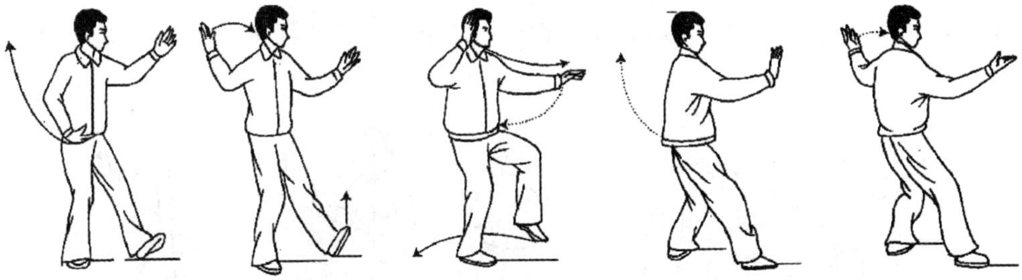

1　2　3　4　5

(a)退步卷肱　(b)虚步推掌

图 18-10　右倒卷肱

(2)左倒卷肱

①退步卷肱：同前退步卷肱，唯左右相反(图 18-11)。

②虚步推掌：同前虚步推掌，唯左右相反(图 18-12)。

6　7　8

退步卷肱

图 18-11　左倒卷肱

图 18-12　虚步推掌

(3)右倒卷肱

同前右倒卷肱。

(4)左倒卷肱

同前左倒卷肱。

学练要点:转身时用腰带手后撤,走斜弧形路线。提膝屈肘和左掌翻手都要同步完成。推掌走弧形且坐腕、展掌、舒指。

7. 左揽雀尾

(1)抱球收脚

上体右转,右手向侧后上方划弧,左手在体前下落,两手呈右抱球状;左脚收成丁步[图 18-13(a)]。

图 18-13　左揽雀尾(抱球收脚和工步掤臂)

(2)弓步掤臂

上体左转,左脚向左前方迈成左弓步;两手前后分开,左臂半屈向体前掤架,右手向下划弧按于左胯旁,五指向前;眼视左手[图 18-13(b)]。

(3)转体摆臂

上体稍向左转,左手向左前方伸出,同时右臂外旋,向上、向前伸至左臂内侧,掌心向上[图 18-14(a)]。

(4)转体后捋

上体右转,身体后坐,两手同时向下经腹前向右后方划弧后捋,右手举于身体侧后方,掌心向外左臂平屈于胸前,掌心向内;眼视右手[图 18-14(b)]。

图 18-14　左揽雀尾(转体摆臂和转体后捋)

(5)弓步前挤

重心前移成左弓步;右手推送左前臂向体前挤出,两臂撑圆[图 18-15(a)]。

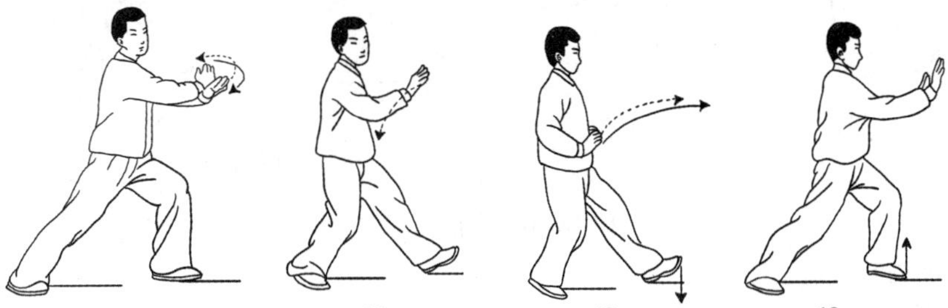

图 18-15　弓步前挤

(6)后坐引手

上体后坐,左脚脚尖翘起;左手翻转向下,右手经左腕上方向前伸出,掌心转向下,两手左右分开与肩同宽,两臂屈收后引,收至腹前,手心斜向下[图 18-15(b)]。

(7)弓步前按

重心前移成左弓步;两手沿弧线推至体前。

学练要点:捋时要转腰带手,不可直臂、折腕。挤时松腰、弓腿一致。按时两手沿弧线向上、向前推按。

8. 右揽雀尾

(1)转体分手

重心后移,上体右转,左脚尖内扣;右手划弧右摆,两手平举于身体两侧;头随右手移转[图 18-16(a)]。

(2)抱球收脚

左腿屈膝,重心左移,右脚收成丁步;两手呈左抱球状[图 18-16(b)]。

(3)弓步掤臂

同前弓步掤臂,唯左右相反[图 18-16(c)]。

(4)转体摆臂

同前转体摆臂,唯左右相反[图 18-16(d)]。

1　2　3　4

(a)转体分手　(b)抱球收脚

5　6　7　8

(c)弓步掤臂　(d)转体摆臂

图 18-16　右揽雀尾之一

(5)转体后捋

同前转体后捋,唯左右相反[图 18-17(a)]。

(6)弓步前挤

同前弓步前挤,唯左右相反[图 18-17(b)]。

9　10　11

(a)转体后捋

12　13　14

(b)弓步前挤　(c)后坐引手　(d)弓步前按

图 18-17　右揽雀尾之二

(7)后坐引手

同前后坐引手,唯左右相反[图 18-17(c)]。

(8)弓步前按

同前弓步前按,唯左右相反[图 18-17(d)]。

学练要点:由左势向右势转化时,左脚尽量里扣。右手随身体右转平行向右划弧时,右手不可随着向右摆动。重心移动变化时,上体保持正直,随腰转动。

9. 单鞭

(1)转体运臂

上体左转,左腿屈膝,右脚尖内扣;左手向左划弧,掌心向外,右手向左划弧至左肘前,掌心转向上;视线随左手运转[图 18-18(a)]。

(2)勾手收脚

上体右转,右腿屈膝,左脚收成丁步;右手向上向左划弧,至身体右前方变成勾手,腕高与肩平,左手向下、向右划弧至右肩前,掌心转向内;眼视勾手[图 18-18(b)]。

(3)弓步推掌

上体左转,左脚向左前方迈出成左弓步;左手经面前翻掌向前推出[图 18-18(c)]。

(a)转体运臂　(b)勾手收脚

(c)弓步推掌

图 18-18　单鞭

学练要点:重心移动平稳,两腿要虚实分明。做勾手时右臂不要过直。推掌时随上体转动,弓腿,翻掌前推。

10. 云手(图 18-19)

(1)转体松勾

上体右转,左脚尖内扣;左手向下、向右划弧至右肩前,掌心向内,右勾手松开变掌。

(2)左云收步

上体左转,重心左移,右脚向左脚收拢,两腿屈膝半蹲,两脚平行向前成小开立步;左手经头前向左划弧运转,掌心渐渐向外翻转,右手向下、向左划弧运转,掌心渐渐转向内;视线随左手运转。

(3)右云开步

上体右转,重心右转,左脚向左横开一步,脚尖向前;右手经头前向右划弧运转,掌心逐渐由内转向外,左手向下、向右划弧,停于右肩前,掌心渐渐翻转向内;视线随右手运转。

(4)左云收步

同前左云收步。

图 18-19　云手

(5)右云开步

同前右云开步。

(6)左云收步

同前左云收步。

学练要点:以腰为轴,转腰带手交叉画圆。上下肢要协调一致不可脱节。身体平移,不可起伏。

11. **单鞭**(图 18-20)

(1)转体勾手

上体右转,重心右移,左脚跟提起;右手向左划弧,至右前方掌心翻转变勾手;左手向下向右划弧至右肩前,掌心转向内;眼视勾手。

(2)弓步推掌

同前弓步推掌。

图 18-20　单鞭

学练要点:同前单鞭。

12. **高探马**(图 18-21)

(1)跟步翻手

后脚向前收拢半步;右手勾手松开,两手翻转向上,肘关节微屈。

(2)虚步推掌

上体稍右转,重心后移,左脚稍向前移成左虚步;上体左转,右手经头侧向前推出;左臂屈收至腹前,掌心向上。

图 18-21　高探马

学练要点:跟步时上体正直,不可起伏。推手与成虚步同时。

13. **右蹬脚**(图 18-22)

(1)穿手上步

上体稍左转,左脚提收向左前方迈出,脚跟着地;右手稍向后收,左手经右手背上方向前穿出,两手交叉,左掌心斜向上,右掌心斜向下。

(2)分手弓步

重心前移成左弓步;上体稍右转,两手向两侧划弧分开,掌心皆向外;眼视右手。

(3)抱手收脚

右脚成丁步;两手向腹前划弧相交合抱,举至胸前,右手在外,两掌心皆转向内。

(4)分手蹬脚

两手手心向外撑开,两臂展于身体两侧,肘关节微屈,腕与肩平;左腿支撑,右腿屈膝上提,脚跟用力慢慢向前上方蹬出,脚尖上勾,膝关节伸直,右腿与右臂上下相对,方向为右前方约 30°;眼视右手。

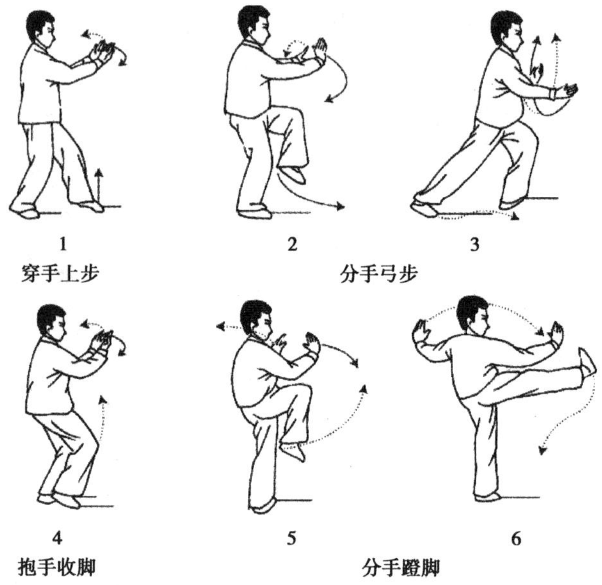

图 18-22　右蹬脚

学练要点:两手交叉距离胸部 20 厘米,身体左转 45°。蹬脚,两手高不过头。分手撑掌与蹬脚同时完成。

14. **双峰贯耳**(图 18-23)

(1)屈膝并手

右小腿屈膝回收,左手向体前划弧,与右手并行落于右膝上方,掌心皆翻转向上。

(2)弓步贯掌

右脚下落向右前方上步成右弓步;两手握拳经两腰侧向上、向前划弧摆至头前,两臂半屈成钳形,两拳相对,同头宽,拳眼斜向下。

学练要点:弓步的方向与右蹬脚的方向一致。弓步贯拳时肘关节下垂,上体正直。

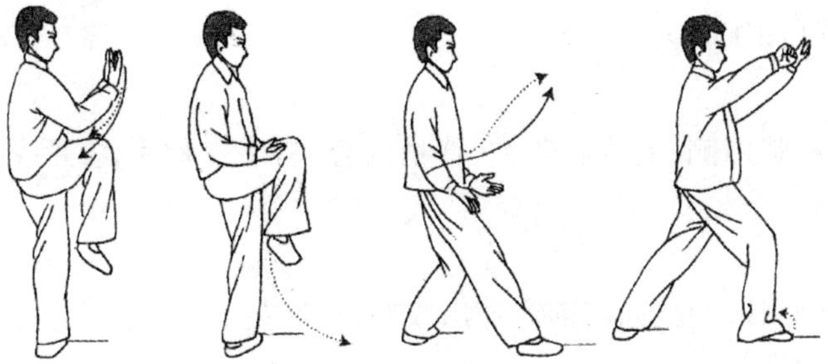

图 18-23 双峰贯耳

15. **转身左蹬脚**(图 18-24)

(1)转体分手

重心后移,左腿屈坐,上体左转,右脚尖内扣;两拳松开,左手向左划弧,两手平举于身体两侧,掌心向外;眼视左手。

(2)抱手收脚

重心右移,右腿屈膝后坐,左脚收至右脚内侧成丁步;两手向下划弧交叉合抱,举至胸前,左手在外,两手心皆向内。

(3)分手蹬脚

同右蹬脚,唯左右相反。

图 18-24 转身左蹬脚

学练要点:转身时,要充分坐腿扣脚,上体保持正直,不可低头弯腰。左蹬脚与右蹬脚的方向要对称。

16. **左下势独立**(图 18-25)

(1)收脚勾手

左腿屈收于右小腿内侧;上体右转,右臂稍内合,右手变勾手,左手划弧摆至右肩前,掌心向右;眼视勾手。

(2)仆步穿掌

上体左转,右腿屈膝,左腿向右前方伸出成左仆步;左手经右肋沿左腿内侧向左穿出,掌心向前,指尖向左;眼视左手。

(3)弓腿起身

重心移向左腿成左弓步;左手前穿并向上挑起,右勾手内旋,置于身后。

(4)独立挑掌

上体左转,重心前移,右腿屈膝提起成左独立步;左手下落按于左胯旁,右勾手下落变掌,向体前挑起,掌心向左,高于眼平,右臂半屈成弧。

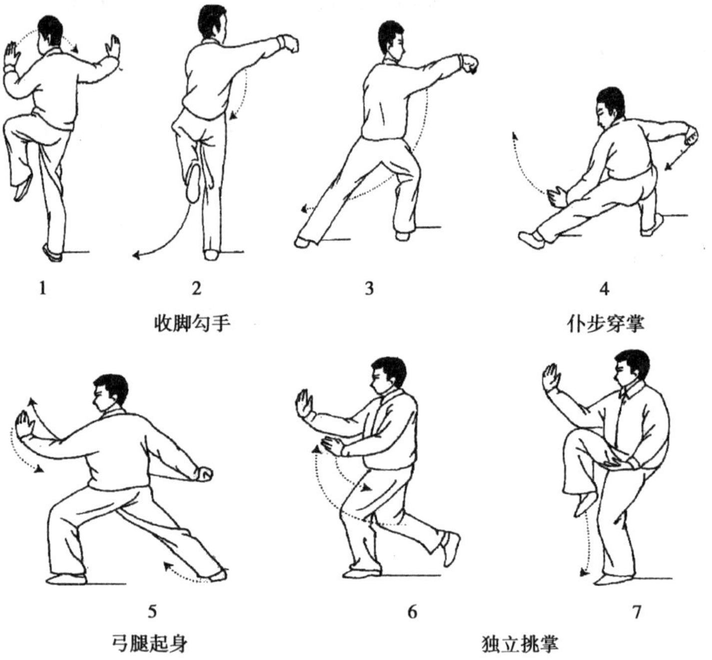

图 18-25　左下势独立

学练要点:仆步穿掌时上体不可前倾。由仆步转换独立步时,一定要充分做好两脚的外撇和内扣。独立挑掌时前手肘与膝相对。

17. **右下势独立**(图 18-26)

(1)落脚勾手

右脚落于左脚右前方,脚前掌着地,上体左转,左脚以脚掌为轴随之扭转;左手变勾手向上提举于身体左侧,高与肩平,右手划弧摆至左肩前,掌心向左;眼视勾手。

(2)仆步穿掌

同前仆步穿掌,唯左右相反。

(3)弓步起身

同前弓步起身,唯左右相反。

(4)独立挑掌

同前独立挑掌,唯左右相反。

图 18-26 右下势独立

练习要点:右脚前掌应落在左脚右前方 20 厘米处。仆步穿掌时,应先将右脚提起后再伸出。

18. **左右穿梭**(图 18-27)

(1)右穿梭

①落脚抱球:左脚向左前方落步,脚尖外撇,上体左转;两手呈左抱球状。

图 18-27 左右穿梭

②弓步架推：上体右转，右脚向右前方上步成右弓步；右手向前上方划弧，翻转上举，架于右额前上方，左手向后下方划弧，经肋前推至体前，高与鼻平；眼视左手。

(2)左穿梭

①抱球收脚：重心稍后移，右脚尖外撇，左脚收成丁步；上体右转，两手在右肋前上下相抱。

②弓步架推：同前弓步架推，唯左右相反。

学练要点：做弓步架推时，手脚方向一致，两掌要有滚动上架与前推。

19. **海底针**(图 18-28)

(1)跟步提手

右脚向前收拢半步，随之重心后移，右腿屈坐；上体右转，右手下落屈臂提抽至耳侧，掌心向左，指尖向前，左手向右划弧下落至腹前，掌心向下，指尖斜向右。

(2)虚步插掌

上体左转向前俯身，左脚稍前移成左虚步；右手向前下方斜插，左手经膝前划弧搂过，按至左大腿侧；眼视右手。

1 跟步提手　　2 虚步插掌

图 18-28　海底针

学练要点：右手随转体在体侧划一立圆提于右耳侧。插掌时不可因前俯而弯腰驼背。上下肢动作必须协调同步。

20. **闪通臂**(图 18-29)

(1)提手收脚

上体右转，恢复正直；右手提至胸前，左手屈臂收举，指尖贴近右腕内侧；左脚收至右脚内侧。

1　2　3

提手收脚　弓步推掌

图 18-29　闪通臂

(2)弓步推掌

左脚向前上步成左弓步;左手推至体前,右手撑于头侧上方,掌心斜向上,两手分展;眼视左手。

学练要点:两手先上提后分开。右手上撑向后引拉。前手、前腿上下相对。

21. **转身搬拦捶**(图18-30)

(1)转体扣脚

重心后移,右腿屈坐,左脚尖内扣;身体右转,右手摆至体右侧,左手摆至头左侧,掌心均向外;眼视右手。

1　　2　　2(附)

转体扣脚　　坐腿握拳

图18-30　转身搬拦捶

(2)坐腿握拳

重心左移,左腿屈坐,右腿自然伸直;右手握拳向下、向左划弧停于左肋前,拳心向下,左手举于左额前;眼向前平视。

(3)踩脚搬拳

右脚提收至左脚内侧,再向前迈出,脚跟着地,脚尖外撇;右拳经胸前向前搬压,拳心向上,高与胸平,肘部微屈,左手经右前臂外侧下落,按于左胯旁;眼视右拳。

3　　3(附)　　4

踩脚搬拳　　转体收拳

5　　6　　7

上步拦掌　　弓步打拳

图18-31　转身搬拦捶

(4)转体收拳

上体右转,重心前移,右拳向右划弧至体侧,拳心向下,左臂外旋,向体前划弧,掌心斜向上。

(5)上步拦掌

左脚向前上步,脚跟着地;左掌拦至体前,掌心向右,右拳翻转收至腰间,拳心向上;眼视左掌。

(6)弓步打拳

上体左转,重心前移成左弓步;右拳向前打出,肘微屈,拳眼向上,左手微收,掌指附于右前臂内侧,掌心向右。

学练要点:身体右转时,左脚尽力内扣。垫步时勿抬脚过高,迈出时脚尖外撇。

22. **如封似闭**(图 18-32)

(1)穿手翻掌

左手翻转向上,从右前臂下向前穿出;同时右拳变掌,也翻转向上,两手交叉举于体前。

(2)后坐收掌

重心后移,两臂屈收后引,两手分开收至胸前,与胸同宽,掌心斜相对;眼视前方。

(3)弓步按掌

重心前移成左弓步;两掌经胸前弧线向前推出,高与肩平,宽与肩同。

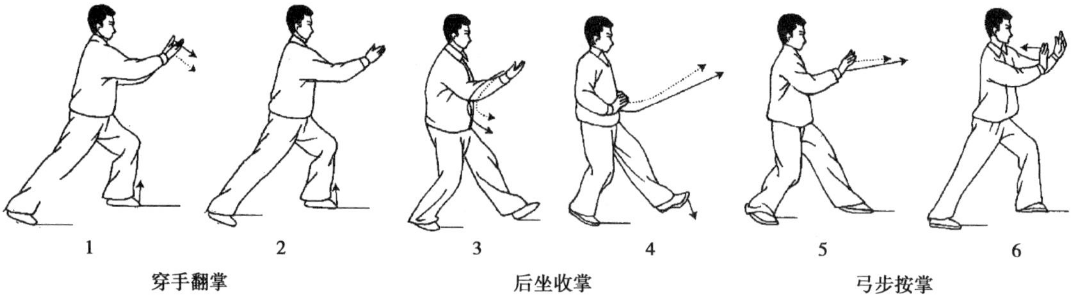

图 18-32　如封似闭

学练要点:后坐收掌时避免上体后仰。弓步按掌时两掌由下向上、向前推按。

23. **十字手**(图 18-33)

(1)转体扣脚

上体右转,重心右移,右腿屈坐,左脚尖内扣;右手向右摆至头前,两手心皆向外;眼视右手。

(2)弓腿分手

上体继续右转,右脚尖外撇侧弓,右手继续划弧至身体右侧,两臂侧平举,手心皆向外;眼视右手。

(3)交叉搭手

上体左转,重心左移,左腿屈膝侧弓,右脚尖内扣;两手划弧下落,交叉上举成斜十字形,右手在外,手心皆向内。

(4)收脚合抱

上体转正,右脚提起收拢半步,两腿慢慢直立;两手交叉合抱于胸前。

图 18-33　十字手

学练要点:转体扣脚与弓步分手要连贯衔接。两手划弧下落时不可弯腰低头。

24. **收势**(图 18-34)

(1)翻掌分手

两臂内旋,两手翻转向下分开,两臂慢慢下落停于身体两侧;眼视前方。

(2)并脚还原

左脚轻轻收回,恢复成预备姿势。

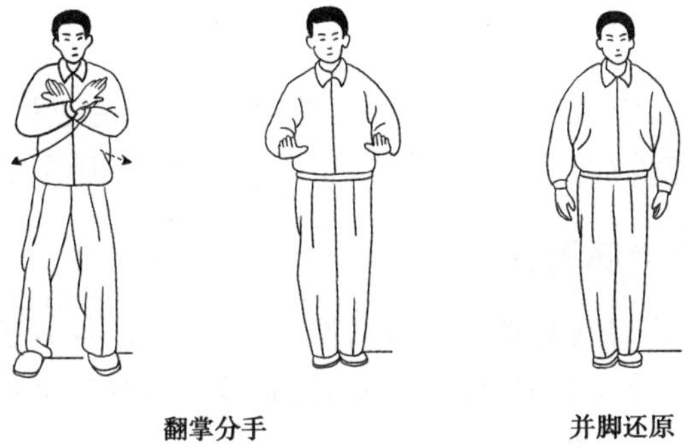

图 18-34　收势

学练要点:翻掌分手时,左手在上,腕关节不要屈折挽花。垂臂落手与起身一致。

作业与思考题

1. 简述太极拳的特点有哪些?
2. 太极拳如何呼吸?

第二节　八段锦

一、八段锦介绍

八段锦是一项很好的传统康复锻炼运动,它虽然很简单,但具有较好的治疗效果。从它的命名就不难看出这种运动是优雅、柔软的，就像“锦缎”一样。整个练习共有八段，称为“八段锦”。其功法特点是柔和缓慢，圆活连贯、松紧结合，动静相兼、神与形合，气寓其中。其作用是有利于促进气血循环。

二、八段锦的作用

（一）消除疲劳

八段锦第一式“两手托天理三焦”，从动作上看是四肢和躯干的伸展运动，和伸懒腰很相似，可以加强四肢和躯干的伸展活动，影响胸腹腔血流的再分配，有利于肺部的扩张，使呼吸加深，吸进更多的氧气，对消除疲劳有一定的作用。

（二）矫正肩背

八段锦的“两手托天理三焦”动作是全身的伸展活动，又伴随深呼吸，可以调理内脏各部，对腰背肌肉骨骼有良好的作用，有助于矫正肩内收和圆背等不良姿势，所以经常伏案学习和工作的年轻人也可以练一练八段锦。

（三）加强身体血液循环

八段锦第二式“左右开弓似射雕”，这一动作的重点在胸部，用中医术语来说就是重点在上焦。这节动作影响所及，包括两手、两臂和胸腔内的心肺，通过扩胸伸臂可以增强胸肋部和肩臂部肌肉，加强身体血液循环，有助于进一步纠正姿势不正确所造成的病态。

（四）调理脾胃、防治肠胃病

八段锦第三式“调理脾胃须单举”，这段动作是一手上举，一手下按，上下用力对拉，使两侧内脏器官和肌肉进一步受到牵引，特别是使肝、胆、脾、胃受到牵拉，使胃肠蠕动和消化功能得到增强，久练有助于防治胃肠病。

（五）增强头部血液循环

八段锦第四式“五劳七伤往后瞧”，这段动作是头部反复向左、向右转动，眼球尽量往后看，显然是一种头部运动。头部运动对活跃头部血液循环、增强颈部肌肉活动有较明显的作用，有助于预防和治疗颈椎病，保持颈部肌肉正常的运动功能，改善高血压和动脉硬化患者的平衡功能，减少眩晕感觉。而且对消除大脑和中枢神经系统的疲劳和一些生理功能障碍等也有促进作用。

（六）增强体质

八段锦第五式“摇头摆尾去心火”，这段动作是全身性动作，对整个身体都有良好作用。摇头摆尾，旋转身体，可放松精神、提高全身各器官、各系统的功能，能够增强体质。

(七)锻炼腰肌

八段锦第六式“两手攀足固肾腰”,这段动作既有前俯,又有后仰,可充分伸展腰背肌肉,同时两臂也尽量向下伸展,坚持练两手攀足可使腰肌延伸而受到锻炼,使腰部各组织、各器官、特别是肾脏、肾上腺等得到增强,既有助于防治常见的腰肌劳损等病,又能增强全身机能。

(八)增强眼肌、防治近视

八段锦中的第四式“五劳七伤往后瞧”和第七式“攒拳怒目增气力”,分别有加大眼球活动范围和瞪眼怒目的动作,可增强眼肌,防治近视。

(九)疏通经络

八段锦第八式“背后七颠百病消”,这段动作简单,颠足而立,拔伸脊柱,下落振身,可以放松身体、疏通经络、按摩五脏六腑,十分舒服。

三、动作名称

预备势

第一式　两手托天理三焦　第二式　左右开弓似射雕

第三式　调理脾胃须单举　第四式　五劳七伤往后瞧

第五式　摇头摆尾去心火　第六式　两手攀足固肾腰

第七式　攒拳怒目增气力　第八式　背后七颠百病消

收势

四、动作说明

1. 拳

大拇指抵掐无名指根节内侧,其余四指屈拢收于掌心即握固。

2. 掌

(掌一):五指微屈,稍分开,掌心微含。

(掌二):大拇指与食指竖直分开成八字状,其余三指第一、二指节屈收,掌心微含。

3. 爪

五指并拢,大拇指第一指节,其余四指第一、二指节屈收扣紧,手腕伸直。

4. 马步

开步站立,两脚间距约本人脚长的 2 ~ 3 倍,屈膝半蹲,大腿略高于水平。

五、动作图解

(一)预备势

①两脚并步站立;两臂自然垂于体侧;身体中正;目视前方。

②随着松腰沉髋,身体重心移至右腿;左脚向左侧开步,脚尖朝前,约与肩同宽;目视前方。

③两臂内旋,两掌分别向两侧摆起,约与腕同高,掌心向后;目视前方。

④上动不停。两腿膝关节稍屈;同时,两臂外旋,向前合抱于腹前呈圆弧形,与脐高,掌心向内,两掌指间距约 10 厘米;目视前方。

动作要点:

①头向上顶,下颏微收,舌抵上腭,双唇轻闭;沉肩坠肘,腋下虚掩;胸部宽舒,腹部松沉;收髋敛臀,上体中正。

②呼吸徐缓,气沉丹田,调息 6 ~9 次。

易犯错误:

①抱球时,大拇指上翘,其余四指斜向地面。

②塌腰,跪腿,八字脚。

纠正方法:

①沉肩,垂肘,指尖相对,大拇指放平。

②收髋敛臀,命门穴放松;膝关节不超越脚尖,两脚平行站立。

功理与作用:宁静心神,调整呼吸,内安五脏,端正身形,从精神与肢体上作好练功前准备。

(二)第一式:两手托天理三焦(图 18-35)

①接上式。两臂外旋微下落,两掌五指分开在腹前交叉,掌心向上;目视前方。

②上动不停,两腿徐缓挺膝伸直;同时,两掌上托至胸前,随之两臂内旋向上托起,掌心向上;抬头,目视两掌。

③上动不停。两臂继续上托,肘关节伸直;同时,下颏内收,动作略停;目视前方。

④身体重心缓缓下降;两腿膝关节微屈;同时,十指慢慢分开,两臂分别向身体两侧下落,两掌捧于腹前,掌心向上;目视前方。

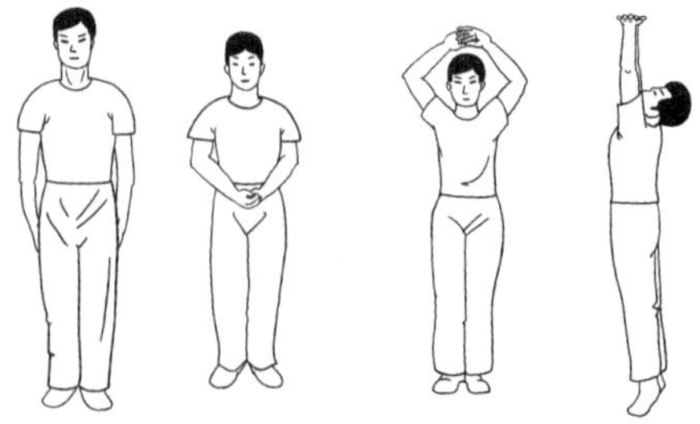

图 18-35　两手托天理三焦

动作要点：

①两掌上托要舒胸展体，略有停顿，保持伸拉。

②两掌下落，松腰沉髋，沉肩坠肘，松腕舒指，上体中正。

易犯错误：两掌上托时，抬头不够，继续上举时松懈断劲。

纠正方法：两掌上托，舒胸展体，缓慢用力，颏先向上助力，再内收配合两掌上撑，力在掌根。

功理与作用：

①通过两手交叉上托，缓慢用力，保持伸拉，可使“三焦”通畅、气血调和。

②通过拉长躯干与上肢各关节周围的肌肉、韧带及关节软组织，对防治肩部疾患、预防颈椎病等具有良好的作用。

（三）第二式：左右开弓似射雕

图 18-36　左右开弓似射雕

①接上式。身体重心右移；左脚向左侧开步站立，两腿膝关节自然伸直；同时，两掌向上交叉于胸前，左掌在外，两掌心向内；目视前方。

②上动不停。两腿徐缓屈膝半蹲成马步；同时，右掌屈指成“爪”，向右拉至肩前；左掌成八字掌，左臂内旋，向左侧推出，与肩同高，坐腕，掌心向左，犹如拉弓射箭之势；动作略停；目视左掌方向。

③身体重心右移；同时，右手五指伸开成掌，向上、向右划弧，与肩同高，指尖朝上，掌心斜向前；左手指伸开成掌，掌心斜向后；目视右掌。

④上体不停。重心继续右移；左脚回收成并步站立；同时，两掌分别由两侧下落，捧于腹前，指尖相对，掌心向上；目视前方。动作 5 至 8 同动作 1 至 4，唯左右相反。

本式一左一右为一遍，共做三遍。

第三遍最后动作 1 时，身体重心继续左移；右脚回收成开步站立，与肩同宽，膝关节微屈；同时，两掌分别由两侧下落，捧于腹前，指尖相对，掌心向上；目视前方。

动作要点：

①侧拉之手五指并拢屈紧，肩臂放平。

②八字掌侧撑需沉肩坠肘，屈腕，竖指，掌心涵空。

③年老或体弱者可自行调整马步高度。

易犯错误：端肩，弓腰，八字脚。

纠正方法：沉肩坠肘，上体直立，两脚跟外撑。

功理与作用:

①展肩扩胸,可刺激督脉和背部俞穴;同时刺激手三阴三阳经等,可调节手太阴肺经等经脉之气。

②可有效发展下肢肌肉力量,提高平衡和协调能力;同时,增加前臂和手部肌肉力量,提高手腕关节及指关节的灵活性。

③有利于矫正不良姿势,如驼背及肩内收,能很好地预防肩、颈疾病等。

(四)第三式:调理脾胃须单举(图 18-37)

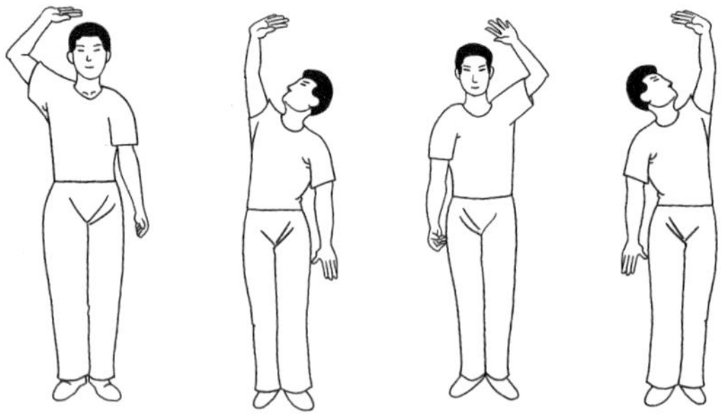

图 18-37　调理脾胃须单举

①接上式。两腿徐缓挺膝伸直;同时,左掌上托,左臂外旋,经面前上穿,随之臂内旋上举至头左上方,肘关节微屈,力达掌根,掌心向上,掌指向右;同时,右掌微上托,随之臂内旋下按至右髋旁,肘关节微屈,力达掌根,掌心向下,掌指向前,动作略停;目视前方。

②松腰沉髋,身体重心缓缓下降;两腿膝关节微屈;同时,左臂屈肘外旋,左掌经面前下落于腹前,掌心向上;右臂外旋,右掌向上捧于腹前,两掌指尖相对,相距约 10 厘米,掌心向上;目视前方。

动作 3 和动作 4 同动作 1 和动作 2,唯左右相反。

本式一左一右为一遍,共做三遍。

第三遍最后一动时,两腿膝关节微屈;同时,右臂屈肘,右掌下按于右髋旁,掌心向下,掌指向前;目视前方。

动作要点:力在掌根,上撑下按,舒胸展体,拔长腰脊。

易犯错误:掌指方向不正,肘关节没有弯曲度,上体不够舒展。

纠正方法:两掌放平,力在掌根,肘关节稍屈,对拉拔长。

功理与作用:

①通过左右上肢一松一紧的上下对拉(静力牵张),可以牵拉腹腔,对脾胃中焦肝胆起按摩作用;同时可以刺激位于腹、胸胁部的相关经络以及背部俞穴等,起到调理脾胃(肝胆)和脏腑经络的作用。

②可使脊柱内各椎骨间的小关节及小肌肉得到锻炼,从而增强脊柱的灵活性与稳定性,有利于预防和治疗肩、颈疾病。

(五)第四式:五劳七伤往后瞧(图 18-38)

①接上式。两腿徐缓挺膝伸直;同时,两臂伸直,掌心向后,指尖向下,目视前方。然后上动不停。两臂充分外旋,掌心向外;头向左后转,动作略停;目视左斜后方。

②松腰沉髋，身体重心缓缓下降；两腿膝关节微屈；同时，两臂内旋按于髋旁，掌心向下，指尖向前；目视前方。

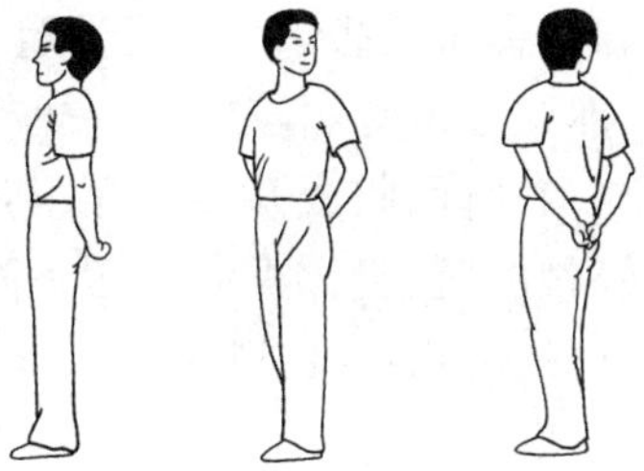

图 18-38　五劳七伤往后瞧

③同动作 1，唯左右相反。

④同动作 2。

本式一左一右为一遍，共做 3 遍。第三遍最后一动时，两腿膝关节微屈；同时，两掌捧于腹前，指尖相对，掌心向上；目视前方。

动作要点：

①头向上顶，肩向下沉。

②转头不转体，旋臂，两肩后张。

易犯错误：上体后仰，转头与旋臂不充分或转头速度过快。

纠正方法：下颏内收，转头与旋臂幅度宜大，速度均匀。

功理与作用：

①“五劳”指心、肝、脾、肺、肾五脏劳损；“七伤”指喜、怒、悲、忧、恐，惊、思七情伤害。本式动作通过上肢伸直外旋扭转的静力牵张作用，可以扩张牵拉胸腔、腹腔内的脏腑。

②本式动作中往后瞧的转头动作，可刺激颈部大椎穴，达到防治“五劳七伤”的目的。

③可增加颈部及肩关节周围参与运动肌群的收缩力，增加颈部运动幅度。活动眼肌，预防眼肌疲劳以及肩、颈与背部等疾患，同时，改善颈部及脑部血液循环，有助于解除中枢神经系统疲劳。

（六）第五式：摇头摆尾去心火（图 18-39）

图 18-39　摇头摆尾去心火

①接上式。身体重心左移；右脚向右开步站立，两腿膝关节自然伸直；同时，两掌上托与胸同高时，两臂内旋，两掌继续上托至头上方，肘关节微屈，掌心向上，指尖相对目视前方。

②上动不停。两腿徐缓屈膝半蹲成马步；同时，两臂向两侧下落，两掌扶于膝关节上方，肘关节微屈，小指侧向前；目视前方。

③身体重心向上稍升起，而后右移；上体先向右倾，随之俯身；目视右脚。

④上动不停。身体重心左移；同时，上体由右向前、向左旋转；目视右脚。

⑤身体重心右移，成马步；同时，头向后摇，上体立起，随之下颏微收；目视前方。

动作5至8。同动作3至5，唯左右相反，本式一左一右为一遍，共做3遍。

做完三遍后，身体重心向左移，右脚回收成开步站立，与肩同宽；同时，两掌向外经两侧上举，掌心相对；目视前方，随后松腰沉髋，身体重心缓缓下降，两腿膝关节微屈；同时屈肘，两掌经面前下按至腹前，掌心向下，指尖相对，目视前方。

动作要点：

①马步下蹲要收髋敛臀，上体中正。

②摇转时，颈部与尾闾对拉伸长，好似两个轴在相对运转，速度应柔和缓慢，动作圆活连贯。

③年老或体弱者要注意动作幅度，不可强求。

易犯错误：

①摇转时颈部僵直，尾闾摇动不圆活，幅度太小。

②前倾过大，使整个上身随之摆动。

纠正方法：

①上体侧倾与向下俯身时，下颏不要有意内收或上仰，颈椎部肌肉尽量放松伸长。

②加大尾闾摆动幅度，应上体左倾尾闾右摆，上体前俯尾闾向后画圆，头不低于水平，使尾闾与颈部对拉拔长，加大旋转幅度。

功理与作用：

①心火，即心热火旺的病症，属阳热内盛的病机。通过两腿下蹲，摆动尾闾，可刺激脊柱、督脉等；通过摇头，可刺激大椎穴，从而起到疏经泄热的作用，有助于祛除心火。

②在摇头摆尾过程中，脊柱腰段、颈段大幅度侧屈、环转及回旋，可使整个脊柱的头颈段、腰腹及臀、股部肌群参与收缩，既增加了颈、腰、髋的关节灵活性，也增强了这些部位的肌力。

（七）第六式：两手攀足固肾腰

图18-40 两手攀足固肾腰

①接上式。两腿挺膝伸直站立；同时，两掌指尖向前，两臂向前、向上举起，肘关节伸直，掌心向前，目视前方。

②两臂外旋至掌心相对，屈肘，两掌下按于胸前，掌心向下，指尖相对；目视前方。

③上动不停。两臂外旋，两掌心向上，随之两掌掌指顺腋下向后插；目视前方。

④两掌心向内沿脊柱两侧向下摩运至臀部；随之上体前俯，两掌继续沿腿后向下摩运，经脚两侧置于脚面；抬头，动作略停；目视前下方。本式一上一下为一遍，共做6遍。

做完六遍后，上体立起，同时，两臂向前、向上举起，肘关节伸直，掌心向前；目视前方。随后松腰沉髋，身体重心缓缓下降；两腿膝关节微屈；同时，两掌向前下按至腹前，掌心向下，指尖向前；目视前方。

动作要点：

①反穿摩运要适当用力，至足背时松腰沉肩，两膝挺直，向上起身时手臂主动上举，带动上体立起。

②年老或体弱者可根据身体状况自行调整动作幅度，不可强求。

易犯错误：

①两手向下摩运时低头，膝关节弯曲。

②向上起身时，起身在前，举臂在后。

纠正方法：

①两手向下摩运要抬头，膝关节伸直。

②向上起身时要以臂带身。

功理与作用：

①通过前屈后伸可刺激脊柱、督脉以及命门、阳关、委中等穴，有助于防治生殖泌尿系统方面的慢性病，起到固肾壮腰的作用。

②通过脊柱大幅度前屈后伸，可有效发展躯干前、后伸屈脊柱肌群的力量与伸展性，同时对腰部的肾、肾上腺、输尿管等器官有良好的牵拉、按摩作用，可以改善其功能，刺激其活动。

(八)第七式：攒拳怒目增气力(图18-41)

①接上式，身体重心右移，左脚向左开步；两腿徐缓屈膝半蹲成马步；同时，两掌握固，抱于腰侧，拳眼朝上；目视前方。

②左拳缓慢用力向前冲出，与肩同高，拳眼朝上；瞪目，视左拳冲出方向。左臂内旋，左拳变掌，虎口朝下；目视左掌。左臂外旋，肘关节微屈；同时，左掌向左缠绕，变掌心向上后握固；目视左拳屈肘，回收左拳至腰侧，拳眼朝上；目视前方。

图18-41　攒拳怒目增气力

动作4至6同动作1至3，唯左右相反，本式一左一右为一遍，共做3遍。

做完三遍后，身体重心右移，左脚回收成并步站立；同时，两拳变掌，自然垂于体侧；目视前方。

动作要点：

①马步的高低可根据自己的腿部力量灵活掌握。

②冲拳时要怒目瞪眼，注视冲出之拳，同时脚趾抓地，拧腰顺肩，力达拳面；拳回收时要旋腕，五指用力抓握。

易犯错误：

①冲拳时上体前俯，端肩，掀肘。

②拳回收时旋腕不明显，抓握无力。

纠正方法：

①冲拳时头向上顶，上体立直，肩部松沉，肘关节微屈，前臂贴肋前送，力达拳面。

②拳回收时，先五指伸直充分旋腕，再屈指用力抓握。

功理与作用：

①中医认为，"肝主筋，开窍于目"，本式中的"怒目瞪眼"可刺激肝经，使肝血充盈，肝气疏泻，有强健筋骨的作用。

②两腿下蹲十趾抓地、双手攒拳、旋腕、手指逐节强力抓握等动作，可刺激手、足三阴三阳十二经脉的俞穴和督脉等；同时，使全身肌肉、经脉受到静力牵张刺激，长期锻炼可使全身筋肉结实，气力增加。

（九）第八式：背后七颠百病消（图 18-42）

①接上式。两脚跟提起；头上顶，动作略停；目视前方。

②两脚跟下落，轻震地面；目视前方。本式一起一落为一遍，共做七遍。

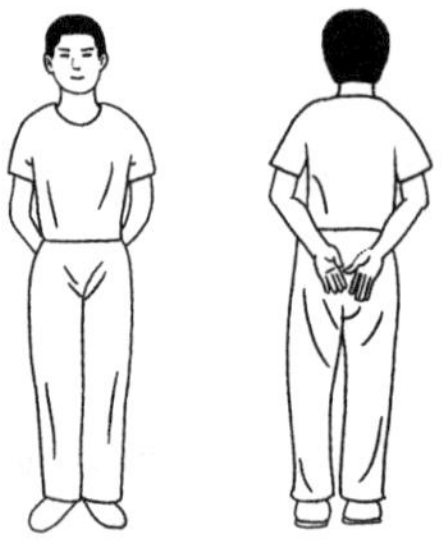

图 18-42　背后七颠百病消

动作要点：

①上提时脚趾要抓地，脚跟尽力抬起，两腿并拢，百会穴上顶，略有停顿，要掌握好平衡。

②脚跟下落时，咬牙，轻震地面，动作不要过急。

③沉肩舒臂，全身放松。

易犯错误：上提时，端肩，身体重心不稳。

纠正方法：五趾抓住地面，两腿并拢，提肛收腹，肩向下沉，百会穴上顶。

功理与作用：

①脚趾为三阴、足三阳经交会之处，脚十趾抓地，可刺激足部有关经脉，调节相应脏腑的功能；同时，颠足可刺激脊柱与督脉，使全身脏腑经络气血通畅，阴阳平衡。

②颠足而立可发展小腿后部肌群力量,拉长足底肌肉、韧带,提高人体的平衡能力。

③落地震动可轻度刺激下肢及脊柱各关节内外结构,并使全身肌肉得到放松复位,有助于解除肌肉紧张。

(十)收势

①接上式。两臂内旋,向两侧摆起,与腰同高,掌心向后;目视前方。

②两臂屈肘,两掌相叠置于丹田处(男性左手在内,女性右手在内);目视前方。

③两臂自然下落,两掌轻贴于腿外侧;目视前方。

动作要领:体态安详,周身放松,呼吸自然,气沉丹田。

易犯错误:收功随意,动作结束后或心浮气躁,或急于走动。

纠正方法:

①收功时要心平气和,举止稳重。收功后可适当做一些整理活动,如搓手浴面和肢体放松等。

②气息归元,放松肢体肌肉,愉悦心情,进一步巩固练功效果,逐渐恢复到练功前安静时的状态。

作业与思考题

阐述练习健身气功对人体的作用。

第十九章　生命的蝴蝶——毽球运动

知识目标

学习毽球运动的起源、发展、基本技术、基本战术及比赛规则。

能力目标

通过学习使学生掌握毽球的踢球、垫球、发球等基本技术及科学健身方法，培养学生学习毽球的兴趣和为终身体育锻炼打好基础。

情感目标

1. 培养学生勤奋刻苦的学习态度。
2. 培养学生遵守规则、尊重裁判，增进责任感和团结协作的精神。
3. 培养学生的个性发展以及良好的心理素质的培养。
4. 培养学生胜不骄、败不馁的体育精神。

第一节　毽球的起源与发展

毽子古称“抛足戏具”，古代文人也称为“燕子”，并有诗句“踢碎香风抛玉燕”的描述。它是一种用鸡毛插在圆形的底座上做成的游戏器具。踢毽子是我国一项民间体育游戏，被人们誉为“生命的蝴蝶”（图 19-1）。

图 19-1　民间游戏——踢毽子

踢毽子是一项良好的全身性运动,它不需要任何专门的场地和设备,运动量可大可小,老幼皆宜。在古代,它是所谓"杂伎""杂戏""博戏""百戏"的一种。毽子,在古籍里又写作鞬、子、蹀。清人翟灏《通俗编》卷三十一"鞬子"条载:"《吴氏字汇补》:'毽,抛足之戏具也。'"毽子分毽铊和毽羽两部分,毽铊多用圆形的铅、锡、铁片或铜钱制成,毽羽多用翎毛。《燕京岁时记》上说:"毽儿者,垫以皮钱,衬以铜钱,束以雕翎,缚以皮带。"毽子的踢法甚多,阮葵生《茶余客话》"踢毽"条说:"其中套数家门,凡百十种。"据说清朝光绪年间,承德有一个百岁老进士能踢出喜鹊登枝、金龙探爪、狮子滚绣球等一百零八种花式。

踢毽子是我国民间传统的体育健身方法,家喻户晓,人人参与。经与现代体育元素结合的毽球也因此被人称为我国大众体育的"传统国球",只要有华人的地方,就有毽子,只要是华人,就会踢毽子。

毽球是一项新兴的体育运动,以中国古老的踢毽子运动为基础,结合现代体育元素,利用羽毛球场地、排球规则,隔网对踢。该运动集足球的脚法、踢毽子的技巧于一身,以熟练、准确、细腻的技巧性和快速多变、激烈反复的对抗性为特点,一经亮相便在赛场吸引了众多关注。据介绍,毽球运动 20 世纪 80 年代中后期亮相国内赛场,经过 20 多年的发展,该项运动不仅在国内拥有大量的爱好者,而且在国际上也日渐具有影响力。毽球已经成为继武术之后又一个代表中华民族文化并得到国际认同和接纳的项目,是我国具有自主创新、自主知识产权性质的国际化体育项目。毽球是广大群众特别是青少年所喜欢的民族体育运动。

一、毽球运动的特点

1. 科学性

符合人们生理、心理与动作技术技能形成的客观规律。特别是有益于青少年的心理、身体的发育,踢毽活动的本身简单易行,不受场地的限制,也不受器材、天气的影响,可谓老少皆宜、四季可行的运动项目。

2. 健身性

促进人的背、腿、躯干及骨骼、肌肉的正常发育,增强心脏功能,扩大肺活量,提高有机体功能,改善代谢能力。同时有利于锻炼踝、膝、髋等关节的灵活性,使身体的协调性,柔韧性进一步得到发展,以达到增强体质的目的。

3. 技艺性与娱乐性

技艺性与娱乐性是毽球运动的基本特点。毽球运动中,娇态多姿的花,毽飞人舞,显示出我国民间体育的特色,竞技激烈的毽球比赛,显示出运动的对抗性、技巧性、观赏性,从而达到娱乐的目的。

4. 经济性与实效性

毽球运动的开展符合我国国情,不受场地限制,投资少、受益明显,也不受器材、天气影响,可谓老少皆宜、四季可行的运动项目。毽球可以自制,也可以购买,既经济又实惠,实用价值高。

5. 协同性与集体性

在键球比赛中,除发球和一次击球过网外,如果没有两个人以上的密切配合,一个人是无法进行比赛的,这就使得键球运动具有了高度的协同性和集体性。

二、现代毽类运动的诞生和发展

起步于20世纪中期,包括毽球和花样踢毽两个项目。现代毽类运动从初兴起就得到了政府及社会各界的积极倡导和大力支持。到20世纪80年代,现代毽类运动得到迅速普及,广泛开展于工厂、学校和机关事业单位。随着毽类运动的蓬勃兴旺,全国和地方性毽球组织相继成立。

第二节　毽球基本技术

一、毽球踢法

(一)内踢(盘踢)

用足内侧互换踢毽,膝关节向外张,大腿向外转动,稍有上摆,不要过大,髋和膝关节放松,小腿向上摆,踢毽时踝关节发力。踢起的毽子一般不超过下颌(图19-2)。

练习方法:

一般人的左足没有右足灵活,没有踢过毽子的人,右足也能踢一两次,所以,练习时以左足先开始为宜,即先用左足踢起一次,要求垂直,用手接住,右足再踢一次用手接住,较熟练后,连续踢。左右足都可连续踢后,改为左右两足各踢一次接住、各踢两次接住、各踢三次、各踢四次……接住,灵活熟练后就不用再接,踢的次数越多越好。

(二)直踢(绷踢)

有的地方称为“绷尖”,是用两足尖外三趾部分互换踢毽,单足踢毽也可以。绷踢能踢起即将落地的毽子,毽子被踝关节的发力一绷而起,所以称为绷踢。其动作是,大腿向前抬起,和身体成150°~160°角,小腿向前摆动,髋关节、膝关节要放松,踝关节的发力,要在踢毽子的一刹那,足尖外三趾向上猛地用力,将毽勾起(图19-3)。踢起的毽子高低都可,但应避免忽高忽低,为以后的花样踢法打下基础。

练习方法:

练习时,可采用盘踢的一踢一接的练习方法,但在开始练习时要踢得低一些,一般不超过腰部,再低一些更好,这样能踢的次数多一些。为了避免动作出错,练习时可面向墙壁或树木,距离约与体同宽,如练习时踢毽脚碰到了墙或树木,便是错误动作,原因是膝关节没有放松,大腿抬得过高。

图 19-2　内踢(盘踢)

图 19-3　直踢(绷踢)

(三)外踢(拐踢)

小腿向同侧身体侧后方弯起,用脚外侧或脚后跟在身体侧面或侧后方踢(图 19-4)。

练习方法:

练习时,可像盘踢一样,采用一踢一接的练习方法。为了避免动作出错,练习时,踢毽脚一侧可朝向墙或树木等,身体与墙距离约与体宽相同,如果踢毽脚踢时碰到墙或树木,便是错误动作。

(四)膝击

用两腿膝盖互换将毽子磕起(撞起)的踢法。髋关节、膝关节放松小腿自然下垂,膝关节发力,将毽子磕起,大腿不要外张或里扣,踢起的毽子一般不超过下颌(图 19-5)。

练习方法:

练习时,用手抛起不超过下颌的毽子,用膝盖磕起(撞起),然后用手接住,同盘踢的练习方法一样,形成一磕一接,熟练后不用手抛毽,改用盘踢,形成一磕一盘,协调后两膝互换,踢的次数越多越好。

图 19-4　外踢(拐踢)

图 19-5　膝击

(五)叉踢(抹子)

一只脚不离地,另一只脚从背后绕至前腿外侧,用脚内侧或脚心踢(图 19-6)。

(六)背踢(倒打、背毽)

一只脚不离地,另一只脚向身后弯曲用脚心踢(图 19-7)。

图 19-6　叉踢(抹子)

图 19-7　背踢(倒打、背毽)

(七)倒勾

背对毽子即将运行的方向,在身体前上方用脚面向身后踢(图 19-8)。

(八)踹毽(踏毽)

在身体前方、侧面或身后用脚心或脚外侧踢(图 19-9)。

在学习各种踢法的过程中,可以和同伴结合一定的规则来进行练习,这样可以增加练习的趣味性,提高练习者的学习兴趣,也可以培养练习者互相合作、竞争的精神。踢毽子可以促进血液循环与新陈代谢,增强心肺功能,提高肌肉力量与关节的柔韧性,提高平衡能力,预防骨质疏松症。此外,对痔疮、颈椎病、腰椎间盘突出、头痛、眼睛不适、肩颈病及坐骨神经痛等,皆有较好的防治作用。

图 19-8　倒勾

图 19-9　踹毽(踏毽)

二、垫球

(一)胸垫球

动作要点:面对来球,两脚前后(或左右)开立,两膝稍弯曲,上体后仰,略含胸,收下巴,目视来球,当球到胸前上方时,两腿后蹬,胸部上挺迎球,使球在胸部弹起落于体前,便于再次踢球。

(二)肩垫球

动作要点:当来球至肩侧时,两腿屈膝,重心下降,快速沉肩插到球下方,在垫球的一刹那,利用腿的蹬伸和耸肩动作将球垫落在身前或直接垫入对方场区。

三、膝拱球

动作要点：一腿支撑，另一腿以髋为轴，抬大腿屈膝上提，插于来球下方，在膝关节上部10厘米处将球拱起，落于身前或直接拱入对方网前，可原地拱，也可转身或移动上步拱球。

四、头顶球

头顶球按动作可分原地顶球、原地跳起顶球和助跑起跳顶球，按顶球部位又可分前额正面顶球和侧面顶球。

动作要点：以助跑起跳前额正面顶球为例，直线或斜线助跑2～3步，左（右）脚跨出最后一步，步幅稍大，右（左）脚要迅速并上落在左（右）脚侧方，双脚用力蹬地起跳，上体后仰，两臂张开，使身体腾空成反弓形，目视来球，在击球的一刹那，快速收腹、上体前屈、甩头，将球用前额正面顶出。

五、胸拦网

胸拦网分单人拦网和双人拦网，其技术要领相同，包括准备姿势、移动、起跳、空中拦击和落地等技术。

动作要点：面对球网双脚平行开立，与肩同宽，距离中线25～40厘米，双膝稍屈，上体稍前倾，两臂自然微屈，置于身体两侧，认真观察球的动向，拦网队员的移动多为平行球网的横向移动，也可向前移动，起跳时两脚用力蹬地，提腰展胸微抬头，带动身体腾起，同时，两臂向后摆动，起跳后上体稍后仰，当身体升到最高点时，用胸主动迎球，在击球的一刹那，应快速收腹和前甩上体，利用胸部弹压的力量，将球拦回对方场区。

六、发球

发球技术有脚内侧发球、正脚背发球和脚外侧发球3种。

1. 脚内侧发球

脚内侧发球时要抬大腿带动小腿，用脚内足弓部位向前上方送踢。

2. 正脚背发球

正脚背发球时要注意绷脚尖，用正脚背向前挑踢。

3. 脚外侧发球

脚外侧发球时要稍侧身站立，绷脚尖，用脚外侧发力扬踢。

第三节 毽球比赛规则

一、场地面积

比赛场地采用羽毛球场双打场地，长 11.88 米，宽 6.1 米。场地上空 6 米以内（由地面计算）和场地四周 2 米以内不得有障碍物。

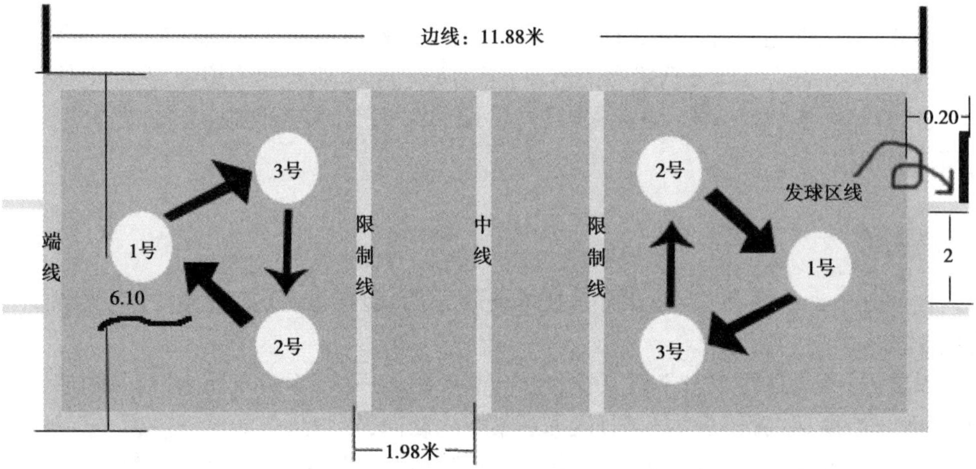

图 19-10 毽球比赛场地（单位：米）

二、界线

比赛场地应按平面图（图 19-10）画出清晰的界限，线宽 4 厘米，线的宽度包括在场地面积之内。较长的两条边界称为边线，较短的称为端线。连接场地两边线的中点与端线平行的线称为中线。中线将场地分为均等的两个场区。在中线两侧各画一条与中线平行的线，称为限制线（此线包括在限制区内）。中线至限制线的距离为 2 米。

三、发球区

距两端线中点两侧各 1 米处向场外各画一条长 20 厘米与端线垂直的短线称为发球区线（此线不包括在发球区内）。发球区线向后无限延长的区域称为发球区。

四、球网

（一）球网的规格

球网长 7 米，宽 76 厘米，网孔 2 厘米见方。球网上沿缝有 4 厘米宽的双层白布，用绳穿起，将球网张挂在网柱上。球网必须挂在中线的垂直上空。球网为深绿色。网柱安在中线以外，距边线 50 厘米处。

(二)球网的高度

球网的中部顶端距地面垂直高度为 1.60 米(男子)，1.50 米(女子)。网的两端距地面的垂直高度必须相等，两端的高度与中间的高度相差不得超过 2 厘米。

(三)标志带与标志杆

在球网的两端，垂直于边线和中线交接处，各系有一条宽 4 厘米，长 76 厘米的白色带子，称为标志带。在球网上连接标志带外侧应系有两根有韧性的杆，称为标志杆。两杆内侧相距 6 米。标志杆长 1.20 米，直径 1 厘米，用玻璃纤维或类似材料制成。标志杆应高出球网上沿 44 厘米，并用鲜明对比的颜色画上 10 厘米长的格纹。

五、毽球

毽球由毽毛、毽垫等构成。毽毛为四支白色或彩色鹅羽，呈十字形插在毛管内，每支羽毛宽 3.20～3.50 厘米。毽垫直径 3.80～4 厘米，厚 1.30～1.50 厘米。毛管高 2.50 厘米。

毽球的高度为 13～15 厘米。毽球的质量为 13～15 克。

图 19-11　毽球

六、比赛队员的组成

①比赛队由 6 人组成，上场队员 3 人，其中队长 1 人(左臂应佩戴明显标志)。比赛前，各队应将参赛队员(包括替补队员)的姓名、号码登记在记分表上。未登记的队员不得参加比赛。

②也可因时、因地、因人制宜，增加单人、双人毽球赛，规则与 3 人制大体相同，记分可采取直接得分法。

③教练员和替补队员应坐在指定的位置上。

七、队员的场上位置

(一)双方队员必须站在本方场区内

站在靠近球网的两名队员从左至右分别为 3 号位和 2 号位队员，靠近端线的队员为 1 号队员。场上队员的位置必须与登记的轮转顺序相符。

(二)发球的位置

发球的一方，2、3 号位的队员在发球队员的前方，彼此间相距不得少于 2 米。球发出后，双方队员可以在本方场区内任意交换位置。

（三）队员的轮转顺序

每局比赛结束前，队员的轮转顺序不得调换。

八、教练员和队长

①比赛成死球时，教练员和队长有权要求暂停或换人。在暂停时间内，教练员可以进行场外指导。

②比赛进行中，场上队长有权向裁判提出询问或要求解释，但必须服从裁判的最终判决。

九、服装

①比赛队员应穿着整齐的运动服和毽球鞋或运动鞋。

②场上队员上衣的前后须有明显的号码，号码颜色须一致，并与上衣颜色有明显的区别。号码应清晰可见，背后的号码至少高 20 厘米，胸前的号码至少高 10 厘米，笔画至少宽 2 厘米，同队队员不得使用重复号码。队员不得穿戴任何危及其他队员的服饰。

十、比赛局数和场区选择

①比赛采用三局两胜制，第三局采取每球得分制。

②比赛前选择场区或发球权。第一局结束后双方交换场地和发球。

③决胜局开始前，正裁判员召集双方队长重新选择场区或发球权。决胜局比赛中，任何一队先得 8 分时两队应交换场地。交换时，不得进行场外指导。交换场区后，双方队员的轮转位置不得变换。经记录员查对后，由原发球队员继续发球。如未及时交换场区，一旦裁判员或一方队长发现时，应立即交换，比分不变。

十一、暂停

①比赛成死球时，教练员或队长可以向裁判员要求暂停。

②暂停时，教练员可以在场地外进行指导，但场上队员不得出场，也不得与场外其他任何人讲话，场外人员不得进入场内。

③每局比赛中，每队可以要求两次暂停，每次暂停时间不得超过 30 秒。某队在一局中请求第三次暂停，应判该队失发球权或对方得 1 分。

十二、换人

①在比赛中成死球时，教练员或队长可以向裁判员要求换人。换人时，场外人员不得向队员进行指导，场内队员不得离开场地。

②每个队员在每一局比赛中换人不得超过三人次。

③替补队员在上场前，应在记录台附近作好准备，换人时间不得超过 15 秒，否则，判该

队一次暂停。如该队在该局已暂停过两次,则判该队失发球权或对方得1分。

④教练员或队长要求换人时,应向裁判员报告下场和上场队员的号码。

⑤比赛中因故被取消比赛资格的队员,不能继续参加该场比赛,可由替补队员替换。如该队在该局已换人三人次,或场外无人替换时,则判为负局。

十三、局间间隙

一局比赛结束,下局比赛开始前,中间最多可有2分钟时间,供两队交换场地、换人和记录员登记号码,双方教练员在不影响上述工作的情况下,可以进行场外指导。

十四、发球

1. 发球

发球队员须站在本方发球区内,用手持球,将球抛起,用脚踢向对方场区,使比赛进行。发球队员必须在发球区内发球,在球发出后才能进入场区。发球时2、3号队员不得有任何掩护动作,否则,判由对方发球。

2. 发球失误

发生下列情况之一时,即判为发球失误:

①队员发球时,踏及端线或发球区线及其延长线。

②球未过网、触网或触及标志杆。

③球从网下穿过。

④球从标志及其延长高度以外过网。

⑤球触及任何障碍物,或在进入对方场区前触及本队队员。

⑥球落在界外。

⑦发球延误时间超过5秒。

⑧裁判员鸣哨后球坠落在地上。

3. 发球队失误

当发球队失误时,应判失发球权,由对方发球。

4. 重发球

发生下列情况之一时,须重发球:

①在比赛进行中,球挂在网上(最后一次击球挂网除外)。

②在比赛进行中,毽毛和毽垫在飞行时脱离。

③在裁判员鸣哨之前发球。

④在比赛进行中,其他人或物品进入场区。

5. 发球次序错误

当球发出后,裁判员发现某队发球次序错误,则判该队失发球权,并恢复正确位置。如犯规队已得分,应取消队因该次发球次序错误所得的分数。

十五、轮转顺序

①某队取得发球权时，应先按顺时针方向轮转一个位置，然后由轮转到 1 号位队员发球。

②新的一局开始前，可以变换本队队员的轮转顺序，并填好位置表交给记录员。

十六、比赛进行中的击球与附加动作

①每队在将球踢入对方场区前，在本方场区最多只能有三人次共击球四次。

②每个队员可以连续击球两次。

③不得用手、臂触球。但防守队员在手臂下垂不离开躯干的前提下，拦网时手球不判违例。

④球不得明显地停留在队员身体的任何部位。

[罚则]违反以上第①至④条均为违例，判由对方发球或对方得 1 分。

十七、网上球

在比赛进行中球触及两标志杆以内的球网为好球，球触标志杆为失误。

十八、触网

①比赛进行中，队员身体任何部位触及两标志杆以内的球网，均为触网违例。

②队员击球后，触及标志杆或标志杆以外的球网、网柱、网绳或其他物体，不为违例。

十九、进入对方场区和空间

①过网击球为犯规。

②比赛进行中，身体任何部位不得进入对方场区的空间。

③队员若用头攻球时，必须在限制线以外，但落地时两脚可落在限制线以内。防守队员在限制区内，头部无意识触球过网不判违例。

④在比赛进行中，除脚外，身体任何部位不得触及中线。脚不得完全越过中线。

二十、死球与中断比赛

①球触地及违例为死球。

②中断比赛：其他人或物品进入比赛场区；更换损坏的器材；运动员发生意外事故等。发生以上情况，裁判员应鸣哨，中断比赛和恢复比赛。

二十一、计胜方法

①接发球队失误，应判对方得一分；发球队失误，则判由对方发球。

②某队得 15 分并至少比对方队得多 2 分时，则为胜一局。如比分是 14 比 14，比赛应继

续进行，直至某队领先 2 分，方为胜一局。

二十二、判定和申诉

①一场比赛中，正裁判员的判定是最终判决。

②只有场上队长可以对裁判员的判罚当场提出询问或要求解释，正裁判员应及时予以解释。

③申述比赛队对裁判员的判罚有争议，比赛时必须服从裁判员的裁判，比赛后可向仲裁委员会提出书面申诉。正裁判员也应向仲裁委员会提出书面报告。

作业与思考题

1. 毽球的起源及运动价值。
2. 毽球的基本技术有哪些?
3. 毽球的场地面积?

第二十章　瑜伽健身

知识目标

1. 学习瑜伽技术的学习方法。
2. 学习瑜伽的健身方法。

能力目标

1. 掌握瑜伽的基本知识。
2. 掌握瑜伽呼吸。
3. 掌握瑜伽的体位。
4. 掌握冥想。

情感目标

1. 修心养性,陶冶情操,强身健体。
2. 培养学生的个性发展以及良好的心理素质。

第一节　瑜伽概论

一、什么是瑜伽

瑜伽(Yoga)这个词来自梵语词根 yuj,意为联合、加入、结合和束缚,即把人的注意力集中起来加以引导,运用和实施,也有联合或共享的意思。它是我们的意志与神的意志的真正结合。

瑜伽哲学最为权威的著作《薄伽梵歌》也给出了瑜伽一词的其他解释,并着重提到业瑜伽(Karma Yoga)。书中说,工作本身就是你的特权,而非成果。永远不要让行动的成果作为你的目的;永远不要停止工作。抛弃所有的私心,以神的名义去工作。不要被成功或者失败所困惑,这种平衡就叫瑜伽。

《加德奥义书》这样描述瑜伽,当感官静止,精神休息,心智不再摇摆不定,那么圣贤认为,这就达到了最高境界。这种对感官和精神的稳定控制被称作瑜伽。

二、传统瑜伽

1. 哈达瑜伽

哈达瑜伽将体位法、身体洁净和呼吸锻炼结合在一起，是传统体系中最基础、最普及的流派，动作相对缓慢柔和，在全世界传播范围最广。

2. 阿斯汤加瑜伽

阿斯汤加瑜伽即八支分瑜伽，又称王瑜伽（RijaYoga）；以体位法、呼吸、冥想、三摩地等8个步骤著称，是最系统的瑜伽体系。

3. 实践派瑜伽

以身心的行动，无私奉献世人的无我修行派瑜伽，提倡在工作中修行。

4. 哲理派瑜伽

探讨心性明了、体悟世间无常的解脱派瑜伽，是最需要智慧的、最艰难的理论性瑜伽修行法。

5. 祈祷派瑜伽

通过诵经、念咒、祈祷等方法，化烦恼为菩提的宗教性瑜伽流派。

6. 语言冥想瑜伽

通过反复唱诵语音净化身心的瑜伽流派。

7. 坦多罗瑜伽

控制性能量，探讨、开发人体潜力的瑜伽体系。

三、现代社会派生的瑜伽支流

1. 阿斯汤加

起源于印度的 Mysore 城市，以“Vinyasa——动作与呼吸紧密相连”为基础，动作前后连贯，一气呵成，是最系统的、难度最高的瑜伽。

2. 力量瑜伽

同样以“Vinyasa”为基础，动作更为活泼，可以穿插许多力量性的体位法，注重意志力和生命内在能量的锻炼。

3. 流瑜伽

动作缓慢而流畅，同时又可以穿插快速的节拍性练习，是练习阿斯汤加和力量瑜伽的基础。

4. 热瑜伽

通过外在环境温度的控制而达到减肥、排毒效果的瑜伽。

5. 形体瑜伽

为减肥、健美、塑身而产生的偏重姿态的瑜伽。

6. 香熏瑜伽

在优美舒适的音乐和点燃香薰精油的环境中练习瑜伽,达到放松身心的效果。

7. 惠兰瑜伽

张惠兰女士以自己的名字注册的惠兰瑜伽信托公司,中央电视台卫星电视推出的普及性瑜伽。

8. 水中瑜伽

为减肥、健身而在水中做体位法的瑜伽。

9. 心灵瑜伽

为缓解心理压力,注重内心平和的瑜伽。

第二节　瑜伽呼吸

一、常用的呼吸练习

(一)腹式呼吸

腹式呼吸可选择山立功、任何瑜伽坐姿或仰卧放松功来开始这个练习。

①请将双手放在脐部,不要施加压力。吸气时,小腹隆起,双手被小腹抬起。

②呼气时小腹回落。当气将呼尽时双手微向下施压,感觉肚脐内收并上提,彻底呼尽肺底残留的气体。

功效:这是所有呼吸技巧的基础,是最安全有效的呼吸练习,可调节神经系统、循环和呼吸系统。所有的腹部器官得到按摩,促进各内脏腺体以正常的方式分泌激素。

(二)胸式呼吸

胸式呼吸可选择山立功、任何瑜伽坐姿或仰卧放松功来开始这个练习。

①将双手放在第十二肋两侧,不要施加压力保持骨盆中心位。

②收缩腹部,吸气。在保证腹腔壁内收的前提下感觉胸廓下部升高并向两侧推出。

③腹腔壁持续内收,呼气。感觉胸廓回落。

④在吸与呼的过程中始终收缩腹部。

功效:加强腹肌力,镇静心脏,净化血液,改善循环。

(三)完全式呼吸

完全式呼吸可选择山立功、任何瑜伽坐姿或仰卧放松功来开始这个练习。

将胸式呼吸、腹式呼吸技巧结合起来就形成了完全瑜伽呼吸。

①慢慢吸气,小腹隆起,在保持小腹隆起的前提下继续吸气至肋骨扩张,保持现在的状态,放松肺上部吸气,锁骨上推,肩稍耸。

②慢慢呼气,肩放平,锁骨下移,肋骨回缩,放松胸部呼出浊气,再以腹部内收的方式将

所有浊气排出。

功效:净化血液,强壮肺部组织,从而增强身体抵抗力、活力、耐力、协调感。

二、注意事项

在练习呼吸控制前,需要理解下面的注意事项:

①在开始呼吸控制练习前,大肠应该排空,膀胱应该排空。

②在学生没有准备好或没有监督的情况下禁止练习调息。并且,控制呼吸不要超过自己的能力,在正确的指导下放松地进行。

③呼吸控制练习最好在空腹的情况下,着宽松的衣服,清静而空气流通的场地上进行练习。

④在进行呼吸控制练习时,除了卷舌清凉呼吸控制法和嘶式清凉呼吸控制法以外,呼吸都是通过鼻子进行。

⑤在练习时,面部肌肉,眼睛和耳朵,颈部肌肉,肩膀,手臂,大腿和双脚不能感到任何的压力。大腿和双臂应该有意识地放松。

⑥整个呼吸控制练习过程中,都要保持双眼闭上,否则精神会受到外部事物的干扰而分散。如果睁开眼睛,练习者会感觉强烈,易兴奋。

第三节　冥想

一、冥想的基本要素

瑜伽冥想术的最终目的都是使人达到三昧境界。瑜伽练习者通过冥想来控制身心,超越物质三态。与真理沟通,达到无上喜乐安宁和幸福。瑜伽修行者站在他自己的本性中,意识到自身和自身内的至上灵魂。常规的冥想练习有很多益处,主要有以下几点:

①认识自己:反应和想法可以看到一个人的思维模式,可以改变做事的方法,如果把握思维的脉络,就可以把握自己。

②减少压力:可以让身心放松下来,看清自己,冷静思索。

③增强精力和集中注意力,做事情更加投入。

④身体和精神重获活力,增加活力和生命力、冥思时可以学会真正地享受独处快乐。

⑤强身健体,延缓衰老。

⑥使思维更加清晰、平静,感觉敏锐。

⑦平衡激素的分泌,改善和增强免疫系统,使血压更正常。

⑧增加创造力。

在学习冥想前先认识什么是三昧。

在八支瑜伽中,三昧是瑜伽的最高阶段。根据著名的瑜伽典籍《薄伽梵歌》中记载,当一个人由于练习瑜伽而使心灵完全脱离物质性的心理活动时,这样一种至善状态就称为三昧。喻伽认为物质自然有三种状态:善良态、激情态和愚昧态。当一个人面对各种思想和情绪时始终保持旁观者的态度,洞悉到只是各种形态在活动,当他对所谓欢乐和痛苦、泥土和黄金一视同仁,平等对待私敌和挚友,这样一个人就超越了物质自然的三态。

二、冥想的种类

(一)瑜伽语音冥想

瑜伽语音冥想是一种功效直接且普及的冥想。瑜伽语音冥想又称曼特拉冥想。“曼特拉”的意思是能把人的心灵从其种种世俗的思想、忧虑、欲念、精神负担等引开的一组特殊语音。瑜伽语音冥想练习极为简便易行,没有严格的规定,可以是心与口同时反复诵念,也可以只是默念。

(二)烛光冥想

取一支蜡烛,将其放在距离一臂远处,高度与目光水平线一致,凝视烛心 1 ~ 3 分钟,眼泪会慢慢渗出,然后闭上双眼,试着在眉心继续凝视烛心,反复 3 ~ 5 次。

(三)睡眠冥想

仰卧在垫子上,让身体各部位保持放松,闭上双眼,从头部到脚趾扫描全身,反复 11 次。

(四)充电冥想

坐或卧姿都可以,感到舒适即可,开始观察自己的呼吸,脑中没有其他杂念,不断地感受自己的呼吸,坚持 10 ~ 30 分钟。

(五)舞路冥想

选择自己喜欢的音乐,能较快地让自己进入平静的音乐,闭上双眼,身体随着旋律随意舞动。30 分钟后,平躺在垫子上,开始观望全身 15 分钟。

三、练习冥想的要领

①练习瑜伽不是单纯地练习摆姿势,而是要动用你专注的意识、优良的情绪、平稳的心态、柔和的呼吸去练习。

②练习瑜伽是“相应”在你当下的状态里。而不是去跟随别人的姿势练习,只有通过对自我的专注,掌握了自己的练习进展,当下的感觉,由心出发,便能够身心自在而有收获。

③练习瑜伽不要和别人比较,瑜伽包含的本意告诉你,战胜自我,改善自我。

④练习瑜伽最重要的是你的意识、情绪、心态、呼吸、姿势。

⑤练习瑜伽没有标准,适合你的就是标准。

⑥练习瑜伽固然要调整好身体,但精神状态调理更重要。

第四节　瑜伽体式分类及功效

瑜伽体式对血液循环系统、呼吸系统、消化系统、排泄系统、生殖系统、内分泌系统和神经系统都有很好的加强作用，并能维持各个系统的平衡。瑜伽体式可以改善人的精神状态，从而促进身体健康。

瑜伽体式分为坐姿、前屈、后仰、侧弯、扭转、平衡、倒立等。

1. 坐姿类

坐姿（图 20-1）是冥想时使用的体式，包括简易坐、莲花坐（半、全）、金刚坐、雷电坐、完美坐等。无论双腿位置如何摆放，坐姿时都要脊柱保持自然曲度下的挺直，使脊柱提拔，腹部的内脏不会受到挤压，同时身体和精神也要保持一定的兴奋，不至于陷入昏沉的状态。

双腿弯曲而坐，使髋关节、膝关节、踝关节都变得更加柔软和灵活，有助于预防和治疗风湿。

由于双腿弯曲减少了下半身的血液循环，从而加快了上半身的血液循环，身体和头部得到了更加充足的血液供应，对腹部内脏器官和神经系统有益，脊柱挺直可以强壮脊柱和背部肌肉。

在未能很好地完成开髋盘坐时，会错误地将压力给予膝关节，这很容易伤到膝，应把注意力放在髋关节的外旋上，以减少膝关节的压力。

2. 前屈类

脊柱是人体最重要器官之一，是人体的大梁，瑜伽很多体式都是针对脊柱练习的。

脊柱有 6 个运动方向：向前弯曲、向后弯曲、左右侧弯、水平左右扭转。

前屈类（图 20-2）是指脊柱向前弯曲靠向腿部的体式。这种体式伸展能强壮背部肌肉群，促进背部血液循环，增强脊柱的柔软性和灵活性，轻柔的挤压和按摩腹部器官，从而促进消化和排泄，拉伸腿部后侧肌肉和韧带，安定心神，使神经系统平静下来。

图 20-1　坐姿类

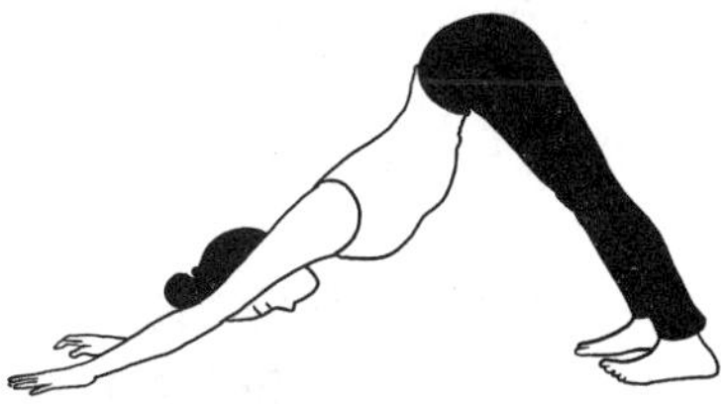

图 20-2　前屈类

3. 后仰类

后仰类（图 20-3）是指脊柱向后弯曲的体式。

后仰与前屈宜配合做，也就是做完一个后仰可顺势衔接一个前屈，以使脊椎伸展，椎间盘复位，脊柱得到充分休息。

后仰类体式不仅需要脊柱柔韧和灵活，还要求脊柱强壮有力，因此可以加强脊柱韧性和灵活性。

后仰可以增加脊柱区域的血液供应，使中枢神经系统受益，还能伸展腹部区域，调理较弱的腹部器官，增加肩关节的灵活性，扩展胸腔，从而增强肺活量为深呼吸创造条件。

后仰还能使肾脏受到挤压，增强肾脏功能。通常有的人在后仰时会过度用力压胸椎，这可能造成脊柱反弓，压迫胸腔空间，对身体无益。

因此，后仰时更要注意脊柱的伸展感和空间感，做到适可而止。

4. 侧弯类

侧弯（图 20-4）是脊柱向左右侧弯曲的体式。

图 20-3　后仰类

图 20-4　侧弯类

侧弯使脊柱更加灵活有弹性，减少侧腰部的脂肪，还可以伸拉到左右侧腰平时运动不到的部位，牵动腹部内脏。

但侧弯体式要注意左右侧保持时间的均等和幅度的对称，避免人为造成脊柱 C 弯。同时注意不要翘臀压腰，以及过度挺胸，保持脊柱的中立位。

5. 扭转类

扭转类（图 20-5）是指脊柱水平向左右扭转的体式。

图 20-5　扭转类

当身体向左右侧扭转时，腰椎、胸椎和颈椎都可以得到强烈的扭转，这对神经系统具有安抚和平静心情的作用，轻柔的按摩内脏，缓解轻微的背痛。

做扭转动作时收紧背肌群，脊柱的提拔，这主要是由于当脊柱在平面间扭转超过 16°，会加剧腰椎间盘突出或脱出的危险性。

6. 平衡类

平衡类（图 20-6）是需要部分肢体支撑身体并保持平衡的姿势，可以锻炼身体的平衡感和协调性，增强集中注意力，帮助我们找到内心的宁静和稳定。

7. 倒立类

倒立类（图 20-7）是身体倒置的体式，包括肩倒立、犁式、头倒立等。

这类体式促进血液循环，减轻心脏的负担，减轻双腿静脉血管的压力，从而对静脉曲张有预防和治疗的作用。

通过身体倒置，使怠滞的内脏器官活跃起来，消除身体的毒素，增加大脑的血液循环和供氧量，使大脑恢复活力，还能有效消除疲劳、缓解失眠、消除紧张情绪。

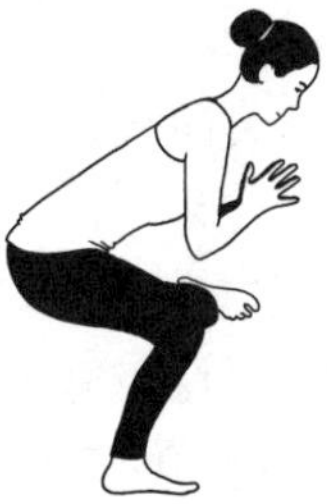

图 20-6　平衡类

图 20-7　倒立类

第五节　瑜伽基本体式

一、祈祷式

功效：集中和宁静思绪。

动作要领：山式站姿，双脚并拢直立，双手合十于胸前，呈祈祷姿势，深呼吸两次（图 20-8）。

二、树式

动作要领：加强腿部、背部、胸部肌肉。提高平衡感和专注能力，纠正不良体态，预防疝气。

①山式站姿，重心放在左腿上，左脚内外侧均匀用力压实地面，抬右腿，手帮忙使右脚掌贴在左大腿的内侧，吸气的同时将两臂抬起，与肩膀同高，呼吸，像做扩胸运动一样将两臂打开至身体两侧，两眼凝视于一点（图 20-9）。

图 20-8　祈祷式

图 20-9　树式

②一边吸气，一边将两臂向上抬起，手掌合于头顶正上方，两眼凝视于一点保持平衡，呼气的同时，将后背与手臂伸直。左右腿交替进行练习。在进行合掌树式瑜伽时需要注意的是，脚心的位置越高，越能够锻炼踝关节，达到矫正骨盆的效果。为了保持身体平衡，要将视线收于眼前1.5～2.0米远的一个点，或将视线稍微移向下方。

三、风吹树式

功效：增强肝、肾功能，减少腰部脂肪，塑造腰部、手臂完美曲线，改善头部血液循环与肤色，提升气质，矫正体态不良。

动作要领：山式站姿做准备。吸气，双手由体侧向头顶方向抬起，掌心合十，翻转掌心向上。呼气，由腰部为起点向一侧弯曲上体，双眼看向天花板，保持正常呼吸。吸气，缓慢还原上体，保持脊柱挺直。调息后做反方向。此体式每一侧须保持10～20秒(图20-10)。

要点：保持脊柱挺直。双腿并拢。双手臂向上延伸时，手臂内侧需触碰双耳。

注意事项：严重心脏病患者不宜练习。

四、前屈式

功效：预防胃病，促进消化，缓解便秘，柔软脊柱，加强脊神经。

动作要领：山式站姿，吸气，双手臂上举，呼气，身体慢慢向前弯，双手放于脚掌外侧地面。(如果双手贴不到地面，可以抓住脚踝或小腿)，头颈低垂放松，尽量让小腹贴住大腿，下颚接近膝盖(图20-11)。

图20-10　风吹树式

图20-11　前屈式

五、顶峰式

功效：能伸展肩关节、小腿肌肉、双踝及跟腱，也可消除脚跟疼痛和僵硬感。此式还可治疗肩关节炎，消除疲劳，恢复精力。

动作要领：跪下，双手撑于地面，与肩同宽。吸气，伸直两腿，抬起臀部。双脚掌应尽量平放地面，眼看脚，正常呼吸5～10次(图20-12)。

要点：注意保持深长的呼吸，感觉臀部不断向上抬起，两腿得到了伸展。

六、快乐婴儿式

功效:伸展髋部和骨盆部位。

动作要领:仰卧,双膝屈于胸前,向上举起双脚,小腿与地面垂直。双手握住两脚外侧边缘,两腿膝盖靠近腋窝,尾椎骨贴紧地面。保持这个姿势,以感觉舒适为限度,然后双脚放回地面,双膝弯曲(图 20-13)。

图 20-12　顶峰式

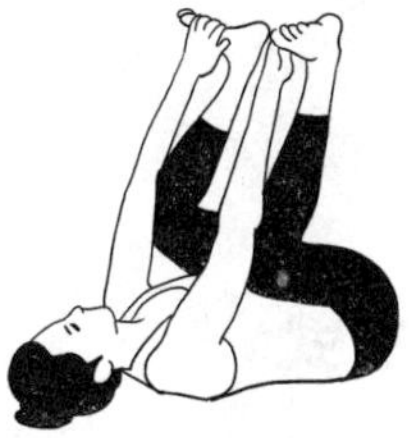

图 20-13　快乐婴儿式

七、战士一式

功效:有效地增强肺活量,减少髋部脂肪,同时增强平衡感与注意力。增加上半身血液循环。强壮脊柱、内脏,预防和治疗脚的疾病,使心灵和平、活跃而警觉。纠正骨盘前倾。

动作要领:

①按基本三角式站立,右脚尖指向右前方,左脚尖转向右方大约 30°(刚开始也可以 15°,慢慢熟练后再适当调整角度),屈右膝(脚尖和小腿呈 90°,小腿和大腿呈 90°),做成右弓步。

②上身躯干转向右方,吸气,两手慢慢从旁上举,两手举至头顶上方,双手合十,保持肘部伸直。

③呼气,抬头,眼望指尖,自然呼吸 30 ~ 60 秒。

④吸气,脸朝前,眼看前方,伸直右膝盖(图 20-14)。

⑤呼气,两手分开,自然放于体侧。

⑥换左侧做同样练习。

八、战士二式

功效:增强腿部力量及柔韧性,增加耐力和信心。舒展肩部,消除肩关节周围的肌肉炎症。

动作要领:同战士一式的站姿,将左脚向左侧转动 90°,右脚微微内收,吸气,手臂向两边伸展,与肩部平行,掌心向下,胯部正前方摆正与地面平行,呼气,慢慢弯曲左腿膝盖,坐骨下沉,尽量使小腿与地面垂直,平均分布双腿的力量,使得上半身处于双腿中间位置,勿将身体向左侧倾斜,眼睛看向左手指尖。保持 3 ~ 5 个正常呼吸。吸气,伸直左膝盖。收回体式,反侧练习(图 20-15)。

图 20-14　战士一式

图 20-15　战士二式

九、战士三式

功效:增强脊柱的弹性和身体的均匀对称,腹部自动收起,身心变得更警觉,加强腹部器官内部的按摩,提高身体的平衡能力。

动作要领:

①双腿打开与髋同宽。吸气时将双臂两侧上举,同时右腿向后略抬起,使脚离开地板,但不要弯曲右腿。

②吐气时将身体向前倾,直到身体和支撑腿呈 T 字形。然后保持 10 个呼吸。

③吸气,先抬一点头部,由颈椎开始一点点直立。切不可直接动用腰部力量(图 20-16)。

④吐气双臂放松下落,准备反侧。

十、犁式

功效:犁式的功效和肩倒立第一式相同,可使大脑平静,刺激腹部器官和甲状腺,伸展肩膀和脊椎,对缓解更年期综合征有帮助,缓解压力和疲劳,对背痛、头痛、脱发、失眠有辅助治疗。除此之外,腹部器官由于收缩恢复活力,脊椎前屈获得更多的血液供应,这样有助于缓解头痛。手部的痉挛可以通过手指相扣后,手掌与手指得到伸展而治愈。患有肩肘僵硬、腰痛和背部关节炎的人可以通过这个姿势得到缓解。风寒引起的胃部疼痛也可以通过这个姿势得到缓解。这个姿势同时对有高血压的人有好处,如果先练习犁式,再练习肩倒立第一式,就不会感到血液急流后头部有充胀的感觉。

注意事宜:痢疾、腹泻、月经期、颈部损伤、哮喘、高血压、把腿放在辅助工具上。

动作要领:

①平躺在地面上,身体伸直,全身绷紧,两脚跟和脚尖并拢。手掌朝下,靠近身体两侧。头部和颈部伸直。这一姿势和仰卧式预备姿势相同。

②首先,双腿伸直细紧,脚头绷直,指向与头部相反的方向。开始吸气,同时两腿向上抬起,一直抬到与身体垂直的位置。吸气与抬腿要同时进行。双手掌保持原位,贴着地面。

③当腿抬到垂直位置时,开始呼气,同时双腿向头部下放,努力使脚趾触及头部前方力所能及的地面。接触点的距离尽量向前,但要尽力而行。停留在力所能及的位置上,身体要保持平稳。呼气完毕后,保持正常的呼吸,直到动作做完。保持这个姿势 8～10 秒。你所做

的姿势像犁的形状(图 20-17)。

图 20-16　战士三式

图 20-17　犁式

注意事项:在练习的第二个动作过程中,腿始终要绷紧,两腿不得自膝盖弯曲。脚趾伸直,指向或触及地面。手掌贴地,手与两臂伸直,同时要保持平稳。

十一、船式

功效:船式可以缓解腹部胀气,有助于减轻胃部疾患,同时可以消除腰部脂肪,增强肾脏。

动作要领:

①坐在地面上,双腿向前伸直。手掌放于臀部两侧,手指指向前方。背部挺直。

②呼气,躯干向后靠,同时从地面抬起双腿,膝盖绷直,使腿笔直,脚趾向前。用臀部来保持身体的平衡,脊椎挺直不含胸,腿部与地面保持 60°~65°。脚的高度超过头部。

③双手离开地面,双臂向前伸直,与地面平行,靠近大腿。肩部和手掌应在同一条水平线上,手掌相对。

④保持这个姿势 30 秒,正常呼吸。保持姿势可以逐渐增加到 1 分钟。一般 20 秒之后练习者就可感受到这个练习效果。

⑤呼气,放下手臂,双腿回到地面上(图 20-18)。

十二、新月式

功效:有效锻炼大腿力量,伸展和灵活脊柱。

①以下犬式为起始姿势。吸气,抬起左脚;呼气,左脚向前迈出一大步,左脚掌紧贴地面,左腿膝盖弯曲,不要超过左脚前侧。右脚伸直,脚尖点地,摆正髋部。调整呼吸,呼气时上身弯曲向前,腹部紧贴左前腿,双手撑地。背部保持平直,向前延伸(图 20-19)。

图 20-18　船式

图 20-19　新月式 1

②吸气,身体向上伸展,双手置于髋部。左脚紧压地面,右脚伸直向前靠,髋部摆正。保持2～3次呼吸的时间(图20-20)。

③吸气,双臂上举至头顶,贴紧双耳,扩张肩部和胸部,手臂伸直带动身体向上,继续延伸脊柱,稳固双脚,下沉小腹。右腿膝盖着地了,扩展左右髋部。自然呼吸,眼镜看向前方,保持身体稳定(图20-21)。

图20-20　新月式2

图20-21　新月式3

④继续吸气,双臂带动上身往后仰,髋部、腿部保持不动,体会脊椎后侧的挤压感。停留5～8次呼吸时间。吸气,双手带动上身缓慢回复,调整呼吸后,换腿练习(图20-22)。

⑤简易式。初学者或腿部力量不够的练习者,后腿膝盖可不下沉着地,保持膝盖伸直即可,手指十字交叉向后延伸,拉长脊椎(图20-23)。

图20-22　新月式4

图20-23　简易式

十三、直角式

功效:有助于纠正驼背、脊柱弯曲和双肩下垂,加强并放松双腿的肌肉。它也是消除紧张的好姿势,经常去做可以使身体变得越来越轻盈。

动作要领:

①站立,双腿并拢,手臂放于身体两侧,双手十指交叉,手心向下放于体前。

②吸气,手臂移动至举过头顶,眼睛可始终追随移动的双手。

③呼气,以脊柱底部为支点,上身向前向下弯曲,直到背部与双腿形成一个直角,在此过程中,眼睛看向手背,始终交叉双手,保持正常呼吸。吸气,上身缓慢抬起;呼气,手臂自两侧回落(图20-24)。

十四、加强侧伸展式

功效：这个姿势可扩展胸腔，刺激和促进深长的呼吸。可伸展脊柱，放松髋关节，加强两腿的肌肉。还可收缩并强壮腹部器官，改进不良体态和圆肩，并使两腕松动灵活。

动作要领：从基本站立式开始，右脚向侧打开一条腿长的距离，落于垫子上，右脚尖向右侧旋转 90°，左脚右旋 15°～30°，深吸气，身体微向右前方转正。将两肘和两肩胛骨向后收，双掌在背后合十，如可能的话，转动两腕，将合十的双掌升到肩胛骨之间。吸气头向后仰，保持 10～15 秒。呼气，向前弯身，直至头部触及右膝。不要弯曲双膝，慢慢伸展背部，逐渐将下颚延伸过右膝盖之下。有规则地呼吸，保持这个姿势约 20 秒。吸气将躯干抬起，呼气，回到基本站立式。休息几秒钟后，在另一边重复同样的过程。

图 20-24　直角式

图 20-25　加强侧伸展式

十五、肩倒立式

功效：将血液送往头部，消除疲劳，活化脑细胞。早上起床后练习“肩立式”能令头脑清晰，晚上临睡前练习则可帮助入睡。刺激甲状腺，促进荷尔蒙分泌。改善头痛、失眠及抑郁症状。身体倒转过来可以防止内脏下垂及静脉曲张。增强呼吸系统，减低患哮喘、支气管炎和各种喉咙痛症的机会。促进下腹血液循环，改善胃、肾脏、膀胱、肠脏等器官健康。改善便秘。

动作要领：平躺，双手放于身体两侧，高举双腿、翻臀，当向后滚动至小腿超过头部时，向上伸腿、展髋、挺直身体，同时两手撑于腰后侧，夹肘、成肘、颈、肩支撑的倒立姿势（图 20-26）。

口诀：上体后倒腿上举，两臂夹肘紧压垫；屈肘内收手撑腰，伸髋挺腹腿蹬直。

注意：如患有高血压、甲状腺亢进症、心脏病等，最好避免做“肩立式”。可以先练习“犁式”，待能轻松保持 3 分钟才作尝试。低血压者不宜一开始就做这个姿势或“头倒立式”，请量力而为。太用力、勉强撑起、没利用垫子，或随意挪动头部均容易令颈椎或脊椎受伤。这个姿势最好在瑜伽导师的指导下进行。女性经期应避免做这个姿势，但经期完后立即做则可帮助平衡荷尔蒙分泌。完成“肩立式”后，请先躺下来休息一会儿再继续练习其他姿势。

十六、单腿肩倒立式

功效：可以得到和其他倒立姿势相同的许多益处，只是程度稍差。

注意事项：患有高血压和颈椎病的人不宜练习此姿势。

特色：大部分功效与肩倒立式和犁式相同。若只放下和升起一条腿的动作比两条腿同时放下和升起的动作使腹部一般的器官特别是两肾得到更多的锻炼。这个姿势对腿部肌肉也是非常有益的。

动作要领：

①完成肩倒立第一式。

②屈左髋，放低左腿，左脚落在身体前倾的地面上，右腿保持向上伸展，骨盆端正，不出现侧倾，保持一段时间后，回到肩倒立第一式，休息 10 秒后，换另一侧身体练习（图 20-27）。

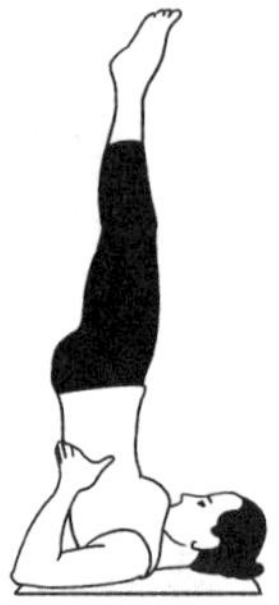

图 20-26　肩倒立式

图 20-27　单腿肩倒立式

十七、扭脊式

功效：伸展脊柱，有助于消除较轻的背痛。增加脊椎的灵活性，收细腰围，按摩内脏。对脊柱周边的肌肉及脊神经起到刺激、兴奋的作用。对脊间盘错位有正位的作用。从而使各节脊椎和背部肌肉群，更富有活力和弹性；以之同时整个胸、腹腔所有器官和腺体都得到强壮，对激活、提升生命之气及对改善体态上功效显著。

①山式坐立，右脚跨过左膝平放在左膝外侧的垫子上（图 20-28）。

②左脚脚后跟收至右臀处（图 20-29）。

图 20-28　扭脊式 1

图 20-29　扭脊式 2

③伸出左手放在右大腿外侧，右手向后放在背后的垫子上，吸气向上挺直脊柱。腿外侧。右手心放于右膝上，左手心放于右腰处。上体右转，眼望右后方，自然呼吸 30 ~ 60 秒。吸气，慢慢转回上体及头部。呼气，两脚放松。换左侧做同样练习。每侧重复 3 次。腰部转动时，请尽可能地转到最大极限（图 20-30）。

十八、鸵鸟式

功效：可以很好地强化大腿内侧的韧性，伸长的脖颈有助于消除颈部的细纹，有美化和拉长颈部的功效。鸵鸟式可兴奋消化过程，肝脏和脾脏均受益，它补养和增强腹部器官，对消除胃气胀和肠胃不适效果较好；让手心与脚掌气理相通相融，在呼吸中对心脏健康很有帮助，同时能够改善颈椎。

动作要领：

①双腿分开与肩同宽。

②吸气，尽可能挺伸上身，重心放在双脚掌上。

③呼气，上半身俯身向下，将手放在脚心下，让手心与之相通，保持腿部伸直。感觉臀部正向上顶出。

④吸气，慢慢抬头，呼气头尽量向后仰。

⑤保持正常的呼吸3～5个频率，深深地吐气，慢慢地吸气，身体慢慢直立（图20-31）。

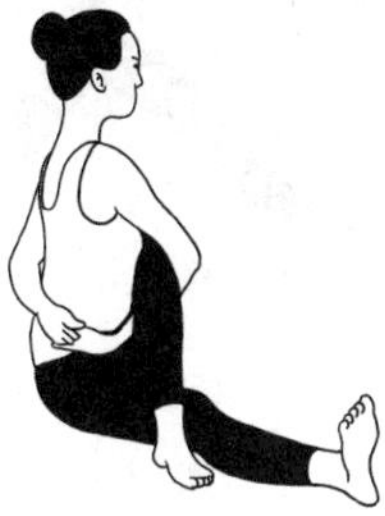

图20-30　扭脊式3

图20-31　鸵鸟式

十九、三角侧伸展式

功效：提高肺活量，强健心肌，减轻坐骨神经痛和关节炎引起的疼痛，改善消化系统，有助于将废物排出体外，较少腰部和臀部的脂肪。

动作要领：

①以山式站立，吸气后跳开，两脚分开1.2米。双臂向两侧延伸，与肩同高，掌心朝向地面。确保双脚在一条直线上指尖朝前。双脚外沿贴靠地面。每一侧的小脚趾都要压向地面。

②呼气同时，右侧的腿和脚向右转90°。同时左脚稍向右转。伸展左腿，收紧左膝。双脚在一条直线上。

③弯曲右膝直到大腿与小腿成直角，而且右大腿平行于地面，保持1～2个呼吸。

④呼气，将右手掌放在右脚旁的地面上（可放于右脚内侧也可外侧）。确保右臂与地面垂直，左臂向上伸展，保持两臂在一条直线与地面垂直。左臂向头部贴近于左耳上方，向前延伸，转头向上看。在此体式中停留20～30秒。

⑤吸气，右手抬离地面。双臂侧平举，伸直右腿。转动双脚，脚尖朝前。

⑥在另一侧重复相同动作，然后呼气，跳回山式（图20-32）。

注意事项：双臂在一条直线上；屈膝的膝盖不要超过脚尖；后侧的腿伸直蹬地伸展膝盖不要弯曲；意识放于拉伸的一侧身体全方位的伸展。如果患有高血压，请不要练习。如果患有颈椎关节强直，请不要转头向上看。

二十、三角伸展式

功效:减轻背疼;缓和生理期的不适;增进全面的力量和灵活性;刺激神经系统,缓解沮丧的情绪;改善体态,苗条腰部线条;调和生殖系统。

这个体式增强腿部肌肉,去除腿部和臀部僵硬,纠正腿部畸形,使腿部能均匀地展开。同时还能缓解背部疼痛以及颈部扭伤,增强脚踝,强健胸部。

图 20-32　三角侧伸展式

图 20-33　三角伸展式

动作要领:

①山式站立。

②深吸气,跳步分开两腿 90 ~ 105 厘米。两臂侧平举与肩齐,手掌朝下。手臂与地面保持平行。

③右脚向右旋转 90°,左脚稍转向右,左腿从内侧保持伸展,膝部保持绷直。

④呼气,向右侧弯曲身体躯干,右手掌接近右脚踝,如果可能的话,右手掌应完全放在地面上。

⑤向上伸展左臂,与右肩成一条直线,并伸展躯干。腿后部、后背以及臀部应放在一条直线上。眼睛注视伸展的左手拇指。提升右膝盖,右膝正对脚趾,始终保持右膝挺直。

⑥保持这个姿势半分钟到一分钟,均匀深长地呼吸。然后从地面抬起右掌,吸气回到上面第 2 步。

⑦现在把左脚向左旋转 90°,右脚也稍转向左,两膝绷直,继续回到第 2 ~ 第 6 步。然后吸气并回到第 2 步。左侧保持的时间与右侧相同。

⑧呼气,跳回到山式。

注意事项:力求使体位达到完美的端正。让前脚跟正对后足弓;两侧肩膀——位于腿部正上方;让手找到它最恰当的位置摆放,在确保体位端正的前提下,可放在小腿、脚踝、脚或地上。

三角伸展式降低难度:侧弯时,屈膝,手肘放于膝盖;不必仰视,可平视或俯视;收势时,可屈前膝。

二十一、眼镜蛇式

功效:使脊柱保持富有弹性的健康状态,改善各种背痛和比较轻微的脊柱损伤。该式对生殖器官也有好处。它还可改善月经失调及各种女性机能失调,可强壮三角肌、斜方肌、肱二头肌。

动作要领:趴在地上,两腿并拢,脚背膝盖伸直。两手五指张开屈肘放在胸部两侧地面,指尖向前。额头点地,肘部夹紧身体。吸气,头部、肩膀和胸部缓慢地抬离地面,慢慢撑起上半身,下身保持不动。呼气时,手掌推向地面伸直手臂,抬头,眼望天空,胸部打开,保持姿势10~20秒。吸气,呼气时慢慢屈肘,下降上身,回到起始姿势。重复上述动作2~3次。

二十二、蝗虫式

功效:有助于强健腰腹部肌肉、上臂和大腿。全蝗虫式还可减轻甚至消除失眠症、哮喘、支气管炎和肾功能失调等症状。

动作要领:

①俯卧,额头触地,伸展手臂放在身体两侧,手心向上,双腿并拢,收紧小腿、大腿、臀部肌肉。

②呼气,同时抬头将眼睛向上看,头、胸、上半身上扬。

③双腿也抬离地面,手臂像飞机的机翼一样,向后方举起,手心向下,手指并拢,收紧背部及下腰部的肌肉,应尽可能向上,此时好像一只飞翔的鸟,用腹部保持平衡,将双腿始终并拢、绷直,保持10秒。

④呼气,慢慢将上身、手臂、双腿放于地面,头可转向一侧,手心向上放于体侧,休息20秒后再重复做一遍。

图20-34　眼镜蛇式

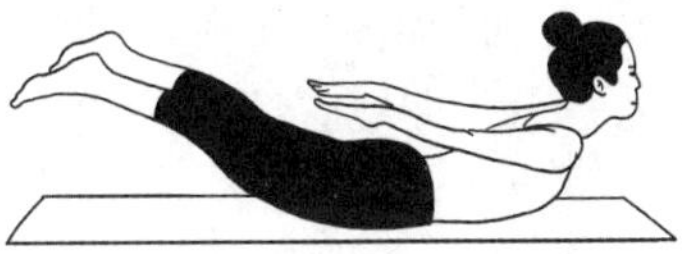

图20-35　蝗虫式

二十三、弓式

功效:要强健全身肌肉,弓式是极佳姿势。它使背部、胸部、腹部肌肉得到加强,髋部、肩部以及关节得到放松,腿、臂、喉、颈肌肉全部得到伸展和加强。背部肌肉的增强,可消除由于疲劳而产生的疼痛和僵硬。

动作要领:俯卧地面上,弯曲双膝,用双手抓两脚处(如果抓不到,可抓住小腿),目视前方。吸气,将上身及两腿抬离地板,尽量向上抬起,整个人成“U”形,手臂伸直;呼气,头颈部后仰,收紧背部。保持6~10秒,均匀呼吸。呼气,身体回落地板,至第一步。用婴儿式调整放松此动作。

二十四、龟式

功效:让身体充分放松,改善消化不良症状,有益肺脏,让更多的血液流向大脑,使思维更加敏捷,强健腹部及大腿,促进髋部、三角肌、肩胛骨、肱二头肌、胸大肌的伸展。

动作要领:

①跪坐,双腿并拢,坐在脚后跟上,双手放于大腿上,脊柱挺直。

②手臂自两侧向上抬起,于头顶上方合掌,大拇指交叉,手臂触耳,脊柱伸直,深呼吸,尽可能伸直手臂向上。

③动作过程中,保持臀部始终在脚后跟上,呼气,从腰部开始向前弯曲。

④伸展脊柱向前,直到手外侧触地,手臂伸直。

⑤呼气,继续伸展向前,让头触地板,下颌离开身体,放松肩和手臂,眼睛保持睁开,保持20秒。

⑥在此过程中臀部不应离开脚跟,吸气慢慢起身,上半身立直,手臂保持向上伸展。

⑦呼气,手臂从身体两侧放落,仰卧放松20秒。

⑧做仰卧起坐,坐起,重复练习此式。

图20-36　弓式

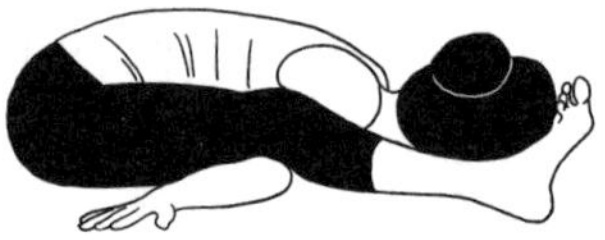

图20-37　龟式

二十五、暗驼式

功效:有利于消化、排泄,伸展并强壮脊柱。缓解、消除便秘、背痛、腰痛,纠正驼背、双肩下垂不良姿态。伸展腹部脏器,喉部、甲状腺、甲状旁腺,扩展胸腔,有益肺脏,减少腰、腹多余脂肪。

动作要领:跪立在地板上,双膝略为分开。手臂自然重放体旁,挺直脊柱。两手托住髋部,吸气,骨盆轻轻向前推,臀部肌肉收紧。上半身慢慢向后弯曲,先用一只手触摸同侧的脚跟。如果初学者触摸不到脚跟,可将脚跟立起来,脚趾控地。呼气,将另一只手放在同侧脚跟上,头向后放松,尽量向上推腰、胸到最大限度。保持均匀呼吸。吸气,双手依次托住后腰部,缓慢起身。呼气,臀部坐在脚跟上,身体和手臂向前伸放于地板上,额头触地。

图20-38　暗驼式

二十六、兔子式

功效:激活脑细胞,镇静神经,促进新陈代谢,延缓衰老。最大限度伸展脊柱,滋养脊柱神经,保持脊柱灵活性及弹性,促进消化,治疗感冒,慢性扁桃体炎,有益甲状腺、甲状旁腺,伸展肩胛骨、斜方肌,也能促进儿童生长发育。

动作要领:

①取金刚坐姿,调匀呼吸。

②吸气，双手置于脚踝旁，手心向上，上身慢慢向前弯，直至额头触地。

③吐气，臀部挺起，背部前推，直至双臂伸直，头顶抵住地面。

④自然呼吸，保持10秒。然后放松，重复练习5次。

图20-39　兔子式

二十七、单腿及双腿头触膝式

功效：伸展坐骨神经、脚踝、膝关节、髋关节，促进肠胃消化功能，提高肾脏功能。

动作要领：

①坐姿，伸直右腿保持向右大约45°。左腿屈膝，左脚靠在右大腿根部，吸气，手臂经身体两侧向上抬起，于头顶上方合掌。

②呼气，自腰部向前向下弯曲，双手十指交叉，放于右脚脚心。

③双手拉脚，上体弯曲肘部触地板，下颌触胸骨，上身靠近右腿，头触小腿或膝盖。

④上体微向左，手拉脚，试着让右脚跟离开地板，呼气保持10秒。

⑤初学者不要急于让身体靠近下侧腿部，做到最大限度，保持正常呼吸，持续练习身体会柔韧。

⑥吸气，慢慢抬起上身和双臂，将上身直立，之后呼气，将双臂放回身体两侧。

⑦换另一侧重复相同动作，之后双腿伸直，两手掌心向上，仰卧放松。

⑧双手置于头上，吸气从仰卧起坐，之后呼气，用双手大拇指、食指、中指抓住大脚趾。

⑨双手拉脚，呼气，使胸腹触下肢，面部触小胫骨。

⑩适度让脚跟离开地面，均匀呼吸，保持20秒。

⑪吸气，立起上身，仰卧放松20秒，仰卧起坐坐起，重复以上动作。

二十八、半莲花脊柱扭转式

功效：伸展。强化颈部肌肉，放松肩关节，活化脊柱，预防背痛。

动作要领：

①坐立，双腿向前伸直，弯曲左腿放在右大腿根处，脚心朝上。

②呼气，左臂前伸，左手抓住右脚脚趾，上身转向右侧，将右臂收向背部，右手揽住腰的左侧。

③吸气，然后呼气，同时头部和上身躯干尽量向右转，保持20秒自然呼吸，再换另一侧重复做一遍。

图20-40　单腿及双腿头触膝式

图20-41　半莲花脊柱扭转式

二十九、猫弓背式

动作要领：

①四脚板凳式，微收腹部。

②吸气，抬头，塌腰、塌背、臀部向上翘起。保持5～10秒。

③呼气，低头，脊柱呈弓形，拱背，保持5～10秒。

注意事项：重复做5～10次，放松休息。

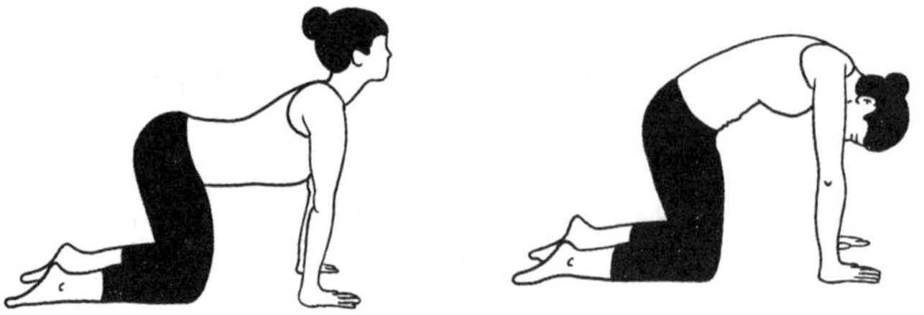

图20-42　猫弓背式

三十、鱼式

动作要领：

①平躺，双腿伸直并拢，双手放于身体两侧。

②吸气，双肘撑地，拱起背部，把身体躯干抬离地面，胸口上顶，抬头，轻轻地让头顶紧贴地面。

③双臂伸直，呈合十状，双脚同时抬离地面。

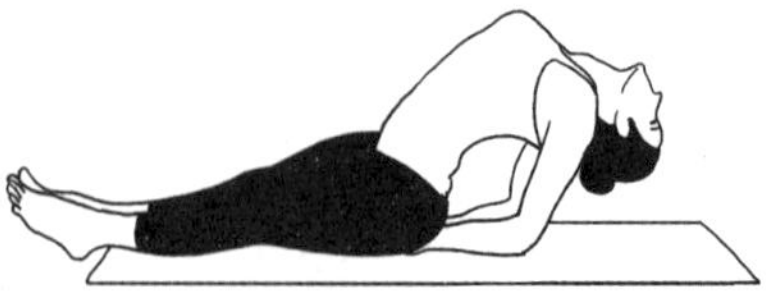

图20-43　鱼式

第六节　瑜伽体式

办公室瑜伽是一套针对缺少运动的办公室上班族减压与健身而设计的瑜伽动作。通过一系列简单、科学而又合理的瑜伽动作，上班族们可以缓解工作压力，治疗和预防常见的“办公室综合征”。

办公室瑜伽动作简单，效果明显，在办公室的方寸之地就可以轻松练习。达到保护视力，消除颈椎、肩、背疲劳，促进消化及减肥美体与放松身心的目的。

①将椅子放正，臀部坐于椅子上，两腿并拢，上半身保持正直，两手臂抬起，环扣，手臂紧贴耳朵。

②身体向前倾，两手臂放于颈部，头向后。

图 20-44

图 20-45

③牛面式变化式，身体方正，左手臂放于头后，抚摸右肩膀，再将右手臂放于头部，手放在左臂膝盖上，感受肩部酸痛。

④头部向后仰，眼睛看向天花板，两手臂合拢，大拇指顶住下颚。

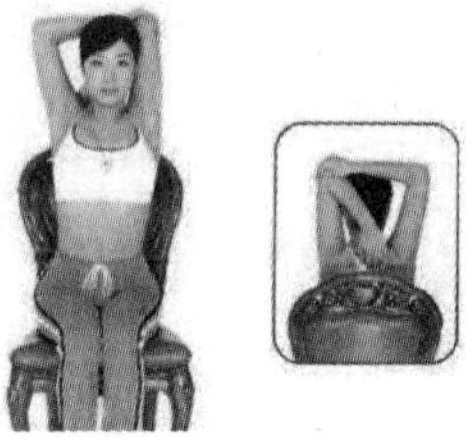

图 20-46

图 20-47

⑤两手放于后脑勺，下颚尽可能地抵住锁骨。

⑥两腿分开，两手放于膝盖上，手指指向臀部，达到锻炼手腕力量的目的。

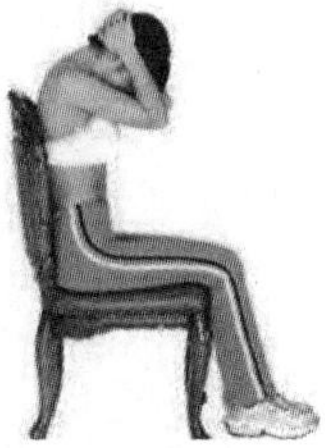

图 20-48

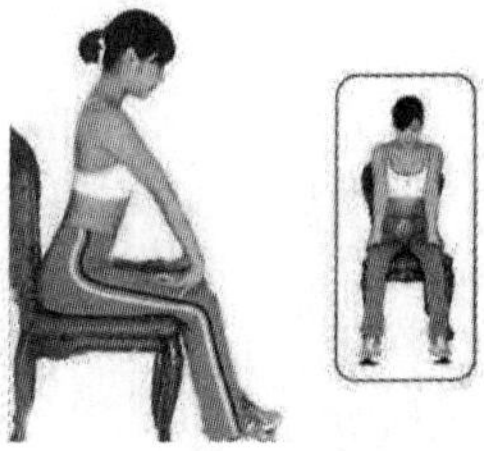

图 20-49

⑦身体坐直，将左手放于右腿膝盖上，右手抚摸椅背，眼睛看向手臂，感受颈椎的拉伸。

⑧左腿着地，右腿弯曲放于左大腿处，两手臂自然下垂，将指尖触地，感受腰部和后背的拉伸，头部低下，感受血液循环。

图 20-50

图 20-51

作业与思考题

1. 瑜伽呼吸练习时应注意哪些事项？
2. 瑜伽常用的呼吸方法有哪些？
3. 冥想有哪几种？

附　录

《体育与健康》课程标准

课程代码:070522-24
课程名称:体育与健康
课程类型:公共必修课、选项课
开课学期:3
课程总学时:100 学时,一年级两学期、二年级两学期
适用专业:高职各专业

概　述

一、课程性质

"体育与健康"课程是大学生以身体练习为主要手段,通过合理的体育与健康教育和科学的体育锻炼过程,达到增强体质、增进健康和提高体育素养为主要目标的公共必修课程;是学校课程体系的重要组成部分;是高等学校体育工作的中心环节。

"体育与健康"课程是促进身心和谐发展、思想品德教育、文化科学教育、生活与体育技能教育于身体活动并有机结合的教育过程;是实施素质教育和培养全面发展的人才的重要途径。

高等职业教育与普通本(专)科教育虽同属高等教育,但在培养模式与规格上,两者有着明显的区别。高职体育教育在让学生通过体育课程教学,掌握管理与促进自身健康能力(增强健康层面)的同时,高职"体育与健康"课程还需利用体育锻炼的手段和体育载体,有针对性地发展本专业今后从业和胜任工作岗位所需的身心素质,以增强学生的职业综合素质(服务专业层面)。形成以专业培养目标(岗位工作过程身心需求)为依据的高职体育职业体能课程体系。

二、课程类型及设置

《体育与健康》是我校公共基础类必修课之一,结合我校实际,在高职各专业一年级第一、二学期开设《体育与健康》基础课,二年级第一、二学期开设素质拓展和选修课。

三、课程基本理念及构建思路

(一)坚持"健康第一"的指导思想,促进学生健康成长

"体育与健康"课程以"健康第一"为指导思想,努力构建体育与健康的知识与技能、过

程与方法、情感态度与价值观有机统一的课程目标和课程结构，在强调体育学科特点的同时，融合与学生健康成长相关的知识。通过“体育与健康”课程的教学，使学生掌握运动技能，发展体能，逐步形成健康和安全的意识，以及良好的生活方式，促进学生身心协调、全面发展。

(二)激发学生的运动兴趣，培养学生体育锻炼的意识和习惯

“体育与健康”课程强调在课程目标的确定、教学内容和教学方法的选择与运用方面，注重与学生的学习和生活经验相联系，引导学生体验运动乐趣，提高学生体育与健康学习动力；重视对学生进行正确的体育价值观和责任感的教育，培养学生刻苦锻炼的精神，促进学生主动参与体育活动，基本形成体育锻炼习惯。

(三)以学生发展为中心，帮助学生学会体育与健康学习

“体育与健康”课程高度重视学生的发展需要，从课程设计到学习评价，始终以促进学生的身心发展为中心。课程在充分发挥教师教学过程中起主导作用的同时，十分重视学生在学习过程中的主体地位，注重培养学生自主学习、合作学习和探究学习的能力，促进学生掌握体育与健康学习的方法，并学会体育与健康学习。

(四)关注专业差异和个体差异，保证每一位学生受益

“体育与健康”课程强调在保证国家课程基本要求的前提下，充分关注不同专业和学生之间的差异，根据“体育与健康”课程目标及课程内容，因地制宜，合理选择和设计课程内容，有效运用教学方法和评价手段，努力使每一位学生都能接受基本的体育与健康教育，促进学生不断进步和发展。

四、重点和难点

“体育与健康”课程包括体育与健康基本理论、田径、篮球、排球、足球、羽毛球、乒乓球、太极拳等内容。

重点：一是使学生掌握各专项运动的基本知识、技术和技能；二是加强身体全面训练，改善身体形态、机能，提高学生的身体素质和运动能力，增进健康；三是掌握科学锻炼身体的方法和保健养生及运动损伤预防常识；四是通过体育运动项目的锻炼树立正确的世界观、人生观和价值观，培养学生良好的思想品德和职业道德；通过锻炼培养学生强健体格，健康文明的行为、良好的心理素质以及正确的审美观和艺术鉴赏力。

难点：教学难点是掌握各项体育技能动作要领，提高利用体育技能增强身体素质的能力和养成终身锻炼身体的兴趣、能力和习惯。

五、与其他课程的关系

本课程打破长期以来以竞技项目教授为主的体育教育传统理念，把学生自主锻炼与职业岗位体能需求有机结合起来，构建具有“职业体育能力”、适应社会的岗位需求为目标的课程体系，促进学生全面发展。

六、课程目标

根据教育部颁布的课程纲要实施的培养目标，通过“体育与健康”课程教学，使学生达到：

运动参与	积极参与各种体育活动并基本形成自觉锻炼的习惯，基本形成终身体育的意识，能够编制可行的个人锻炼计划，具有一定的体育文化欣赏能力
运动技能	熟练掌握两项以上健身运动的基本方法和技能；能科学地进行体育锻炼，提高自己的运动能力；掌握常见运动创伤的处置方法
身体健康	能测试和评价体质健康状况，掌握有效提高身体素质、全面发展体能的知识与方法；能合理选择人体需要的健康营养食品；养成良好的行为习惯，形成健康的生活方式；具有健康的体魄
心理健康	根据自己的能力设置体育学习目标；自觉通过体育活动改善心理状态、克服心理障碍，养成积极乐观的生活态度；运用适宜的方法调节自己的情绪；在运动中体验运动的乐趣和成功的感觉，在具有挑战性的运动环境中表现出勇敢顽强的意志品质
社会适应	表现出良好的体育道德和合作精神；正确处理竞争与合作的关系，形成良好的行为习惯

根据学生专业培养要求实施的培养目标使学生达到认知目标和体能目标，即理解各职业身体工作的特征，通过体育课程的学习，掌握改善与职业相关的身体素质的知识，了解与职业相关的职业性疾病的预防与康复知识；通过体育锻炼，提升与职业相关的关键身体素质和素养，为顺利从业与胜任工作岗位打下良好的基础。

七、课程内容及标准

（一）教学内容

基础模块 （含大学生体质测试模块） （60 学时）	职业身体素质模块 （素质拓展模块） （40 学时）
队列队形练习、田径基本技能、篮球、排球、足球、羽毛球、乒乓球以及大学生素质体质测试等内容 根据学院新生军训的特色，要求所有学生能够熟悉队列队形动作与变化，提高学生组织、管理、指挥能力，养成动作迅速，准确、协调一致的优良作风；掌握利用田径基本技能进行科学锻炼的方法，提高心肺机能和速度、力量、耐力等素质，培养吃苦耐劳精神；通过篮球、排球、羽毛球、乒乓球等内容学习培养学生掌握一两项体育项目的能力。掌握体育基本健身理论知识与健康知识，能简单测试和评价健康状况，掌握有效锻炼方法，学会制订个人健身计划、运动处方，养成健康习惯，合理选择营养食品	通过拓展训练教学，培养学生团队精神、合作的意识与组织管理能力，提升与人沟通、合作共事的能力

(二)教学时数分配表

学习模块	具体内容	教学时数	教材比重/%	教学学时分配	
				一、二	三、四
基础模块（大学生体质测试模块）	篮球	10	10	10	—
	排球	10	10	10	—
	足球	8	8	8	—
	羽毛球	9	10	9	—
	乒乓球	9	10	9	—
	田径基本技能	8	8	8	—
	50米、仰卧起坐、引体向上、立定跳远、800米(1 000米)、坐位体前屈	6	4	—	6
职业身体素质模块（素质拓展训练模块）	素质拓展一周	40	40	—	40
合　计	100	100	100	54	46

(三)各模块课程内容与标准

1. 课程基本信息

总学时:60学时。

开课学期:第一、二学期。

2. 课程介绍及教学目的、教学要求

《体育与健康》是结合我校实际,在一年级开设的“体育与健康”基础课,内容包括短跑、中长跑、篮球、排球、足球、乒乓球、羽毛球以及大学生体质测试项目等内容。其目的是通过合理的体育教学过程,使学生增强体育意识、提高体育能力,养成体育锻炼的习惯。

在教学中要求学生树立正确的德、智、体的辩证关系,加强素质教育,充分认识“体育与健康”在大学阶段的重要意义,树立正确的体育观,提高参与体育锻炼的自觉性、积极性。教师应努力向学生传授体育基本知识、技能和科学锻炼身体的理论与方法,培养学生独立从事体育活动的能力并养成习惯,终身受益。根据学生的生理、心理和专业特点,加强体育锻炼,进一步促进学生身体正常发育和健康发展,提高对自然环境的适应能力和对疾病的抵抗能力。

3. 本课程与其他有关课程的联系

本课程是学生“体育与健康”课程的基础阶段。学生通过对本课程的学习,将为学习篮球、足球、武术以及其他体育项目打下坚实的基础。

4. **基本模块课时分配具体安排**

基本模块课时分配具体安排见下表。

课程内容		学时分配/学时
基本模块 大学生体质测试模块	短跑	2
	中长跑	2
	跳远或投掷	2
	篮球	10
	乒乓球	10
	羽毛球	10
	排球	10
	足球	8
	50 米、仰卧起坐、引体向上、立定跳远、800 米(1000 米)、坐位体前屈	6
合 计		60

田径

一、课程基本信息

总学时:8 学时。

开课学期:第一、二学期。

(一)基本理论

①体育概述。

②体育锻炼的原则和方法。

③健康概述。

④体育运动卫生保健知识。

⑤体育锻炼效果的测定与评价。

⑥体育锻炼与营养。

⑦体育文化概述。

备注:以上内容根据授课班级任选 1 ~2 个主题。

(二)基本技术

①短距离跑。

②中长跑。

③跳远。
④接力赛。

(三)考核及标准

①田径(根据学生实际选测一项,按100分评定,40%计入学期总分)。
②中长跑:男1000米,女800米。
③短跑:男、女50米。

田径考核项目及标准——男生成绩评分表

项目分值	50米	100米	1 000米	跳远	实心球
100	6″5	13″1	3′25″	4.94	9.60
95	6″6	13″4	3′30″	4.86	9.30
90	6″7	13″7	3′35″	4.78	9.00
85	6″8	14″	3′40″	4.70	8.70
80	6″9	14″3	3′45″	4.62	8.40
75	7″0	14″6	3′50″	4.54	8.10
70	7″1	14″9	3′55″	4.48	7.80
65	7″2	15″2	4′	4.38	7.50
60	7″3	15″5	4′05″	4.30	7.20
55	7″4	15″8	4′10″	4.22	7.00
50	7″5	16″1	4′15″	4.14	6.80

田径测试项目及标准——女生成绩评分表

项目分值	50米	100米	800米	跳远	实心球
100	8″0	16″1	3′20″	3.84	6.80
95	8″1	16″4	3′25″	3.76	6.60
90	8″2	16″7	3′30″	3.68	6.40
85	8″3	17″0	3′35″	3.60	6.20
80	8″4	17″3	3′40″	3.52	6.00
75	8″5	17″6	3′45″	3.44	5.80
70	8″6	17″9	3′50″	3.36	5.60
65	8″7	18″2	3′55″	3.28	5.40
60	8″8	18″5	4′	3.20	5.20
55	8″9	18″8	4′05″	3.12	5.00
50	9″0	19″1	4′10″	3.04	4.80

篮 球

一、课程基本信息

总学时:10 学时。

开课学期:第一、二学期。

二、课程介绍及教学目的、教学要求

篮球运动 1891 年起始美国,于 1894 年前后传入我国。篮球运动是最受人们喜欢的运动项目之一。不受年龄、性别的限制,既能增强体质、促进健康,又能丰富人们的业余文化生活,从而提高劳动、工作和学习的效率。

根据大学生生理心理特点进行篮球选项课教学,通过教学,增强学生体质,培养体育意识,养成经常参加体育锻炼的良好习惯,确立终身体育观念。在授课过程中不仅要做到传授运动技术,还要对学生进行思想品德教育,使学生成为德、智、体全面发展的新世纪优秀人才。

在教学中要求学生加强篮球专项技术学习,在学期末要较好掌握篮球基本技能,为终身体育奠定良好基础。

三、课程内容

(一)基本理论

①篮球运动概述。

②规则、裁判法简介。

③篮球比赛的编排常识。

(二)实践部分

1. 基本技术

①基本姿势、起动、急停、侧身跑、变速变向跑、转身、滑步、后撤步、攻击步。

②传接球:双手接球、双手胸前传球、单手肩上传球、双手头上传球、单手反弹传球、单手体侧传球。

③投篮:原地双手胸前投篮(女)、原地单手肩上投篮、行进间单手肩上投篮、行进间单手低手投篮、跳投。

④运球:高运球、低运球、行进间运球急停急起、体前变向运球、背后运球、运球转身。

⑤持球突破:交叉步突破、同侧步突破。

2. 基本战术(选项)

①进攻战术:传切配合、掩护配合、快攻战术、二攻一、三攻二。

②防守战术：一防二、二防三、2-1-2 区域联防、2-3 区域联防、3-2 区域联防。

四、课时分配

本学期上课 4 ~ 5 周，其中专项教学 4 周（共 8 学时）测试两学时，具体安排如下：

课程内容	学时分配/学时
篮球脚步移动	1
基本移动技术	1
传接球技术	1
投篮技术	2
运球技术	2
持球突破技术	1
考核	2
合计	10

五、测试内容及标准

（一）投定位球

1. 方法

站在罚球线上（女生可站在罚球圈后）原地单手肩上投篮 10 次，共两次机会，记最好一次成绩。

2. 评分标准

男、女评分标准见下表。

男、女投定位球评分表

10 次投进	100 分	90 分	80 分	70 分	60 分
	8 次	7 次	6 次	5 次	4 次

男、女投定位球技能评分标准

90 分以上	投篮技术动作很规范，上下肢协调用力很好，动作很连贯
75 ~ 89 分	投篮技术动作比较规范，上下肢协调用力比较好，动作比较连贯
60 ~ 74 分	投篮技术动作规范性一般，上下肢协调性一般，动作连贯性一般

(二)全场往返运球行进间投篮

1. 方法

学生全场往返运球行进间投篮，必须投进，不进要补中。每人两次机会，记最好一次成绩。

2. 评分标准

全场往返运球行进间投篮评分表

男	时间	18″	17″	16″	15″	14″	13″	12″	11″
	分值	60	65	70	75	80	85	90	100
女	时间	20″	19″	18″	17″	16″	15″	14″	13″
	分值	60	65	70	75	80	85	90	100

全场往返运球行进间投篮技能评分表

90 分以上	技术运用很熟练，动作规范，动作连贯性好，上篮命中率高，无失误
75～89 分	技术运用比较熟练，动作规范，动作连贯性比较好，上篮命中率比较高，有 1～2 次失误
60～74 分	技术运用一般，动作较规范，动作连贯性一般，上篮命中率一般有 2 次以上失误

排　球

一、课程基本信息

总学时：10 学时。

开课学期：第一、二学期。

二、教学目的

①了解排球运动基本知识，掌握排球运动基本技术。

②努力培养学生的排球运动学习兴趣，树立健身意识，促进身体健康。

③发挥体育教学的特殊功能，培养学生认真努力、勤奋好学的良好品质。

三、课程内容

(一)基本理论

①排球运动概述。

②规则、裁判法简介。

③排球比赛的编排常识。

(二)实践部分

1. 基本姿势

基本姿势包括准备姿势、起动、急停、侧身跑、变速变向跑、转身、滑步、后撤步等。

2. 基本技术

基本技术包括传、垫、发、扣球、拦网等。

四、课时分配

本学期上课4~5周,其中专项教学4周(共8学时)测试两学时,具体安排如下:

课程内容	学时分配/学时
准备姿势	1
熟悉球性	1
发球	1
垫球	2
传球	2
自主学习	1
考核	2
合计	10

五、测试内容及标准

1. 连续自垫球

(1)方法

任意地方连续自垫球,共两次机会,记最好一次成绩。

(2)评分标准

男、女评分标准见下表。

分值	100分	90分	80分	70分	60分
次数	50次	45次	40次	35次	30次

2. 发球

(1)方法

在发球区连续发球10个,根据发球的成功记录次数,每人两次机会,记最好一次成绩。

(2)评分标准

男、女评分标准见下表。

男、女	次数	10	9	8	7	6	5	4	3
	分值	100	90	80	70	60	50	40	30

乒乓球

一、课程基本信息

总学时:10 学时。

开课学期:第一、二学期。

二、课程介绍及教学目的、教学要求

乒乓球运动于19世纪后期起源于英国,是将网球打法放在桌上进行的一种运动。具有球小、速度快、变化多、趣味浓等特点,不受年龄、性别等的限制,是一项便于广泛开展的运动项目,在我国乒乓球运动有着广泛的群众基础,自20世纪60年代以来,长盛不衰,并被誉为"国球"。乒乓球运动既能增强体质、促进健康,又能丰富人们的业余文化生活,从而提高劳动、工作和学习的效率。

在教学中要求学生加强乒乓球专项技术学习,培养顽强拼搏的体育精神,在学期末要较好地掌握乒乓球基本技能,为终身体育奠定良好的基础。

三、课程内容

(一)基本理论

①乒乓球运动概述。

②乒乓球比赛规则,裁判法介绍。

③乒乓球比赛的编排常识。

(二)实践部分

1. 基本技术

①准备姿势和步法、握拍法。

②发球与接发球。

③推挡球、拨球。

④球的旋转:侧旋、上旋、下旋、拉弧圈球。

⑤搓球。

⑥攻球(正手)。

2. 基本战术

战术运用:发球抢攻,搓攻。

四、课时分配

课程内容	学时分配/学时
准备姿势和步法、握拍法	2
发球与接发球	2
攻球(正手)	2
推挡球、拨球	1
搓球	1
考核	2
合计	10

五、考核及标准

1. 考试内容

反手推挡球(拨球)、正手攻球(任选一项)。

2. 具体方法

①记录学生 1 分钟击打球的板数,同时给出技术评定分。

②学生可自由配对组合。

③每名学生一次机会。

3. 评分标准

(1)推挡考试标准

板数	分数(占 60%)	技评等级	分数(占 40%)
50	100	A	100
40	90	B	90
30	80	C	80
20	70	D	70
10↑	60	E	60
10↓	50	F	50

注:推挡分 = {(100 ×60%) + (100 ×40%)} ×50%。

(2)正手攻球考试标准

板数	分数(占60%)	技评等级	分数(占40%)
35	100	A	100
30	90	B	90
25	80	C	80
20	70	D	70
15	60	E	60
10	50	F	50

注:攻球分=｛(100×60%)+(100×40%)｝×50%,乒乓球总成绩=(推挡分+攻球分)×70%。

羽毛球

一、课程基本信息

总学时:10学时。

开课学期:第一、二学期。

二、课程介绍及教学目的、教学要求

羽毛球运动起源于1873年英国,是由网球派生而来的一种运动。羽毛球运动是一项广大群众十分喜爱的球类运动,由于运动器材简便,不受场地限制,两把拍子一只球,无论走到哪里、有网没网,无论室内室外,只要有一块空地就能进行活动与锻炼,因此是一项普及性很强、老少皆宜的休闲体育活动,既能增强体质,又充满乐趣。

本课程主要以提高大学生的综合素质为目的,通过合理的、科学的体育锻炼过程,达到增强学生体质,培养体育意识,发掘学生对羽毛球运动的兴趣与爱好,同时提高羽毛球专项运动能力,以养成自觉锻炼的良好习惯,确立终身锻炼观念。本课程以讲授羽毛球基本技术、基本战术和羽毛球基本竞赛规则为主,结合课堂练习、教学比赛等课堂教学手段,使学习此课的学生基本掌握羽毛球基础技术,了解羽毛球基本战术和基本竞赛规则,同时增强比赛意识,使学生养成锻炼身体的好习惯,培养全面发展的优秀人才。

三、课程内容

(一)基本理论

1.羽毛球运动概述

①发展状况。

②项目特点。

③锻炼价值。

2. 羽毛球比赛的基本知识

①规则简介。
②裁判法简介。
③小型比赛的编排常识。

(二)实践部分

1. 基本技术

①握拍法:正、反手握拍法。
②正手发球:高远球、网前球、反手发球。
③接发球:站位与准备姿势。
④正手击高远球、反手击高远球。
⑤正、反手吊球。
⑥杀球:正手杀球、头顶杀球。
⑦网前球:搓球,放网前球,挑、接杀球。
⑧上网步法、后退步法、两侧移动步法、起跳腾空突击步法。

2. 基本战术

①单打战术。
②双打战术。

四、课时分配

课程内容	学时分配/学时
理论、握拍法(正、反手握拍法),上网步法,后退步法,两侧移动步法、起跳腾空突击步法	2
正手发球、高远球、网前球、反手发球	2
接发球:站位与准备姿势	2
正手击高远球、反手击高远球	2
考核	2
合计	10

五、考核及标准

1. 考试内容

①正手发高远球 5 个(40%)。
②正手击高远球技术评定(40%)。
③专项素质:5 次直线进退跑(20%)。

2. 评分标准

(1)正手发高远球

正手发高远球评分标准

分值	标准
90~100	握拍正确,转体动作连贯,出球有高度,动作协调一致,落点好
80~89	握拍较正确,转体动作较连贯,出球有一定高度,动作比较协调,落点较好
70~79	握拍较正确,转体动作较连贯,出球有一般高度,动作协调不好,落点较好
60~69	握拍较正确,转体动作不连贯,出球有一定高度,动作协调不好,落点不稳定
60 以下	握拍错误,转体动作不连贯,出球过平,动作协调不好,落点差

(2)正手击高远球

正手击高远球评分标准

分值	标准
90~100	挥拍击球动作连贯,一致,击球点高,球飞行的路线高远,能落在对方场区底线附近
80~89	挥拍击球动作连贯,一致,击球点较高,球飞行的路线较高,较远,能够落在对方场区底线附近
70~79	挥拍击球动作较连贯,击球点较高,球飞行的路线较高远,并能够落在对方场区底线附近
60~69	挥拍击球动作较差,击球点较低,球飞行的路线较高远,并能够在对方后场区附近
60 以下	基本动作不能连贯的将球击出,球不能落在对方后场区

(3)专项素质(5 次直线进退跑)

受测者站在双打后发球线,采用上网步法上网,当前脚踩到前发球线后,再采用后退步法退至原位为一次,如此反复 5 次计时。

专项素质评分标准

得分	成绩(男)	成绩(女)
20	17″	18″
15	18″	19″
10	19″	20″
5	19″	20″5′

足　球

一、课程基本信息

总学时:8 学时。

开课学期:第一、二学期。

二、课程介绍及教学目的、教学要求

足球运动是以脚支配球为主,两个队互相进行攻防对抗的一项体育运动项目。它是世界上开展较广泛、影响最大的体育运动项目之一,被誉为“世界第一运动”。既能增强体质、促进健康,又能丰富人们的业余文化生活,从而提高劳动、工作和学习效率。

在教学中要求学生加强足球专项技术学习,培养顽强拼搏的体育精神,在学期末要较好地掌握足球基本技能,为终身体育奠定良好基础。

三、课程内容

(一)基本理论

①足球运动概述。

②足球运动规则、裁判法简介。

③足球比赛的编排常识。

(二)实践部分

1. 基本技术

①踢球:脚内侧踢球、脚背内侧踢球、脚背正面踢球。

②停球:脚内侧停球、脚底停球、胸部停球、脚背外侧停球、停空中球。

③运球:脚背外侧运球、脚背内侧运球、脚内侧运球。

④头顶球:前额正面顶球、前额侧面顶球。

⑤掷界外球:原地及助跑掷界外球。

⑥抢截球:正面及侧面抢球。

⑦假动作:有球及无球的假动作。

2. 基本战术

①进攻战术:二过一战术。

②防守战术:站位及盯人。

四、课时分配

课程内容	学时分配/学时
脚步移动(课上介绍足球发源)	1
踢球技术	1
停球技术	2
运球技术	2
头顶球技术及掷界外球技术(选项)	1
抢截球、假动作(选项)	1
合计	8

五、考核及标准(不参与考试)

考试内容

1. 定位球传准

①场地:距离圆心25米,同心圆半径分别为1米、1.5米、2米、25米。

②方法:在标志线后用脚背内侧传球,将球传入圈内,即可得分。

③评分标准:分为达标和动作技评两部分。满分100分,按60%计入总分。

达标:每人踢5球,根据落点区域,分别得10分、8分、6分,满分50分。

动作技评:根据助跑、踢球腿、触球部位、球的飞行线路、力量、轨迹、落点等环节和完成质量分为A、B、C、D、E五级,分别为50、40、30、20、10分。

2. 射门

①方法:在球门点球位置上每人射5球。按助跑、摆动腿、射门脚法、部位、球的飞行、力量、速度、是否进球等综合评分。

②评分标准:满分100分,按40%计入总分。

达标:每进一球得10分,共50分。

动作技评:分A、B、C、D、E五级,分别为50、45、30、25、20分。

六、实施建议

(一)教学建议

①根据"健康第一""终身体育"的指导思想,可有效地增强学生体质,培养全面发展人才出发,结合大学生的生理、心理特点和我校的实际情况,选择有利于增进学生身心健康和提高身体的基本活动能力的教材,并注重体育的综合效益,讲求实效。同时从学生的爱好和

高职学生职业需要出发,培养学生的综合素质,适当加大我国传统体育项目的比重并增加新兴体育项目的内容。

②认真贯彻党的教育方针,努力做好"教书育人"。

③认真备课钻研教材,研究教法。讲解简明扼要,重点突出,动作示范正确。

④场地布置合理,安全措施落实。

⑤上课着运动服、仪表端庄、整洁。

⑥"体育与健康"基本理论内容应贯穿于整个学年的教学过程。

⑦标准内的章节顺序和内容的安排仅供参考,教师可根据授课班级专业特点作适当的调整。

(二)考核评价建议

为了全面贯彻落实阳光体育的精神,提高我院学生体质状况,促进学校体育教学质量的提高,增强青年学生的意志力和养成终身锻炼的习惯,同时更加全面、有效、公正地评价学生体育成绩,学生"体育与健康"课程的成绩评定按照体育项目考核、体质健康测试和课外体育活动等指标进行。

本评定采取过程管理评价与目标效果测试相结合的方法,即体育课考核成绩、平时参加体育锻炼情况考核、体质健康测试以及出勤及课堂表现 4 部分综合评定。用公式表达为:第一学期学期总成绩 = {平时成绩 40%(考勤 5% + 课外体育锻炼 25% + 体质测试成绩 10%) + 加分(体育竞赛)} + 期末考试成绩 60%。

第二学期学期总成绩 = {平时成绩 40%(考勤 10% + 课外体育锻炼 30%) + 加分(体育竞赛)} + 期末考试成绩 60%。

第三学期学期总成绩 = {平时成绩 40%(考勤 10% + 课外体育锻炼 30%) + 加分(体育竞赛)} + 期末考试成绩 60%。

备注:

1. 第三学期期末考试成绩主要以体质测试男生 1 000 米、女生 800 米和男、女生立定跳远计入成绩。

2. ①考试项目原则是以身体素质和运动能力测试为主,技术评定为辅。"体育与健康"课程考核成绩占总成绩的 60,即 60 分。

②平时参加体育锻炼纳入期终体育课成绩。课外体育锻炼以健身跑为主,男生每生每周不低于 25 千米,女生每生每周不低于 15 千米。

3. 根据 2021 年修订的《关于课外体育锻炼、竞赛纳入体育教学成绩实施意见》。

4. 学生每学年必须按《学生体质健康测试标准》的要求进行测试,并按评价指标进行评定。测试成绩占总成绩的 10%。

对于没有体质测试的学期,本部分的分数加在该学期平时成绩出勤(10%)和课外体育锻炼(30%)中。

5. 教师根据学生课堂出勤及课堂表现情况打分,此项成绩占总成绩的 5%~10%。

教学组织:第一、二、三学期采用行政班级的授课形式,每个班级由 1 名教师授课。

七、教学评价

评价的主要内容如下所述。

①学生体质健康状况，参照《学生体质健康标准》的要求实施，每学期测试一次，学年成绩按两次测试最好一次成绩录用。

②运动技术、运动技能与专项体能，采用过程性评价和终结性评价相结合，既要看最后的结果，又要看学生成绩提高的幅度，教师评与学生评相结合。

③运动参与、心理健康和社会适应，观察学生参与的积极性，学习的态度与行为表现，以及和同伴之间的合作精神等方面内容，评价采用学生自评、互评和教师评价相结合。

④体育健康知识和行为表现，学生掌握健康知识与行为表现相结合，重在平时的行为表现。

拓展知识　奥林匹克运动会

参考文献

[1] 李传全. 高职体育与健康教程[M]. 长春:吉林大学出版社,2016.

[2] 王林,张磊. 新编大学体育与健康教程[M]. 西安:西安交通大学出版社,2014.

[3] 袁建国. 大学体育与健康教程[M]. 西安:西安交通大学出版社,2018.

[4] 赵全. 体育与休闲[M]. 北京:中国华侨出版社,1999.

[5] 朱柏宁,李伟民. 高校体育与健康教程[M]. 2 版. 上海:同济大学出版社,2007.

[6] 季浏. 体育与健康[M]. 上海:华东师范大学出版社,2005.

[7] 邹继豪. 全国普通高等学校体育课教材:理论教程[M]. 大连:大连理工大学出版社,1993.